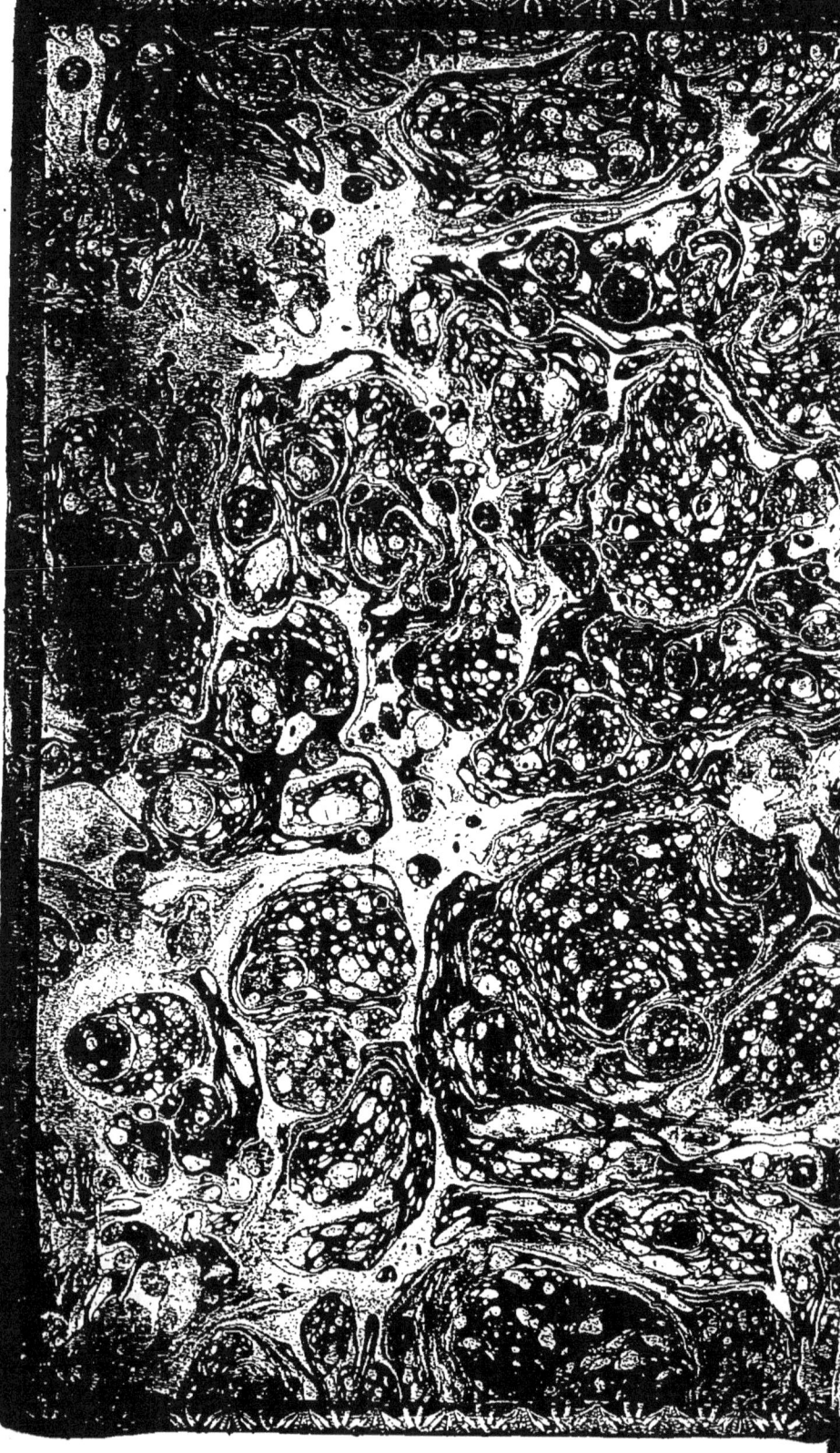

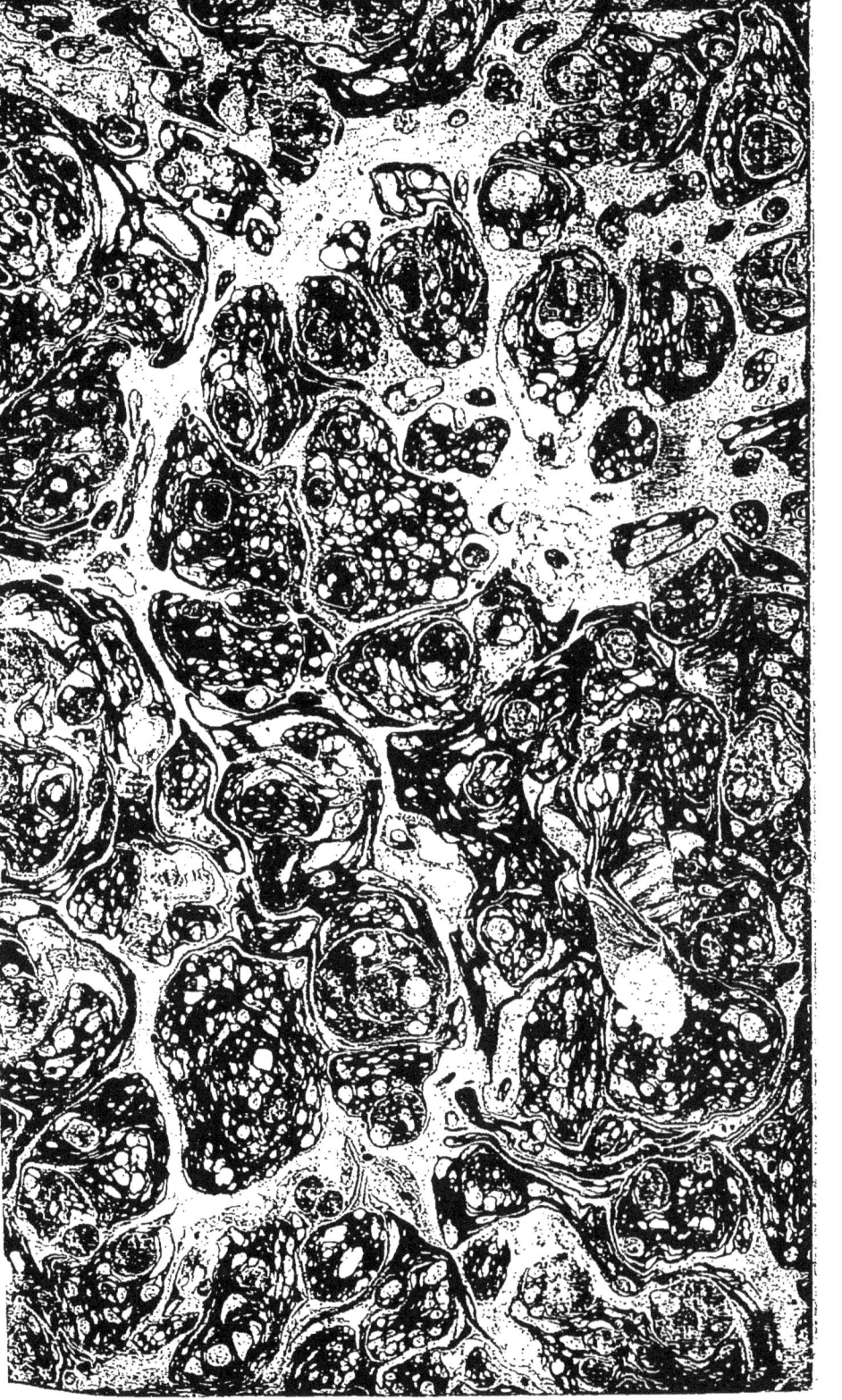

R. 2992.
B. b. 12.

Ⓒ

22267

ANNALES
DE L'ÉDUCATION,

RÉDIGÉES PAR F. GUIZOT,

PROFESSEUR D'HISTOIRE A L'ACADÉMIE DE PARIS.

TOME QUATRIÈME.

PARIS,
LE NORMANT, IMPRIMEUR-LIBRAIRE,
RUE DE SEINE, N°. 8, PRÈS LE PONT DES ARTS.
1812.

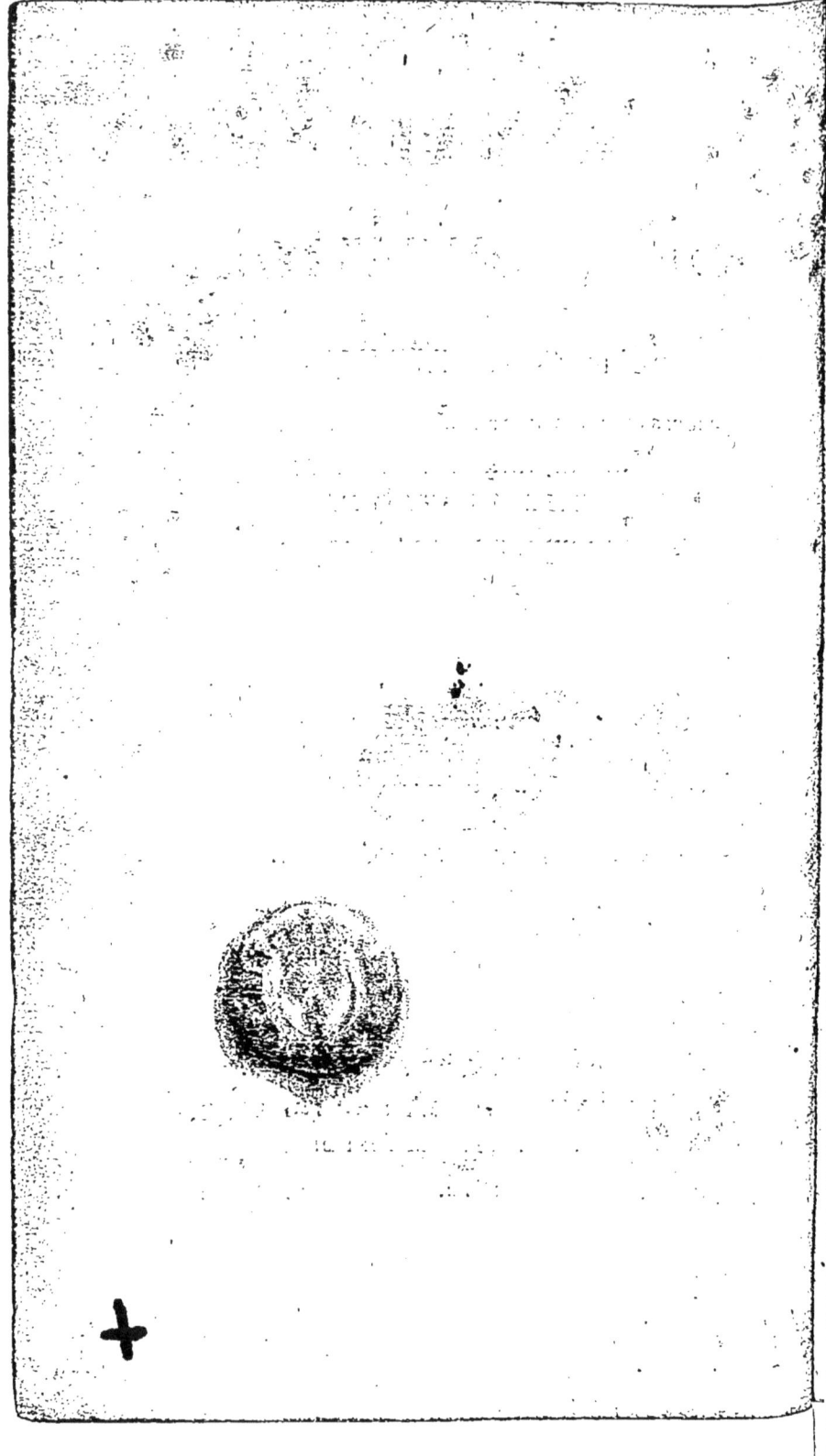

ANNALES DE L'ÉDUCATION.

MM. les Souscripteurs qui n'ont souscrit que pour six mois, sont prévenus que leur abonnement est expiré.

REVUE
DE QUELQUES OUVRAGES NOUVEAUX, RELATIFS A L'ÉDUCATION.

SI l'abondance n'est pas la richesse, elle ne vient qu'à la suite. On se plaint de la multiplicité des ouvrages, insignifians ou mauvais, qui paroissent sur l'éducation : pourquoi s'en plaindre ? Cela prouve que nous en avons beaucoup de bons, et qu'ils ne sont pas oubliés ; ce sont les bons livres qui font faire et vendre les mauvais. Sans doute, il seroit mieux qu'on n'en fît aucun, ou qu'ils ne se vendissent point; mais autant vaudroit dire qu'il seroit mieux qu'on ne rencontrât dans le monde ni bavards, ni importuns : il s'en trouve encore, et l'on n'en recherche pas moins la société des gens d'esprit. On devroit, pour avoir le droit de se plaindre des mauvais livres, s'être donné la peine de chercher les bons : il est vrai que cette recherche est peu agréable, surtout quand on se décide à fouiller dans cette immensité de volumes qui paroissent et disparoissent au même instant;

comme les ombres de la fantasmagorie. Un homme forme le projet d'un livre: ce projet n'est encore qu'un point vague, très éloigné du public; peu à peu le point s'enfle, s'étend, s'approche, arrive enfin sous les yeux du spectateur, et s'évanouit aussitôt. C'est entreprendre une vraie descente chez les morts que s'enfoncer au milieu de ces ombres littéraires. Si, du moins, quand on en revient, on avoit quelque chose à en dire, le plaisir de conter dédommageroit des ennuis passés : mais ici, on n'a qu'à se taire; car, comme disoit Lessing, *ce qu'il y a de bon n'est pas nouveau, et ce qu'il y a de nouveau n'est pas bon.* Nous épargnerons à nos lecteurs la peine de nous suivre dans cette fastidieuse recherche; et dans ce passage qui mène si rapidement tant de livres du jour de leur naissance à celui de leur mort, nous choisirons pour les leur indiquer, ceux qui méritent de vivre, ou qui ont déjà assez vécu pour inspirer une juste confiance.

HISTOIRE.

1°. *Elémens de Chronologie historique ;* par *Frédéric Schœll.* Deux vol. *in-*18. Prix : 5 fr. et 6 fr. 50 c. A Paris, chez *Schœll,* libraire, rue des Fossés-Montmartre, n°. 14; *et chez le Normant.* — 1812.

Tout le monde sait et tout le monde répète que *la chronologie et la géographie sont les deux yeux de l'histoire.* S'en souvient-on toujours dans l'éducation ? Accoutume-t-on l'élève à suivre toujours la marche des événemens dans le temps et dans l'espace? L'exerce-t-on à se représenter les lieux et à placer les dates à côté des faits? Je le souhaite, car cette association est plus qu'importante, elle est nécessaire : sans elle, point de vraies connoissances en histoire; et, par elle, l'étude de l'histoire, de la chronologie et de la géographie devient à la fois plus nette, plus approfondie et plus prompte.

Je ne crois pas que nous eussions encore des *Elémens de Chronologie historique* aussi complets, aussi exacts, aussi bien rédigés et aussi simples que ceux que vient de nous donner M. Schœll. « Les ouvrages dont les titres annoncent qu'ils ont la chronologie pour objet, ne contiennent pour la plupart, dit-il, que des dates arrangées dans un ordre plus ou moins méthodique; mais ils ne m'ont point paru exposer, avec la précision et la clarté convenables, les diverses manières dont les anciens peuples divisoient le temps et comment ils en indiquoient la succession : ces ouvrages font à peine mention de la forme des années et des ères que les peuples modernes ont depuis préférablement adoptées; en un mot, ils s'occupent plutôt de l'histoire chronologique que de la chronologie historique. »

Voulant remplir cette lacune, et guidé par l'excellent ouvrage publié en Allemagne, sur ce sujet et dans la même intention, par feu M. Hegewisch, conseiller d'Etat du roi de Danemarck et professeur d'histoire à Kiel, M. Schœll a établi, dans son livre une division très simple, donnée par la nature même du sujet. « Les parties du temps n'ont entr'elles que deux rapports, celui de grandeur ou de *durée*, et celui de succession ou *d'ordre* ; ce qui veut dire qu'une portion de temps donnée est plus grande ou plus petite qu'une autre, et qu'elle précède ou suit une autre..... C'est sous ce double rapport de durée et de succession que nous allons considérer le temps ou plutôt les parties du temps. Nous parlerons d'abord de leur durée, ensuite de leur succession. La première partie enseigne, d'après notre définition, l'art de *mesurer*, et l'autre l'art de *distinguer* les parties du temps. »

C'est d'après cette division qu'on trouve dans le premier volume, l'exposé des différentes manières de *mesurer* le temps, l'histoire des divers calendriers, leurs réformes successives, des détails sur les années juive, égyptienne, babylonienne, de Djelaleddin, des Arabes, des Hindous, etc. Le second volume contient le tableau des différentes *ères* ou manières de *distinguer* le temps, usitées chez les différens peuples, tant anciens que modernes, et dans les diverses parties du globe. On y trouve aussi un tableau des principaux événemens de l'histoire et de leur date, selon chacune de ces ères, ainsi qu'un tableau des *Fastes consulaires* fort exactement imprimé.

Cet ouvrage nous paroît propre à épargner beaucoup de peines et d'inexactitudes aux parens, aux instituteurs et aux élèves.

2°. *Tableau des peuples qui habitent l'Europe, classés d'après les langues qu'ils parlent, et Tableau des Religions qu'ils professent;* par *Frédéric Schœll.* Un vol. in-8°. Deuxième édition, entièrement refondue, et considérablement augmentée. Prix : 6 fr., et 7 fr. par la poste. — A Paris, chez *le même*; *et chez le Normant.*

Voici un autre ouvrage, du même auteur, qui n'est pas d'un intérêt aussi général, dont quelques chapitres même ne se rattachent que de loin à l'instruction nécessaire dans l'éducation, mais dont l'objet est trop intéressant et la lecture trop facile pour que nous ne le recommandions pas à nos lecteurs. On est revenu de la ridicule manie de ne faire connoître aux enfans et aux jeunes gens que l'antiquité. On sait qu'il importe à un homme d'être bien instruit de l'état du monde et du siècle où il vit : l'étude de l'histoire est dirigée par des idées plus étendues. M. Schœll a offert dans un seul volume un tableau complet des trente-quatre peuples qui habitent l'Europe; et en adoptant pour base de classification les langues qu'ils parlent, il a établi entr'eux et leur origine, la division la plus nette, la plus positive, et en même temps la plus féconde en résultats. « En regardant comme la même nation, dit-il, tous les peuples dont la langue indique une origine commune, on peut comprendre ces trente-quatre nations en douze classes ou grandes familles. Ce sont les *Basques*, les *Celtes*, les *Cimbres*, les *Germains*, tant *Teutons* que *Scandinaves* ; les peuples dont les langues viennent du *latin* ; les

Slaves, les *Grecs*, les *Turcs*, les *Lettons*, les *Finnois*, les *Hongrois* et les *Albanois*. » C'est dans cet ordre qu'il les passe ensuite en revue. Il doit une grande partie de ces recherches à quelques Allemands, comme Schlœzer, Gatterer et Adelung, qui ont discuté et éclairci avec une sagacité rare, l'histoire du Nord et de l'Orient de l'Europe. Peut-être y trouve-t-on encore trop d'hypothèses et plus de certitude que n'en autorisent l'insuffisance et l'imperfection des matériaux; mais les résultats en sont quelquefois lumineux, toujours d'un grand intérêt; et beaucoup trop peu connus en France.

A la suite du *Tableau des Religions*, sont placés plusieurs appendices curieux, parmi lesquels se fait remarquer celui qui traite de la mythologie des Scandinaves.

Quoique cet ouvrage soit imprimé correctement, quelques fautes s'y sont glissées; par exemple M. Schœll nomme M. Grohmann comme l'auteur d'une *Histoire des Bohémiens*, traduite en français, qui est de M. Grellmann.

LITTÉRATURE ANCIENNE ET MODERNE.

1°. Απολογια Σωκρατους κατα Πλατωνα και Ξενοφωντα. — *Apologie de Socrate, d'après Platon et Xénophon*; avec des remarques sur le texte grec et la traduction française; par *Fr. Thurot*. Un vol. in-8°. Prix: 6 fr., et 7 fr. 50 c. par la poste. — A Paris, chez *Firmin Didot*, rue de Thionville, n°. 10; et chez le Normant.

Ce n'est pas non plus ici un livre très nouveau;

mais c'est un livre si bien fait et si différent de la plupart des livres destinés à l'étude des langues anciennes, que nous croyons devoir le rappeler avec quelque détail. M. Thurot, l'un de nos meilleurs hellénistes, a rassemblé ce qui, dans Platon et dans Xénophon, est relatif à la mort de Socrate, c'est-à-dire l'*Apologie de Socrate*, le *Criton* et le *Phédon* de Platon, et l'*Apologie de Socrate* de Xénophon : il en a revu le texte avec le plus grand soin, l'a fait imprimer avec une correction remarquable, surtout dans la partie si négligée des accents, l'a accompagné de notes grammaticales, excellentes en ce qu'elles développent l'esprit, la structure de la langue, et sont toujours appuyées sur des exemples qui en font mieux sentir le caractère propre, les finesses; et il y a joint enfin une traduction d'une fidélité qui ne laisse presque rien à regretter ni à désirer. Aussi, suis-je convaincu que l'élève qui aura d'abord bien étudié ce texte, ces notes, et comparé ensuite cette traduction avec la sienne, aura fait dans l'étude du grec des progrès et rapides et réels. Quoi de plus beau d'ailleurs à lire et à étudier que ce récit des dernières actions, des dernières paroles du plus vertueux, du plus sage et du plus simple des philosophes de la Grèce! récit où l'on voit jusqu'où s'élevoit alors la raison humaine, et ce qui lui manquoit encore; où l'on peut observer quelle marche suivoit alors l'esprit dans le développement de ses idées; tableau enfin où les mœurs grecques paroissent avec une vérité pleine d'intérêt.

Il seroit fort à souhaiter que M. Thurot donnât plusieurs ouvrages du même genre, propres à rendre plus forte et plus étendue l'étude du grec, presque toujours traitée de la manière la plus superficielle et la plus incomplète.

2°. *Leçons Françaises de Littérature et de Morale*, ou Recueil, en prose et en vers, des plus beaux morceaux de notre langue dans la littérature des deux derniers siècles; par MM. Noël et Delaplace. Cinquième édition. Deux gros vol. *in*-8°. Prix : 12 fr., et 15 fr. par la poste. — A Paris, chez *le Normant*, libraire, rue de Seine, n°. 8.

Cinq éditions sont la meilleure preuve de l'utilité d'un livre qui a évidemment pour but l'utilité. Mettre sous les yeux des jeunes gens, soit dans les collèges ou dans les familles, les plus beaux morceaux de nos bons auteurs, c'est travailler à leur inspirer de bonne heure le désir de faire un jour connoissance avec eux, d'une manière plus intime et plus approfondie : tel est l'avantage des recueils de ce genre, et tel en doit être le résultat. Si l'élève qui les a bien lus croyoit avoir des connoissances en littérature, s'il bornoit là ses études, les recueils produiroient un très fâcheux effet. Il y a dans la circulation en France une certaine masse d'idées et de connoissances littéraires fort superficielles dont on est trop accoutumé à se contenter, et qui ne servent qu'à empêcher les progrès de connoissances plus étendues et d'idées plus profondes. Les

Leçons Françaises de Littérature et de Morale, si les parens et les instituteurs savent en faire un usage convenable, ne favoriseront point cette routine qu'il faut combattre : elles donneront aux enfans un *avant-goût* des richesses de notre langue ; elles feront passer sous leurs yeux une grande variété de styles, de sujets, d'idées, et leur indiqueront d'avance les noms, les ouvrages auxquels ils devront s'attacher de préférence quand ils étudieront, non pour se préparer et remplir des années qui, sans cela, seroient perdues, mais pour savoir. L'utilité de l'ouvrage est reconnue; seulement il faut prendre garde, en s'en servant, à ne pas en perdre tout l'avantage en le détournant de son véritable objet. Le second volume, consacré à la poésie, offre aux jeunes mémoires un exercice très varié. On n'a plus besoin maintenant de répéter que le choix est très bien fait, et le recueil beaucoup plus complet qu'aucun de ceux qui l'avoient précédé.

SCIENCES EXACTES ET NATURELLES.

1°. *Cours de Mathématiques*, à l'usage des écoles impériales militaires; rédigé par ordre de M. le général de division *Bellavène*, etc. etc. Un gros vol. *in-8°*. Prix 9 fr., et 12 fr. par la poste. — A Paris, chez *Magimel*, libraire rue de Thionville, n°. 9; *et chez le Normant*.

Encore un livre qui a trois ans de date, et qui, par sa destination spéciale, ne semble pas appartenir à l'éducation en général ; mais indépendamment du mérite de l'ensemble, un motif particulier nous engage à l'indiquer ici. Tout le monde sait combien il est difficile d'enseigner aux enfans les élémens de l'arithmétique : les plus grands mathématiciens ont reconnu la difficulté de rédiger ces élémens d'une manière simple, complète et rigoureuse; il en existe un grand nombre, peut-être point de satisfaisans : l'ouvrage de Condorcet, sur cette matière, est plutôt destiné aux maîtres qu'aux élèves. Le calcul décimal, si simple et si lumineux, a été, pour la génération qui avoit étudié d'après un autre mode de numération, la source de nouveaux embarras qui heureusement ne seront que passagers. Le *Cours de Mathématiques* que nous venons de citer, contient des élémens d'arithmétique décimale, qui, sans avoir été écrits pour l'enfance, peuvent facilement être arrangés pour son usage par les maîtres ou les parens qui voudront s'en donner la peine. La marche en est simple, les développemens clairs, l'ensemble complet. M. Boudrot, maintenant professeur de trigonométrie à l'école impériale de Saint-Germain, en est l'auteur. Il a réuni dans soixante-quatorze pages tous les principes et les principales applications de cette première branche des sciences mathématiques : sa concision a besoin sans doute de développemens adaptés à la foiblesse et à la lenteur de l'intelligence des enfans; mais ces développemens sont faciles à déduire, et ce petit traité me paroît très propre à servir de base à l'enseignement de l'arithmétique.

2º. *Le Jeune Botaniste*, ou *Entretiens d'un Père avec son Fils sur la Botanique et la Physiologie végétale*, etc. etc. Par *Auguste Plée* ; avec quarante-huit plantes dessinées et gravées d'après nature, par l'*Auteur*. Deux vol. *in*-12. Prix : 7 fr. et 9 fr. par la poste. — A Paris, chez *Ferra* aîné, libraire, rue des Grands-Augustins, nº. 11 ; chez *Guitel*, rue des Prêtres Saint-Germain-l'Auxerrois. nº. 27 ; *et chez le Normant*.

En revanche, voici un livre nouveau, mais à-peu-près inutile. C'est bien dans des promenades et dans des conversations qu'on peut apprendre aux enfans un peu de botanique ; mais ces promenades et ces conversations ne s'écrivent pas, il faut les faire ; et les élémens mêmes de cette science sont si peu compliqués qu'on n'a pas besoin de deux volumes de conversations pour les développer. Quand un enfant aura bien compris les bases du système de Linné ou de tel autre, l'affaire des livres est faite ; qu'il coure, qu'il cueille des plantes, qu'il les observe avec son précepteur ; il n'a plus besoin que d'un manuel, tel que la *Flore Française*, ou mieux encore le *Systema Plantarum*, pour y chercher le nom des plantes dont il aura examiné les caractères. S'il veut aller plus loin, l'ouvrage de M. Plée lui est encore plus inutile. Ce n'est pas que ce livre n'annonce dans l'auteur des connoissances assez étendues, et qu'il ne renferme beaucoup de faits curieux, assez exactement recueillis ; mais il n'est bon, ni pour les enfans à qui il offriroit beaucoup trop de détails, et qui ne sauroient apprendre la botanique dans des livres, ni pour les parens qui n'y trouveroient pas assez d'ensemble, et qui ne sauroient non plus apprendre dans des livres comment ils doivent causer avec leurs enfans.

F. G.

JOURNAL

ADRESSÉ PAR UNE FEMME A SON MARI, SUR L'ÉDUCATION DE SES DEUX FILLES.

Numéro XIX.

SOPHIE soutenoit l'autre jour à sa cousine Zéphirine que *Josué* s'écrivoit par un *z*: je l'entendis, et lui dis qu'elle se trompoit; à quoi Sophie ne manqua pas de faire la réponse ordinaire : *Maman, j'en suis sûre*. Il fallut ouvrir une Bible, et lui montrer *Josué* écrit avec un *s*. Alors elle se rejeta sur son Histoire Sainte, où elle assuroit l'avoir vu avec un *z*; et sur l'observation qu'elle pouvoit s'être trompée : *Maman, j'en suis sûre*. Cependant le livre produit, feuilleté en tout sens, *Josué* s'y trouva partout comme il devoit être, sans qu'une seule faute d'impression vînt au secours de la pauvre Sophie. De mon temps, dit notre oncle qui étoit présent, *les petites filles n'étoient pas si sûres de leur fait*. Heureusement Sophie avoit tort. Sans savoir précisément quel genre de reproche elle pouvoit mériter, elle sentoit bien qu'on avoit le droit de lui en adresser un ; et, pour avoir avoir mal à propos usé de son droit, elle n'osoit plus le soutenir. Elle retourna jouer avec sa sœur et sa cousine, et les réflexions générales de notre oncle, sur le ton actuel des enfans avec leurs parens, se tournèrent indirectement sur votre sœur, avec laquelle l'éducation de Zéphirine est un sujet de picoteries perpétuelles, et d'autant plus aigres, que notre oncle ne sait pas toujours prouver qu'il a raison, et que votre sœur sent bien quelquefois qu'il n'a pas tort. Mais pour cette fois, enchantée de ce que je partageois le blâme, elle prit la chose en bonne humeur, et releva le *de mon temps* de notre oncle avec une telle vivacité d'épigrammes sur l'éducation d'autrefois, que dans l'impossibilité de fournir assez promptement à la réplique par des raisons, il se jetta comme à l'ordinaire dans les exemples, et comme à l'ordinaire aussi, nous cita madame de Cirey : c'est, vous le savez, son autorité pour le temps passé, et à ses yeux le représentant des mœurs d'autrefois. Entr'autres preuves qu'il nous donna de la soumission respectueuse à laquelle madame de Cirey avoit accoutumé sa fille, il nous disoit que bien loin d'opposer son opinion à celle de sa mère, elle n'auroit pas osé soutenir contre l'opinion de sa mère, ses propres sensations ; et qu'un jour qu'elle voulut s'approcher du feu, madame de Cirey lui ayant dit qu'il n'étoit pas possible qu'elle eût froid, elle s'éloigna sans répliquer, et ce ne fut qu'une heure après qu'on découvrit qu'elle avoit la fièvre, parce que sa mère lui ayant dit qu'elle ne pouvoit avoir froid, elle s'étoit cachée pour qu'on ne la vît pas trembler.

Et madame de Cirey se vantoit de cela ! s'écria votre sœur. Et elle alloit si bien commencer sur madame de Cirey, que pour empêcher notre oncle de se fâcher, j'attirai la dispute sur moi, et me la rendant personnelle, je fis observer à notre oncle, que ce respect d'habitude, suite naturelle de l'usage où étoit autrefois la plus grande partie des parens de tenir leurs enfans éloignés d'eux, étoit peut-être alors nécessaire. Une mère qui voit ses enfans deux heures par jour, ne tenant ni le secret de leurs pensées ni le fil de leurs habitudes, n'a, pour les conduire et les contenir, d'autre moyen que la crainte qu'elle leur inspire, et cette crainte est entretenue par tout ce qui les entoure : ils voient les domestiques et les femmes de chambre, plus libres devant eux, rentrer, aussitôt que les maîtres paroissent, dans la contrainte et le silence. C'est de peur que les maîtres n'arrivent qu'on se hâte de faire son devoir, ou qu'on tremble de ne l'avoir pas fait. Tout leur donne l'idée d'une autorité à laquelle il est dangereux de résister, et envers laquelle le premier devoir est d'obéir sans murmurer. Quant à eux, les bonnes, toujours moins sévères parce qu'elles les voient davantage, et qu'une sévérité sans relâche est aussi impossible qu'une soumission de tous les momens, les menacent, pour s'en faire obéir, de l'autorité de leurs parens; et le prix du repentir, c'est qu'ils ne sauront rien de la faute. C'est pour eux qu'on essuie et qu'on lave ses yeux encore rouges, de peur qu'ils n'aperçoivent qu'on a pleuré; c'est pour eux que toute la chambre des enfans, la bonne, la nourrice et la petite sous-gouvernante se fatiguent à faire apprendre une leçon qui doit leur être répétée tous les jours, et que l'on craint qui ne soit pas sue. Tout apprend aux enfans à se préparer pour les yeux de leurs parens; tout aboutit à de certaines formes dont il faut se revêtir en leur présence, et que l'on craint d'autant plus de transgresser, que le soin de s'y soumettre rendant très rare l'exercice de la sévérité, les enfans n'en connoissent pas la véritable mesure, et se l'exagèrent : incapables d'en juger l'application, ils tremblent de la plus petite faute comme de la plus grande, et ne voient de sûreté que dans une soumission implicite, sans explication comme sans murmure.

Il n'en peut être de même de mes filles : instruites par expérience du degré de sévérité qu'elles peuvent avoir à attendre pour chaque faute, et trop familiarisées avec moi pour que leur imagination ajoute à l'idée de mon pouvoir, elles peuvent le craindre assez pour que cette crainte empêche quelquefois les fantaisies de l'humeur, mais non pas assez pour qu'il comprime les mouvemens naturels du caractère. Que je veuille donc nier à Sophie qu'elle ait chaud ou froid, elle ne verra aucune raison non-seulement pour ne pas soutenir son dire, mais même pour ne me pas marquer l'étonnement et la contrariété qu'elle éprouve de se voir contester une sensation dont elle est le seul juge. Si je lui dispute son opinion, rien ne lui paroîtra plus simple que de la soutenir de toute la certitude qu'elle croit y trouver. Ce sont là des mouvemens naturels : si Sophie croyoit devoir les taire en ma présence, nous nous quittons si peu qu'il faudroit les taire toujours. Il est impossible, dans la multiplicité de nos rapports, qu'elle me cache entièrement ce qu'elle sent; et pour ne rien sentir qu'elle ne puisse m'exprimer sans quelque inconvenance, il faudroit qu'elle fût imbécille ou parfaite.

« C'est précisément ce qui fait, disoit notre oncle, que je n'ai jamais approuvé qu'on eût toujours ses enfans autour de soi. » Votre sœur ne manqua pas de lui objecter les avantages qu'a tirés madame de Cirey de la méthode contraire. Sa fille, depuis son mariage, s'est déjà presque brouillée deux fois avec elle. Votre oncle a répliqué qu'elle n'en auroit sûrement pas été mieux pour avoir pris de mauvaises habitudes dans son enfance, et j'ai prétendu qu'il falloit tâcher de donner aux enfans autre chose que des habitudes qui peuvent se perdre. Cela vaut encore mieux que rien, répétoit notre oncle; et pour me prouver qu'elles ne se perdent pas toujours, il nous citoit l'exemple de M. de Maunay, dont les manières respectueuses envers son père obligent tout le monde à des égards pour ce père, homme si ridicule et si peu considéré, qu'autrement il n'en pourroit obtenir de personne. J'ignore quelle a été l'éducation de M. de Maunay; mais sa conduite actuelle avec son père ne peut

DE L'EDUCATION.

être le résultat d'une habitude semblable à celle que madame de Cirey avoit donnée à sa fille, puisque le principe en est absolument contraire. Le respect d'habitude qui fait taire tous les mouvemens d'un enfant devant des parens dont il n'ose seulement examiner les volontés, ne se lie par aucun fil, ne tient par aucune racine commune à ce respect de réflexion qui porte un fils raisonnable et respectueux à contenir les siens devant un père dont il connoît trop bien les foiblesses. C'est parce que M. de Maunay n'a jamais pu avoir une opinion qui eût le sens commun, que son fils se garde de jamais discuter celle qu'il énonce. C'est parce qu'il s'emporte ridiculement à tout propos, que son fils ne dément jamais avec lui la complaisance la plus absolue ; mais s'il ne résiste jamais en face à des volontés souvent absurdes, c'est parce qu'il sait combien il est aisé d'en détourner les suites et l'effet. Enfin, M. de Maunay a trop bien vu combien son père pouvoit prêter au ridicule, pour se permettre à son égard la plus légère plaisanterie, et jamais son sourire n'a enhardi la gaîté des autres. Cette vénération pour la qualité de père, indépendamment du personnel de celui à qui elle s'applique, n'a pu exister dans l'esprit d'un enfant qu'on ne soumet à des devoirs qu'en le soumettant à des personnes. C'est une idée de vertu tout à fait abstraite qui prendra pour objet, selon l'occasion et l'individu, ou un père, ou une mère, ou un mari, ou un bienfaiteur ; qui tirera sa source, non de l'autorité à laquelle telle ou telle personne aura pu le soumettre, mais des principes généraux qu'il aura reçus; et de quelque part que lui viennent de pareils principes, il n'en aura certainement pas l'obligation au père qui aura besoin qu'on en fasse usage à son égard.

Sans doute tout mon désir est que mes filles parviennent à la vertu nécessaire pour soutenir, s'il le falloit, une épreuve de ce genre; mais j'espère bien ne la leur pas imposer : je ne veux pas que leur respect pour leurs parens soit une vertu non plus qu'une habitude : je désire que ce soit un sentiment naturel résultant de notre situation respective; mais ce sentiment ne peut se développer que comme les autres à mesure que les idées morales acquerront de l'empire. Cette situation ne peut faire connoître les devoirs et les obligations qu'elle impose qu'à mesure qu'elle sera elle-même connue et appréciée. Quoique Sophie ne puisse s'empêcher de reconnoître la supériorité de mon intelligence sur la sienne, elle est bien éloignée de se douter de l'énorme distance que met cette supériorité entre nous deux. Elle sait qu'on peut se tromper; cela lui arrive si souvent! pourquoi donc ne me tromperois-je pas? et quand Sophie est sûre d'avoir raison, comment ne pas croire que c'est moi qui ai tort? Mais elle apprendra par l'expérience combien il est rare que j'aie tort avec elle : à mesure que ses lumières s'étendront, elle apprendra à respecter les miennes. Après avoir été cent fois sûre de son fait, et s'être autant de fois trompée, elle se doutera que son étourderie ou sa négligence d'observation peuvent la jeter dans des méprises ridicules; et ce ridicule, elle craindra de s'y exposer: ainsi, quand je lui affirmerai qu'elle se trompe, elle commencera à penser que la chose vaut au moins la peine d'être examinée. L'envie d'avoir raison sera modérée par la crainte d'avoir tort, et le ton de doute modeste et respectueux qui prendra alors la place de son ton affirmatif, sera le résultat de la disposition qu'elle aura acquise à me croire et à se méfier d'elle-même. Il faudra, je crois, du temps avant que nous en venions là; mais nous avons du temps pour élever Sophie, et je ne vois pas pourquoi il faudroit que cette partie de son éducation fût parfaite avant les autres.

Sophie s'impatiente quelquefois contre moi, et me le montre; cette manifestation de son impatience est contraire au respect qu'elle me doit: c'est à quoi Sophie ne pense guère; car elle ne sait pas encore ce que c'est que ce respect, les motifs ni les sentimens sur lesquels il se fonde. Mais elle sait qu'on la gronde ou qu'on la punit de s'impatienter, que c'est moi qui le lui défend, et que c'est mon mécontentement qu'elle doit craindre: aussi c'est ce qu'elle craint le plus; et c'est avec moi qu'elle s'impatiente le moins. Cependant j'ai souvent eu à reprendre, à réprimer ou à punir des mouvemens de colère contre sa bonne ou contre sa sœur; et s'ils ont moins excité ma sévérité que ses emportemens contre moi, c'est que, sans aucune idée distincte de respect, ils étoient réellement aux yeux de Sophie une moins grande faute, et ainsi la rendoient moins coupable; car, il est certain que Sophie voyant en moi la personne qu'elle craint le plus d'offenser, pour oser lever la main sur moi ou me dire une injure, elle auroit eu bien plus de considérations à oublier et à braver ; il lui auroit fallu bien plus de colère qu'il ne lui en falloit pour battre sa sœur ou dire à sa bonne qu'elle est une bête : ainsi, punissant le degré d'emportement, j'ai dû punir davantage la faute qui en marquoit le plus. Sophie n'a pu s'empêcher de sentir que cela étoit juste, et il a dû naturellement passer pour convenu que les fautes envers moi étoient les plus répréhensibles; ce sont donc celles pour lesquelles la raison, la prudence, le sentiment du devoir doivent lui donner un jour le plus d'éloignement, quand ils auront pris sur elle l'empire qu'ils doivent nécessairement avoir ; mais comment pourrois-je prétendre qu'actuellement Sophie suivît toujours le devoir, la raison et la prudence ?

Le respect des enfans pour leurs parens doit se développer dans une proportion égale avec leurs autres sentimens, parce qu'il est de même une suite de l'ordre naturel des choses, un devoir et un résultat de la situation des individus entr'eux. Sophie deviendra plus respectueuse, comme elle deviendra plus active, plus sensible, à mesure que, regardant autour d'elle, elle apercevra les motifs qui doivent fonder son respect, lui rendre son activité avantageuse, ou exciter sa sensibilité. Le besoin de l'estime, à mesure qu'il se fortifiera en elle, lui fera attacher plus d'importance

DE L'EDUCATION.

à mon suffrage; ses désirs croissant et devenant moins aisés à satisfaire, la feront dépendre davantage de ma bonté, et rendront plus vif en elle le sentiment de la reconnoissance pour ce que je lui accorderai; en même temps que convaincue, je l'espère, de ma justice et de ma tendresse pour elle, ne comprît-elle pas les raisons d'un refus, elle sera disposée à les croire bonnes, et à s'y soumettre sans humeur et sans murmure. Tels sont, je crois, les sentimens naturels que tous les parens ont droit d'attendre, lorsque le temps en sera venu, de tout enfant élevé avec raison et avec affection. Mais vouloir avant que ces sentimens existent, les soumettre aux formes qui les expriment, c'est multiplier inutilement les rouages, et faire un objet d'éducation à part de ce qui doit être le résultat de l'éducation en général. C'est comme si on vouloit accoutumer un homme à arranger élégamment les mots d'une langue avant de lui en avoir appris le sens, et charger ainsi sa mémoire et son habitude de ce qui doit être le résultat de sa raison.

Sans doute il faut instruire les enfans des formes de la politesse, du respect, de la soumission, mais sans les tourmenter pour les appliquer; il faut les leur fournir seulement comme des instrumens destinés à l'usage de la vie; ils en sentiront plutôt qu'on ne pense le besoin et l'utilité. Ainsi, en rappelant le plus souvent que j'ai pu au souvenir de mes enfans ces tournures de politesse dont on leur fait si souvent un devoir indispensable, je n'ai eu garde de tenter leur désobéissance par l'importance attachée à un *s'il vous plaît*, qu'un enfant oublie d'abord par étourderie, et refuse ensuite, quand on le lui demande, par embarras beaucoup plus que par opiniâtreté. La politesse viendra naturellement avec la crainte de ne pas obtenir ce qu'on désire, et cette crainte vient aux enfans dès qu'ils se sont aperçus qu'un désir n'est pas toujours un besoin. Louise, malgré mes leçons de politesse, me dit encore souvent *à boire*, ou *donnez-moi du pain*; mais si elle veut que je lui achète un gâteau, elle me dit : *Maman, je vous en prie*. Sophie ne demande plus *à boire*, ni aucun service de ce genre, de ce ton impérieux dont un enfant exprime les besoins qu'il n'a pas l'idée qu'on puisse lui refuser de satisfaire. Sophie est assez grande pour se servir elle-même; ce qu'on fera pour elle, sera un effet de complaisance; et elle sait, sans que je le lui aie appris, qu'une complaisance veut être sollicitée. Ainsi, la politesse d'un enfant bien élevé doit naturellement augmenter avec ses forces, parce que toujours au-dessous de ses désirs, elles sont tous les jours plus au-dessus de ses besoins, et que chaque jour, en diminuant le nombre des services qu'on est raisonnablement obligé de lui rendre, augmente pour lui la nécessité d'employer les moyens propres à lui obtenir des services volontaires. Si vous voyez un petit garçon de huit ans, pour ne pas interrompre ses jeux, dire à son père, et sans aucune forme de politesse, de lui apporter son fouet ou son chariot, ce n'est pas un enfant impoli, mais un enfant gâté, accoutumé à ce que ses volontés soient des obligations pour ceux à qui il les exprime. Mais en supposant cependant que l'étourderie fasse oublier à un enfant la loi de nécessité qu'il commence à sentir, c'est cette loi qu'il faut lui rappeler, et non pas la volonté que vous avez de l'y soumettre. Si Louise me dit de lui transporter d'un endroit de la chambre à un autre une table trop lourde pour ses forces, je ne lui réponds pas qu'il faut m'en prier plus poliment, elle pourroit bien n'en vouloir rien faire : mais je ne me dérange pas si facilement pour une fantaisie ; pour que j'y cède, il faut bien qu'elle m'en prie. Elle résisteroit à ce que je semblerois demander pour moi, elle s'accorde à elle-même ce dont elle a besoin pour réussir à ce qu'elle désire.

Rousseau semble interdire tout acte marqué de complaisance. « Ce que vous accordez à l'enfant, » dit-il, accordez-le à son premier mot, sans sollicitations, sans prières... Que tous vos refus soient » irrévocables, qu'aucune importunité ne vous » ébranle ; que le *non* prononcé soit un mur d'airains contre lequel l'enfant n'aura pas épuisé » cinq ou six fois ses forces, qu'il ne tentera plus » de le renverser. » Cette règle me paroît indispensable sur les choses importantes, sur ce qui regarde les devoirs ou les besoins de l'enfant, sur ce qu'on ne peut refuser ou accorder que par de très bonnes raisons ; ces raisons doivent être telles que rien ne puisse les faire changer. Ce sont là les affaires de l'éducation, et en affaires, comme on sait, il n'y a qu'un seul mot qui serve ; mais dans le commerce de la société, ne peut-on changer quelquefois de langage comme de résolution? Est-il défendu de céder à un désir plus vif après avoir résisté à une demande plus froide? Dans ces mille volontés qui amusent la journée d'un enfant, n'en est-il pas un grand nombre qu'on peut indifféremment rejeter ou accomplir, sans que son bien-être réel s'y trouve intéressé? Quel inconvénient peut-il y avoir à ce qu'il sache que le degré de complaisance avec lequel on pourra se prêter à ces volontés indifférentes en elles-mêmes, dépendra du degré d'intérêt qu'il y attachera lui-même? Après lui avoir refusé ce dont on croit qu'il se soucie peu, ce ne sera point à ses yeux un acte de foiblesse que de le lui accorder, parce qu'on voit qu'il le désire beaucoup. Il concevra très bien qu'on ait pu préférer sa commodité à l'avantage de satisfaire une légère fantaisie, et qu'on la sacrifie au désir de lui procurer un grand plaisir. Il n'y aura rien de fâcheux à ce qu'il aperçoive qu'une demande plus soumise, une expression plus douce, une caresse plus tendre ont excité l'affection à faire un peu plus pour lui qu'on n'y étoit porté d'abord : c'est ainsi qu'il apprendra à donner à ce qu'il désire l'expression la plus propre à la lui faire accorder; c'est ainsi qu'il connoîtra ce que, dans le commerce de la vie, on peut accorder à la complaisance, au désir d'être aimé et d'obliger ce qu'on aime, et qu'il se dépouillera de cette roideur qui n'est que l'inflexibilité sur les petites choses. Enfin, c'est ainsi que, comme le veut Rousseau à l'égard des petites filles, en lui faisant sentir sa dépendance, sans la lui rendre pénible, on lui rendra naturel l'usage de ces formes de politesse et de respect dont on n'a à lui enseigner que l'existence, en laissant à son intérêt le soin d'en faire l'application.

Vous entendez, mon ami, que je ne dis pas tout cela à votre oncle. Après avoir probablement fort peu écouté une réponse fort courte, il profita de l'instant où votre sœur s'étoit éloignée, pour me dire que, surtout, il falloit tâcher de ne pas donner à mes filles le ton de Zéphirine.

Il est vrai que celui qu'elle a avec sa mère n'est pas toujours le plus convenable, pour une fille de son âge. Ma belle-sœur ne s'est pas occupée assez ni assez directement de l'éducation de sa fille, pour lui faire sentir sa dépendance. Zéphirine plus libre, parce qu'un enfant l'est toujours davantage loin des yeux de sa mère, a porté chez sa mère, dans les momens où elles se sont rapprochées, l'habitude de ne se pas contraindre, et s'est encore moins contrainte pour la personne à laquelle elle étoit le moins accoutumée à obéir. Au défaut de la suite nécessaire pour se faire respecter, madame de Cirey savoit employer la sévérité nécessaire pour se faire craindre; mais c'est ce qui auroit été impossible à votre sœur. Jamais un acte réel et soutenu d'autorité n'a averti Zéphirine de l'existence de cette autorité, et des égards qu'il étoit prudent de lui montrer. Le respect des enfans est, je crois, la suite naturelle et nécessaire de leurs rapports avec leurs parens; mais il faut que ces rapports soient sentis : des enfans ne les devineront pas d'eux-mêmes, et il est également impossible d'attendre le respect de l'enfant à qui l'âge n'en a pas encore fait comprendre les motifs, ou de celui à qui l'éducation n'en a jamais fait sentir la nécessité.

P. M. G.

VIe LETTRE AU RÉDACTEUR.

DE LA VUE.

(Continuation.)

Les trois sens que nous venons d'examiner ont dû familiariser l'enfant avec les objets les plus nécessaires à sa conservation; la vue et l'ouïe doivent agrandir sa sphère, et l'aider à établir ses rapports avec ses semblables. Beaucoup d'animaux naissent aveugles, et le fœtus humain tombe pour ainsi dire, subitement dans cet océan de lumière que verse le soleil sur notre atmosphère. Ebloui, comme il doit l'être de tant d'éclat, il ne lui est pas encore donné de distinguer les objets; il regarde tout, et ne discerne rien.

L'organe de la vue, quoique l'un des premiers à se former dans le sein de la mère, est encore à la naissance dans un état plus ou moins imparfait. Pour bien concevoir les moyens de le préserver et d'en régler l'exercice, parcourons rapidement les parties dont se compose cet appareil.

Le globe de l'œil, situé dans la cavité qu'on appelle orbite, tient au cerveau par deux gros nerfs placés au fond. Plusieurs muscles servent à lui donner le mouvement; deux paupières garnies de poils servent à le couvrir à volonté. L'arc velu qu'on appelle sourcil paroît également destiné à le garantir des objets qui tombent d'en haut; il n'est que légèrement ébauché dans l'enfant qui vient de naître. A mesure que celui-ci avance en âge, cet arc peut arrêter les insectes, et réfracter en partie les rayons de la lumière.

Les paupières, qui s'ouvrent et se ferment par l'action d'un muscle circulaire, sont garnies à leur bord de petites glandes qui sécrètent une mucosité; c'est aussi de là, mais par des glandes particulières, que se versent les larmes. La première secrétion sert à humecter afin d'empêcher l'inflammation qui naîtroit d'un mouvement continuel. Toutes ces parties peuvent être affectées, et exiger des moyens particuliers de conservation et des remèdes différens.

Les muscles de l'œil, dans leur état naturel, offrent, comme tous les autres, plus ou moins d'activité. La vivacité de l'œil paroît dépendre non-seulement de la couleur de l'iris, mais aussi de la célérité des mouvemens, qui me semble plus marquante encore dans les Français que dans les Italiens, quoique l'on ne puisse pas prétendre que ces derniers en aient l'œil moins perçant. On conçoit comment il peut être utile pour certaines professions de s'exercer à changer promptement le point visuel.

Le globe même de l'œil, tantôt se trouve très arrondi, tantôt très aplati : le premier cas se rencontre souvent chez les personnes qui voient de près; l'autre, chez celles qui voient de loin. Quelquefois l'œil est fort saillant, d'autres fois il est enfoncé dans son orbite; enfin il peut être plus tourné vers le nez ou vers les tempes, et ces diverses positions ne peuvent être tout-à-fait indifférentes.

Le globe contient plusieurs humeurs enveloppées dans des membranes dont la description appartient à l'anatomie. Il a dans l'enfance une grosseur remarquable, et c'est la partie qui croît le moins. Avec le tems, les fluides paroissent même diminuer, le cristallin se rapproche de la rétine et perfectionne la vue. La densité des humeurs change aussi. Dans son ensemble, c'est une espèce de chambre obscure, mais composée de parties tellement mobiles qu'aucun art ne pourroit atteindre à la perfection de cet instrument animé. Nous distinguerons seulement ce qui frappe tout le monde. La nuance bleuâtre ou rougeâtre du blanc de l'œil provient d'une abondance de veines et d'artères; la nuance jaunâtre peut venir quelquefois d'une matière bilieuse. L'iris, plus ou moins rond et circulaire, est bleu, brun, noir, ou tacheté. La prunelle, ouverture qui se trouve au milieu, est plus ou moins foncée, plus ou moins dilatée, et surtout plus ou moins contractée par les rayons de lumière qui y passent. C'est principalement de cette dernière circonstance que dépend la sensibilité de l'œil.

L'iris, quand il est plus foncé, absorbe plus de rayons de lumière. Il change de couleur dans l'enfance; les bleus d'acier, par exemple, deviennent communément bruns dans la suite. Le cristallin, la partie transparente et cornée qui couvre l'extérieur, est plus ou moins convexe lorsqu'il l'est trop, les rayons de lumière qui le traversent se réunissent trop tôt, divergent et tombent épars sur la rétine qui en reçoit les impressions. C'est ce qui distingue les personnes qui voient de près, les myopes, par opposition à celles qui voient de loin, les presbytes. Ceux qui se sont un peu occupés d'optique sauront se rendre compte de ces sortes de phénomènes très connus.

L'appareil glandulaire qui sécrète les fluides dont l'œil est baigné, trop sensible, ou trop peu actif, devient la cause de plusieurs incommodités. Les parties sont d'ailleurs liées par une telle sympathie, qu'il n'en est aucune qui pèche sans que la plus voisine en souffre; et la cause et l'effet ne sont pas toujours faciles à découvrir ou à détruire. Ici, comme partout, se rencontre ce qui appartient à la connoissance des maladies avec ce qui est proprement du ressort de l'hygiène. La réunion harmonieuse de toutes les parties de l'œil pour la beauté et la bonté est aussi rare que celle des autres perfections.

Dès son entrée dans le monde, l'enfant peut apporter le germe d'un engorgement des glandes, ou un excès de sensibilité pour la lumière; il peut avoir trouvé sur son passage des causes d'âcreté. Sans parler des opérations chirurgicales que nécessitent les difformités, il suffira, pour ôter les âcretés, d'employer des mesures de propreté, de fréquentes lotions d'eau ou de lait tiède, sans trop de friction, en prenant toujours la précaution de diriger le frottement vers l'angle intérieur de l'œil, où il se trouve une espèce de gouttière pour faire écouler les larmes et les malpropretés. J'observerai à ce sujet que les éponges blanchies par le moyen de l'acide muriatique oxygéné contiennent parfois, malgré le lavage, de l'acide qui ne peut qu'irriter l'œil, ou qu'elles se trouvent décomposées, brûlées au point de tomber en poussière et d'introduire dans les yeux des corps non moins irritans. La trop grande sensibilité demandera qu'on modère la lumière: les vices morbifiques exigeront un traitement particulier. Les enfans naissent ou deviennent sujets dès le bas âge à toutes sortes d'inflammations que l'on a regardées comme étant d'une espèce particulière, mais qui n'en sont pas moins produites par des causes très différentes. Les cils des paupières, quand l'expérience a appris à s'en servir, modifient les rayons de la lumière, effet auquel contribuent aussi les mouvemens de la tête. La plupart des enfans paroissent distinguer la lumière à cinq semaines, et les couleurs à cinq mois. Ils apprennent peu à peu à reconnoître leur mère, à s'habituer à ses regards; à six mois ils les cherchent, et se plaisent à les retrouver.

La lumière qui pénètre dans l'œil peut être concentrée comme dans une chandelle, ou répandue de tous côtés, comme en plein jour; elle peut venir d'en haut, d'en bas, des côtés, de derrière, ou de plusieurs endroits à la fois; elle peut avoir passé par diverses substances colorées, elle peut être réfléchie: toutes ces modifications sont plus ou moins favorables à l'organe. L'enfant doit être accoutumé sans doute à n'en craindre aucune, l'œil ayant d'ailleurs la faculté de ne recevoir que la quantité de lumière qu'il lui faut; mais une foiblesse innée, et des circonstances nuisibles trop prolongées, rendront nécessaires quelques précautions. Une lumière trop concentrée, par exemple, comme le soleil, fatigue l'œil. Celle qui est trop dispersée rend la forme des objets difficile à distinguer, faute d'ombre. Celle que réfléchissent des substances de diverses couleurs est modifiée, et devient plus ou moins agréable. Le blanc, le noir, le rouge et le jaune paroissent en général trop tranchans; les couleurs mêlées plaisent davantage, surtout le vert; c'est celle du tapis dont se couvre la terre lorsque les neiges sont fondues. A mesure que l'homme se civilise, il paroît moins aimer le tranchant, et les couleurs mélangées sont préférées pour les objets de goût: la lumière réfléchie a plus que toute autre l'inconvénient d'être trop répandue; celle qui vient de plusieurs côtés s'éparpille et devient pénible par son papillotage. Celle qui frappe les objets du côté gauche, favorise l'œil droit, alors garanti par l'ombre du nez, et blesse le gauche. Les acteurs placés sur l'avant-scène souffrent beaucoup de la lumière qui vient d'en bas ; celle qui vient par derrière est favorable, à moins qu'elle ne frappe sur des objets qui la réfléchissent trop. Qu'on se garde d'avoir la table de travail placée de manière à recevoir la lumière de ces différentes manières, et même d'avoir le lit dirigé de sorte que les rayons puissent frapper l'œil dormant. La meilleure lumière pour le travail dans nos zones, est celle qui vient d'en haut et du côté du nord, comme l'attestent les peintres, qui cherchent toujours une lumière pure du nord, bien concentrée et tombant d'en haut sur les objets, dans une chambre également et peu éclairée, qui sert de fond. Les yeux se fixent naturellement ensemble sur un objet ; cependant il arrive presque toujours que l'un d'eux est plus foible que l'autre ; et comme c'est l'œil droit qu'on exerce le plus, l'œil gauche paroit en souffrir. La distance à laquelle on voit les objets est différente entre les deux yeux chez presque tous les individus ; et cette différence de portée peut devenir un motif qui fasse loucher l'enfant. Ne voyant qu'avec un œil, l'autre peut rester dans l'inaction, et l'habitude fait qu'ensuite il n'est plus en son pouvoir de s'en servir à volonté. Dans ce cas, on couvre l'œil le plus fort pour forcer le plus foible à se mouvoir en tous sens afin de rétablir entr'eux l'équilibre et l'harmonie. Un bouton sur le nez, qu'un enfant s'obstine à regarder sans cesse, a l'école primaire, de choisir eux-mêmes le meilleur d'entre eux.

Chaque classe du collége, comme de l'école primaire, contribuera à décerner les prix, et tous les mois, chacune s'élira un chef. Pour chaque élection, chaque élève aura une voix, le maître de quartier deux, et le professeur trois.

L'élève *chef de classe* qui ne le sera que pour l'étude, dirigera, pendant le mois, tous les travaux qui se feront en l'absence du professeur; mais il sera lui-même sous l'inspection du maître de quartier.

Et, ces points convenus, nous allons donner le tableau du travail de nos classes. (*Voyez le tableau placé en regard*).

Nous n'avons fait entrer dans ce tableau que les travaux qui auront lieu à l'heure des classes. Il n'a eu pour objet que de montrer comment les professeurs et le temps pourront suffire; comment les diverses études pourront aller de front et sans se nuire; par conséquent, en s'entr'aidant, si le principal est un homme d'esprit, et si, dans ses conversations générales ou particulières, il a soin de saisir, de relever, de faire sentir les rapports naturels de ces diverses études, et de mettre les élèves sur la voie de la philosophie des sciences.

Entre les classes, avant et après elles, se trouvera le temps de ce qu'on appelle *les devoirs*, où les écoliers travaillent, étudient, apprennent, s'essaient par eux-mêmes. Ce sont ces travaux particuliers qui se feront dans chaque classe sous la présidence de l'élève *chef de classe*; et que les deux maîtres de quartier surveilleront, en se portant alternativement d'une classe à l'autre. Le premier des deux aura quatre classes sous son inspection habituelle, et le second trois. Mais chacun aussi pourra, donné lieu plus d'une fois à l'habitude de loucher; il n'est pas toujours aisé de la détruire. Nous avons indiqué ailleurs, en parlant de l'enfant à la première époque de la vie, la manière de placer le berceau contre la fenêtre; et l'on conçoit bien comment deux lumières qui tomberoient à la fois l'une à droite et l'autre à gauche, ou deux objets qui fixeroient la vue aux deux côtés opposés, pourroient faire contracter l'habitude de loucher. Elle peut tenir aussi à un défaut dans l'un des muscles qui font mouvoir le globe de l'œil; le remède ne seroit pas moins difficile à trouver, mais alors c'est l'affaire du médecin.

On doit désirer que l'œil voie *clair*, qu'il voie *vite*, *à toute distance*, et qu'il se *conserve* longtems. Toutes ces facultés dépendent d'une réunion de forces non seulement visuelles, mais encore intellectuelles, des occupations, et de trop d'autres accessoires pour que jamais on puisse traiter complétement ce sujet dans le cadre que nous avons adopté. A sa naissance, l'enfant ne voit rien parce qu'il voit tout; la vision ne commence proprement pour lui que quand il isole un objet, et qu'il le compare à l'objet voisin. Il ne voit bien qu'autant qu'il embrasse l'ensemble sans perdre de vue les détails; ce qui suppose déjà la faculté de reconnoître les rapports, et un jugement qui ne s'acquiert pas toujours sans difficultés.—Dans tout objet, on distingue les contrastes, la forme, la couleur, le mouvement, la distance et les erreurs d'optique. Dans la forme, la longueur, la largeur, l'angle, le rond

sion : ce qui est nécessaire au moins pour ceux qui seront entretenus par l'Etat, utile pour contribuer à ses moyens de subsistance, et avantageux pour la bonne discipline entre les écoliers. Car le désordre dans les maisons d'éducation, vient toujours par les externes qui apportent du dehors les mauvaises habitudes et l'insubordination.

Mais si le collége reçoit des pensionnaires, et s'il a le succès que nous en espérons ; si un grand nombre de citoyens y envoient leurs enfans, il faudra un *principal* qui ait l'administration économique de la maison, qui exerce une prédominance générale sur les professeurs comme sur les élèves, et sur les divers serviteurs qui seront nécessaires ; et qui, surtout, puisse prendre pour les écoliers de toutes les classes et de tous les âges, un sentiment paternel, les regarder et les traiter tous comme ses enfans, écouter leurs plaintes, apaiser leurs querelles, consoler leurs chagrins, relever leur courage, s'occuper de leurs besoins et de leur bonheur autant et plus que de leur instruction.

Il ne seroit pas absolument impossible que ce principal fût un des professeurs ; mais il vaut infiniment mieux que ce soit un homme éclairé sur toutes les sciences, toutes les langues, toutes les littératures qu'on enseignera dans le collége ; un *pentathle* autant et plus instruit dans chaque partie que le professeur même, qui puisse être à toutes d'un bon conseil, et qui ne soit assujéti à aucune.

Le *président* des Etats-Unis doit avoir des ministres et les guider tous : il ne doit exercer aucun ministère. Il faudra de plus, dans un rang inférieur à celui des professeurs, ce qu'on appelle en Europe des *maîtres de quartier*, c'est-à-dire au moins un couple d'*adjoints à professeur*, destinés en général, cependant sans droit positif, à remplir les places qui deviendraient vacantes, et toujours chargés de suppléer les professeurs qui tomberoient malades; de *sur-inspecter* le travail qui se fait hors des classes, de veiller au bon ordre pendant les récréations, à celui qui doit être maintenu dans les dortoirs la nuit, à toute la conduite des élèves hors de classe.

Ces derniers points ne sont pas de ceux qui peuvent être confiés à la vigilance d'un élève élu ; car les qualités qui peuvent y rendre propre ne sont pas extérieures et évidentes comme la capacité dans le travail même. L'inspection doit porter sur un exercice de liberté si particulière et si chère à chacun, que la révolte contre un *égal* qui s'en mêleroit seroit fort à craindre. Et il s'agit d'objets où les passions naissantes, et devenant plus impérieuses chaque jour, pourroient égarer le jeune magistrat. — On tirera meilleur service pour une fonction publique, de l'enfant de dix ans que de celui de seize, à moins que cette fonction ne porte uniquement sur l'étude.

Cependant cette surveillance de tous les momens est indispensable. Les familles naturelles qui n'excèdent pas dix à douze enfans ont deux inspecteurs, le père et la mère à qui les plus puissans et les plus doux sentimens de la nature recommandent la vigilance. Un collége, qui est une famille artificielle de cent enfans et plus, ne sauroit s'en passer.

Il est difficile de charger les Professeurs en titre, de ces fonctions si nécessaires, quoiqu'il n'y en ait pas un qui ne doive y coopérer quand il s'y trouve appelé par quelque circonstance qui se présente à ses yeux. — Mais dans l'état habituel, ils ont assez à faire de préparer leurs leçons, de les plier au caractère et aux dispositions qu'ils reconnaissent dans leurs élèves, et de les proportionner dans la même journée, aux différentes forces des écoliers plus ou moins avancés. — Il faut, après l'heure de la leçon, que le professeur ait le temps de songer aux suivantes, et même celui de méditer pour classer ses propres idées, se perfectionner lui même, jouir un peu de cette douceur de la solitude, demi-paresseuse, demi-laborieuse, que tout homme de lettres a eu pour but lorsqu'il s'est consacré à leur étude. Un professeur doit être un homme de lettres distingué qui, occupé de l'éducation, et en ayant sans cesse l'expérience sous les yeux, s'applique à voir en quoi pèchent les méthodes d'enseignement, quels sont les livres classiques nécessaires, et quelle serait la meilleure forme à leur donner.

Si nos professeurs étaient et devaient être des *hommes de journée*, ayant sans cesse leurs écoliers sur les bras, ils ne pourraient faire aucun de ces travaux, qui deviendront néanmoins si utiles à leurs écoliers même, et à l'instruction en général. Les gens dignes qu'on les fasse professeurs ne le voudraient point être, ou s'ils le devenaient, le dégoût, la fatigue et l'ennui leur en ôteraient bientôt la capacité.

Le *Principal*, sans classe à tenir, avec autorité générale et entièrement libre de la disposition de son temps;

Des professeurs qui n'aient à penser qu'à l'instruction de leur classe;

Et des *maîtres de quartier*, ou *adjoints à professeur*, pour être habituellement auprès des écoliers pendant les récréations, et pour suppléer, en cas de besoin, les professeurs eux-mêmes, me paraissent des institutions également nécessaires.

J'ignore s'il y a ou non rien de semblable au collège de Guillaume et Marie; mais si cela y manque, j'oserai assurer que, dans le collège de Guillaume et Marie, quelque chose ne va pas aussi bien que le voudroient les philosophes, les savans et les hommes d'Etat.

Même en donnant aux professeurs, pour les soulager hors de la classe, deux adjoints, il y aura encore assez de difficulté à faire conduire, par notre petit nombre de professeurs, la quantité d'études dont nous avons reconnu l'indispensable utilité, et dans chacune desquelles se trouveront des écoliers, au moins de deux forces différentes.

Six professeurs, sept classes, dix cours, une vingtaine de sciences, et plus de quarante manières d'étudier, qui aillent de progrès en progrès, sans confusion, sans interruption, sans ralentissement; ce n'est point une petite affaire!

Et c'est à nous à prévoir, à calculer, à régler comment la chose pourra marcher; car ce n'est pas le tout de dire : On fera tel ou tel établissement, on enseignera telle ou telle science. Il ne suffit point d'avoir assemblé des élémens, surtout des élémens mêlés de paresse, d'ambition, de prétention et d'amour propre, et de leur dire: *Débrouillez-vous, chaos*. Nul chaos ne se débrouille de lui-même. Si nous n'avions pas songé à tous les embarras de l'exécution; si nous n'avions pas dans la tête et même sur le papier, tous les détails de l'organisation, nous n'aurions rien fait. Un général qui ordonne une marche en plusieurs colonnes, doit avoir compté les pas de chacun de ses corps; savoir à quelle heure son infanterie, sa cavalerie, ses dragons, ses éclaireurs, son artillerie, ses vivres, ses bagages, seront chacun à tel point; comment ils y stationneront; comment ils en déboucheront, et combien il faut de temps à chacun, selon la nature de sa marche et les obstacles de la route. S'il en oublie la moindre chose, c'est un général battu.

Nous allons donc essayer d'indiquer quel sera l'ordre des études et l'emploi journalier du temps dans notre collége.

Nous en présenterons le tableau tel qu'il nous paroît devoir être dans son état de pleine activité. C'est le but qu'il faut avoir en vue dès le départ.

Nous remarquerons ensuite quelle peut être la route graduelle pour y parvenir.

Mais avant d'entrer dans ces détails, nous avons deux observations à faire.

La première portera sur la nécessité de prendre des mesures pour que, dans la variété des études qui doivent employer sept années, l'application aux derniers cours ne fasse pas oublier les premiers. Cela n'arrivoit point dans nos anciens colléges, parce qu'on y mettoit cinq années à ne suivre qu'un cours de latin assez bon, et un de grec très imparfait; puis une année de rhétorique qui n'étoit qu'une prolongation de ces deux cours, et une ou deux de philosophie qui, en France, du moins, n'étoit rien du tout.

Dans notre plan, au contraire, nous voulons des connoissances réelles, et nous en voulons beaucoup. Il nous faut donc nécessairement une distribution de travail telle, qu'à la fin de nos études, le premier cours et tous les autres soient aussi présens à la mémoire que le dernier.

Notre seconde observation aura pour objet de prévenir qu'en instituant les *maîtres de quartier* ou adjoints à professeur, nous n'avons nullement entendu priver nos jeunes gens du plaisir dont ils auront essayé, dans l'école primaire, de choisir eux-mêmes le meilleur d'entre eux.

Chaque classe du collége, comme de l'école primaire, contribuera à décerner les prix, et tous les mois, chacune s'élira un chef. Pour chaque élection, chaque élève aura une voix; le maître de quartier deux, et le professeur trois.

L'élève *chef de classe* qui ne le sera que pour l'étude, dirigera, pendant le mois, tous les travaux qui se feront en l'absence du professeur; mais il sera lui-même sous l'inspection du maître de quartier.

Et, ces points convenus, nous allons donner le tableau du travail de nos classes. (*Voyez le tableau placé en regard*).

Nous n'avons fait entrer dans ce tableau que les travaux qui auront lieu à l'heure des classes. Il n'a eu pour objet que de montrer comment les professeurs et le temps pourront suffire; comment les diverses études pourront aller de front et sans se nuire; par conséquent, en s'entr'aidant, si le principal est un homme d'esprit, et si, dans ses conversations générales ou particulières, il a soin de saisir, de relever, de faire sentir les rapports naturels de ces diverses études, et de mettre les élèves sur la voie de la philosophie des sciences.

Entre les classes, avant et après elles, se trouvera le temps de ce qu'on appelle *les devoirs*, où les écoliers travaillent, étudient, apprennent, s'essaient par eux-mêmes. Ce sont ces travaux particuliers qui se feront dans chaque classe sous la présidence de l'élève *chef de classe*; et que les deux maîtres de quartier surveilleront, en se portant alternativement d'une classe à l'autre. Le premier des deux aura quatre classes sous son inspection habituelle, et le second trois. Mais chacun aussi pourra, dans le besoin, entrer dans les classes plus spécialement confiées à son collègue, et y donner les ordres provisoires qu'il jugera convenables.

D. P. D. N.

(La suite au Numéro prochain.)

LETTRES D'UN PÈRE A SA FILLE,

SUR L'ÉTUDE DE L'HISTOIRE NATURELLE.

Cinquième Lettre.

Vous savez sans doute, Amélie, que votre fils Edouard m'a écrit pour avoir ma décision dans une petite dispute qui s'est élevée entre sa sœur et lui, à l'occasion d'un fait qui leur a paru et leur a dû paroître en effet fort extraordinaire. Edouard s'étoit amusé à nourrir des chenilles toutes pareilles : il avoit renfermé leurs chrysalides dans un même carton, et en l'ouvrant, au bout de quelques semaines, il a trouvé que de quelques-unes de ces chrysalides étoient provenus des papillons semblables ; ce qui devoit être, puisque les chenilles l'étoient aussi ; mais avec ces papillons se trouvoient aussi des mouches, qui l'ont fort étonné. Sa sœur ne l'étoit pas moins ; elle ne pouvoit s'expliquer comment ces mouches étoient arrivées là, le carton étant resté bien fermé. Pour s'amuser, à ce qu'il me semble, elle a essayé de persuader à son frère que quelques-unes de ses chenilles avoient produit ces mouches : elle prétendoit que cela ne pouvoit être autrement. Elle auroit pu, avec quelque érudition, citer des autorités, car Goedart, vieux naturaliste qui racontoit avec une extrême bonhomie ce qu'il avoit observé, et à qui pareille chose étoit arrivée, dit tout simplement que telle chenille donne tantôt des papillons d'une telle façon, tantôt des mouches ainsi faites, et il nous donne les figures des uns et des autres sans paroître aucunement occupé d'un fait aussi étrange. Notre petit garçon qui, je le vois, n'est pas disposé à se payer de mauvaises raisons, n'a pas voulu se contenter de cette explication. Il cite votre leçon; vous lui avez appris, dit-il, qu'aucun animal, aucun végétal ne peut venir que de son pareil, et jamais on ne lui fera croire que des mêmes chenilles puissent provenir indifféremment des papillons ou des mouches. Il faut le tirer de peine, louer son bon sens qui l'a bien servi, l'encourager à demeurer attaché à un guide si sûr, et lui expliquer comment est arrivé la chose qui les embarrasse. Je présume que les mouches en question sont des *ichneumons*, espèce de mouches à quatre ailes, dont les antennes assez longues sont toujours en mouvement, ce qui les a fait appeler vibratiles; leur forme est allongée et assez élégante. L'abdomen, ou la partie postérieure des femelles, est terminé par une sorte d'aiguillon, ou de tarière, dont elles se servent pour introduire leurs œufs dans le corps des chenilles, ou des larves de différens insectes. Leur instinct leur a appris que leur postérité doit trouver là une subsistance convenable. L'opération n'étant pas très fâcheuse d'abord, la chenille continue à vivre avec cette famille d'ennemis qu'elle a reçus dans son sein : elle les nourrit de son mieux; mais ces petites larves d'ichneumons croissent à ses dépens, et finissent par la dévorer entièrement. Souvent la mort de l'hôte, si mal récompensé, n'arrive qu'après que la chenille a passé de son état de larve à celui de chrysalide, jamais plus tard; une chenille qui a eu le malheur

DE L'ÉDUCATION. 45

de recevoir des ichneumons ne deviendra jamais papillon. Lors donc que les petites larves d'ichneumon ont pris tout leur accroissement, elles percent le corps de l'insecte qui les a hébergées, et auquel elles survivent ; elles se filent de petits cocons de soie dans lesquels elles subissent leur transformation; elles deviennent chrysalides, puis ichneumons parfaits, avec les mêmes inclinations meurtrières que celles de leur mère. Si on a laissé le carton comme il s'est trouvé quand on l'a ouvert, on doit encore y apercevoir quelques vestiges de ces tranformations des ichneumons.

Je suis bien aise que notre enfant ait d'aussi bonne heure fait preuve d'une raison saine et solide, qui ne compose pas avec les absurdités. Vous ne sauriez croire combien, chez des naturalistes plus célèbres que celui que je vous ai cité, et dans les récits de voyageurs assez accrédités, on trouve d'exemples de mauvais raisonnemens, d'opinions ridicules et pitoyables : je me bornerai à un petit nombre.

Mouffet, médecin, naturaliste anglais, auteur d'un gros livre sur les insectes, en parlant de la *mante religieuse*, ainsi nommée par le peuple dont les naturalistes ont souvent conservé les dénominations, parce que cet insecte, de forme assez bizarre, tient ordinairement ses pattes antérieures élevées et réunies dans une sorte d'attitude d'oraison, ce qui le fait appeler en Languedoc *prega diou* (*prie dieu*); Mouffet donc se complaît à entrer dans beaucoup de détails sur les qualités estimables et les dispositions obligeantes de cet insecte, et dit sérieusement que si un enfant égaré lui demande poliment son chemin, il se fait un plaisir de le lui indiquer avec sa patte, et de le remettre ainsi dans la bonne route. Je suis persuadé que ce petit conte populaire amusera beaucoup votre fils, et qu'il rira de bon cœur du pauvre enfant qui, sur la foi de Mouffet, iroit plein de confiance demander son chemin à une espèce de sauterelle.

Vous avez entendu parler du *bernard l'hermite*, petit crabe qui, n'ayant pas la queue recouverte comme celle des autres, de pièces écailleuses, a l'instinct particulier de l'introduire dans des coquilles univalves vides qu'il traîne avec lui partout comme les animaux auxquels ces coquilles appartenoient, et dont il change à mesure qu'il grandit, prenant alors celle qu'il trouve, sans s'attacher à aucune de préférence. Eh bien, Swammerdam, très savant entomologiste (1), vouloit que le bernard l'hermite fût né dans ce logement d'emprunt, qu'il lui appartînt en propre : il prétendoit avoir vu le muscle qui y retenoit l'animal attaché pour toujours, sans que la diversité des coquillages que s'approprioient ainsi les individus d'une même espèce, la différence de ce crabe avec les animaux vivans, véritables habitans de ces coquillages, pût le tirer de son entêtement.

Cette insoutenable opinion des générations spontanées ou équivoques, dont l'absurdité vous semble trop choquante pour qu'il soit besoin de la combattre sérieusement, a eu bien des partisans. Le nom d'un certain coquillage multivalve appelé *anatife*, *conque anatifère*, c'est-à-dire coquillage qui produit des canards, prouve assez combien cette opinion étoit répandue. Ce coquillage, formé de la réunion de plusieurs pièces, se trouve adhérent au pied des arbres plongés dans les eaux de la mer, ou aux vieux bois des navires, et offre quelquefois l'apparence

---

(1) Ce mot désigne celui qui s'occupe de la science des insectes, nommée entomologie ; du grec *temno* je coupe, parce que le corps de la plupart des insectes est comme coupé ou divisé par sections ou par anneaux.

DE L'ÉDUCATION.

du bec ou de la tête d'un canard. D'autre part on ne connoissoit pas l'origine d'une espèce de canard ou d'oie des mers du nord, nommée *bernache*; alors on a débité que cet oiseau devoit sa naissance au vieux bois pourri, ou aux coquillages qu'on croyoit aussi produits par ces vieux bois. Un Ghérard, et je ne sais quels autres vous assurent qu'ils ont été témoins du fait; qu'avez-vous à dire? Quelles sottises n'ont pas été écrites et affirmées! Un Pont Oppidan, évêque de Norvège, dans la relation de ses voyages, vous parlera des immenses baleines de son pays, véritables îles flottantes qui ont plus d'une demi-lieue de longueur; de sorte que s'il arrive qu'un de ces énormes cétacées s'endorme à la surface de l'eau, son dos a toute l'apparence d'une terre où l'on peut aborder; aussi le bon évêque raconte-t-il que de pauvres matelots y ont été pris: étant descendus, dit-il, sur cette terre inhospitalière, ils y allumèrent du feu, et la chaleur ayant réveillé le monstre, il plongea subitement entraînant avec lui, au fond des mers, les malheureuses victimes de leur erreur.

Vous sentez combien des compilateurs, sans lumière et sans critique, s'exposent à copier de sottises, quand ils vont puisant indifféremment dans toutes les sources; c'est ce qui a fait le discrédit du diction ire de Valmont de Bomare, dont la vogue est passée, et n'a que trop duré. Tantôt il se répète, ce qui est le moindre mal; tantôt il se contredit; tantôt il vous donne des choses dénuées de sens : par exemple, en parlant du nopal, il vous apprend que sur cette plante singulière les fruits viennent avant les fleurs, et pourtant il convient que la fleur couronne le fruit; mais il ne s'aventure pas à vous expliquer cette merveille : vous vous en tirerez comme vous pourrez.

Attachez-vous donc, Amélie, à fortifier la raison de vos enfans contre les erreurs et les préjugés qu'ils pourront rencontrer encore assez fréquemment dans les livres et dans la société, quoique leur influence diminue sensiblement par une suite du goût que l'on a pris assez généralement pour les sciences naturelles, et des progrès de la vraie philosophie.

Voici une de ces erreurs à laquelle vous êtes à même d'opposer l'observation. Je voudrois bien la faire avec vous, et avoir comme vous le loisir de vivre une grande partie de l'année à la campagne. Cette observation vous intéressera, vous amusera, et amusera beaucoup vos enfans.

On croit assez généralement, et j'ai entendu souvent répéter une chose très fausse, et sur laquelle la vérité est bien connue aujourd'hui, relativement aux moyens que la nature emploie pour faire sortir le poulet de l'œuf. On prétendoit que la poule prenoit soin de rompre la coque, et on alloit jusqu'à exposer l'adresse avec laquelle elle savoit le faire sans blesser le poussin. On sait maintenant que c'est le petit seul qui travaille à sa sortie : peut-être après la première rupture, la mère aide-t elle à ouvrir la brèche en enlevant quelques éclats de la coque; mais c'est le poussin qui l'ouvre le premier. Cependant comment supposer cet effort de la part du bec de ce petit animal, qui est couché sur sa poitrine, et qui n'a pas la dureté convenable pour un tel effet ? la nature y a pourvu d'une manière vraiment admirable : sur la partie supérieure du bec, à l'extrémité, s'élève un petit tubercule fort dur, de la grosseur d'un grain de sable et de la forme d'une corne-muse; il est élargi à la base, incliné en arrière, et peut être comparé à une petite corne placée là comme celle du rhinocéros, et ayant quelque ressemblance avec elle. C'est avec cet instrument et à force de frottemens répétés, que le poussin vient à bout d'user sa coquille et de l'entamer dans un point; sa substance et frêle et cassante, et ainsi fêlée dans un point, elle n'offre plus qu'une foible résistance, comme un morceau de verre entamé dans un endroit, se rompt aisément par le plus léger effort. Le poussin dans sa coque est courbé et comme roulé sur lui-même: dans ce moment où il éprouve vivement le besoin de sortir de sa prison, il fait effort avec ses pieds contre le fond de l'œuf, et développant en même temps ses membres avec toute l'énergie dont il est capable, sa tête se porte contre la partie supérieure de la voûte avec assez de force pour achever de la fendre. Il est bien probable que c'est par un mécanisme pareil que tous les oiseaux sortent de la coquille, quoique le fait ne soit pas constaté pour les autres par l'observation, comme il l'est à l'égard du poulet et du faisan; mais il mérite bien de l'être pour tous, et je vous engage à le faire, Amélie, par rapport à vos tourterelles et à vos serins: vos enfans, mis sur la voie, vous aideront dans cette petite recherche curieuse, et ce sera un nouveau plaisir que leur offrira votre volière. Il y a des oiseaux pour lesquels il seroit difficile d'imaginer autre chose: vous avez vu des œufs d'autruche, je vous ai donné une coupe très bien montée, faite de la moitié d'un de ces œufs, vous vous en servez depuis long-temps, et ce vase a la dureté et la solidité d'une porcelaine mince. L'autruche ne couve ses œufs que pendant la nuit, le jour elle les abandonne sur le sable échauffé par le soleil; et sous la zone torride, cette chaleur vaut celle d'une couveuse. Comment imaginer que le poussin, sans quelque moyen analogue à celui que je vous ai décrit, puisse comme cela doit arriver quelquefois, ouvrir pendant l'absence de la mère, une coque si dure et si résistante? On appelle *bêcher* l'opération du poussin qui travaille à ouvrir sa coquille; elle dure à peu près vingt-quatre heures, du commencement du vingtième jour de l'incubation au commencement du vingt-unième : elle produit assez de bruit, pour qu'en prêtant une oreille attentive, et en écoutant de près, on distingue les mouvemens ou le frottement de la corne du poussin contre la coque. Dès le moment de sa naissance, il court et peut ramasser lui-même sa nourriture; c'est un avantage commun à la plupart des gallinacés. Le premier jour, il ne prend point de nourriture, ou en prend très peu, il ne commence guère que le second à manger, et c'est le même jour que tombe de son bec la corne qui lui a été si utile, et qui maintenant lui seroit incommode.

C'est à M. Pinçon, chirurgien, habile anatomiste, qu'est due la jolie découverte de cette petite corne du poussin. Je me recommande à vous pour m'en rapporter quelques-unes, et j'espère que l'intérêt de cette observation vous engagera à la suivre sur d'autres oiseaux; elle en vaut vraiment la peine. Vous ne dédaignez pas de partager les soins de la fermière dans votre petite campagne, les détails de la basse-cour vous amusent, ils vous amuseront encore davantage si vous y portez l'œil curieux du naturaliste. Il y a, soyez-en sûre, encore bien des choses intéressantes à découvrir dans les mœurs des animaux, dans les soins et la prévoyance de la nature pour eux, et il se peut que telle remarque, qui d'abord avoit paru seulement curieuse et amusante, conduise à des résultats utiles et importans.

Vous m'avez demandé ce qu'il faut entendre par fossiles : ce mot vient du latin *fodere*, fouiller; et si on n'avoit pas restreint sa signification, il conviendroit à toutes les substances qu'on tire de la terre, mais on ne l'applique pas aux minéraux : on l'a réservé pour les animaux et végétaux enfouis dans la terre à plus ou moins de profondeur, et qui, par un long séjour, y ont changé de nature en tout ou en partie. Ainsi on trouve des ossemens d'animaux, des coquillages qui ayant conservé parfaitement leurs formes, sont convertis entièrement en matière calcaire, des bois dont la structure n'est altérée en rien, mais dont toute la substance ligneuse est devenue agate ou silex. Les coquillages fossiles qui se trouvent engagés dans les montagnes les plus élevées, sont des témoins subsistans des grands bouleversemens du globe, du séjour des mers à de grandes hauteurs. Mais un fait bien remarquable que nous offrent les restes des anciens habitans du globe, c'est qu'ils appartiennent presque tous à des animaux ou à des végétaux dont les analogues ne se trouvent plus, ce sont des espèces perdues ; les défenses fossiles d'éléphant, qui se trouvent dans le Nord, ont appartenu à des individus de bien plus grandes dimensions que ceux que nous connoissons aujourd'hui : on a trouvé en Amérique quelques squelettes fossiles de très grands animaux qui nous sont actuellement inconnus.

On trouve dans des contrées fort distantes les unes des autres, en Europe, en Afrique, des masses énormes de camérines ou pierres lenticulaires légèrement agglutinées par un ciment calcaire. Ces petites pierres ont toutes la forme lenticulaire ; elles sont de toutes grandeurs, depuis celle d'une lentille jusqu'à celle d'un franc ou d'un double franc. Si on les use avec soin pour rendre sensible leur organisation intérieure, on voit qu'elles sont toujours divisées en petites cellules formant tantôt une spirale de sept à huit révolutions ; tantôt des cercles concentriques dans lesquelles les cellules sont arrangées aussi de manière à former des rayons : on ne sait nullement quel étoit l'animal si multiplié d'où provient ce fossile. Etoit-il de la nature des zoophites? ces lentilles ont-elles servi d'opercules à quelques coquillages ? mais que seroient devenues les coquilles ? n'auroient-elles pas fait partie de l'organisation intérieure de quelques animaux marins, comme ces espèces d'os plats spongieux qu'on trouve dans le corps des seiches? Ce sont autant de conjectures qui ont été soutenues avec un avantage égal, sans que la question soit décidée. Les fossiles ont donné lieu à une autre question : on ne trouve pas d'ossemens humains fossiles ; seroit-ce que l'homme est beaucoup plus nouveau que les animaux sur la surface du globe, ou bien cela viendroit-il de ce que l'homme ayant toujours vécu en sociétés qui ont recueilli ou détruit les os de leurs morts, il y a beaucoup moins de chances pour les trouver fossiles ? Comment les fossiles changent-ils de nature dans l'intérieur de la terre ? Cette question pourroit nous entraîner loin ; je me contenterai de vous dire en deux mots: Il paroît que les molécules pierreuses sont charriées par des fluides qui entraînent les molécules animales ou végétales, et laissent à leur place ces molécules pierreuses qui prennent la même disposition que celles qu'elles ont remplacées, et semblent en quelque sorte remplir les mêmes moules.

A.

LES VOYAGES D'ADOLPHE.

(*Continuation.*)

En parcourant l'église de Saint-Gervais, Adolphe demanda à son père de lui faire lire l'histoire de ce saint, et celle de son compagnon saint Protais : son père y consentit, en lui disant toutefois qu'il ne falloit point ajouter une confiance entière à ces sortes d'histoires telles qu'elles nous sont parvenues, parce qu'il y en a un grand nombre de fausses, et que presque toutes sont mêlées de fables quelquefois fort ridicules. Cependant, ajouta M. de Vauréal, il y en a quelques-unes qu'on ne peut se dispenser de connoître, parce qu'elles ont fourni le sujet de très beaux tableaux. Ainsi, par exemple, il y a un beau tableau de Le Sueur sur le martyre de saint Gervais et de saint Protais ; il y en a trois de Philippe de Champagne sur l'*Invention*, c'est-à-dire la découverte de leurs reliques par saint Ambroise.

Adolphe. Papa, où sont ces tableaux ?

M. de Vauréal. Ils étoient autrefois dans cette église, pour laquelle ils ont été faits ; on les a depuis transportés au Musée, où, si tu veux, nous pourrons les aller voir en revenant.

Adolphe, enchanté de cette idée, se promit bien de ne la pas laisser oublier. Il demanda à son père, qui donnoit ces tableaux aux églises.

M. de Vauréal. Ils étoient souvent achetés sur les fonds appartenans à l'église, souvent donnés par des gens riches ou de grands seigneurs; quelquefois par les peintres eux-mêmes. Un habitant de *Faenza*, ville d'Italie, ayant son fils moine au couvent des capucins de cette ville, commanda au Guide, peintre célèbre de ce temps, une *Madone*, c'est-à-dire, comme tu sais, une sainte Vierge, dont il vouloit faire présent au couvent. Comme saint François est le fondateur des capucins, il falloit dans le tableau une figure de ce saint : de plus, celui qui le commandoit avoit une dévotion particulière pour une autre sainte, qu'il voulut qu'on y fit entrer aussi. Il fit prix pour cent écus par figure, ne comptant en avoir que trois ; mais le peintre ne pouvoit représenter la Vierge sans l'Enfant Jésus : cela fit donc une quatrième figure, que l'amateur ne voulut jamais payer, disant qu'il n'en avoit demandé que trois, et n'avoit pas besoin qu'il y en eut davantage. Après une très longue contestation, le Guide, en colère, dit : *Eh bien ! vous ne vouliez donner au couvent que trois figures, je lui en donnerai quatre;* et ce fut lui qui fit présent du tableau, qui est fort beau. M. de Vauréal montra ensuite à son fils l'endroit ou avoit été enterré Philippe de Champagne le peintre, dans cette même église qu'il avoit ornée de ses tableaux. Elle renferme, ajouta-t-il, plusieurs autres hommes célèbres ou du moins connus : Scarron, comme je te l'ai dit ; Lafosse........

DE L'EDUCATION.

Adolphe. L'auteur de la tragédie de *Manlius*, que j'ai vue l'autre jour?

M. de Vauréal. Oui, mon fils. Plusieurs autres hommes de lettres, et trois chanceliers de France, entre autres le chancelier Le Tellier. C'est ici que Bossuet a prononcé son oraison funèbre.

Adolphe. Ce devoit être bien difficile de faire l'oraison funèbre du chancelier Le Tellier; car il me semble que c'étoit un méchant homme.

M. de Vauréal. Sur quoi le juges-tu ainsi?

Adolphe. N'est-ce pas lui qui, lorsque Louis XIV voulut nommer Le Pelletier contrôleur-général des finances, lui dit: *Sire, il ne vaut rien, il n'est pas assez dur?*

M. de Vauréal. Lui-même.

Adolphe. Eh bien! le contrôleur-général n'étoit-il pas celui qui proposoit les impôts? Il vouloit donc qu'on fût assez dur pour écraser le peuple d'impôts: cela n'étoit pas d'un homme bon.

M. de Vauréal. Non, assurément; mais Le Tellier avoit vécu dans le gouvernement et non pas dans le peuple; il s'étoit peu occupé des besoins du peuple et beaucoup de ceux du gouvernement. Te rappelles-tu un conte que je t'ai fait lire, intitulé *l'Arbre et la Forêt?*

Adolphe. Ah! j'entends; Le Tellier oublioit que le peuple est composé d'hommes, et ne s'embarrassoit pas qu'on causât à chacun de ces hommes des malheurs qui l'auroient peut-être touché s'il les avoit vu tomber sur un de ces hommes en particulier. C'est égal, je ne l'aime pas.

M. de Vauréal. On ne peut aimer ceux en qui on a connu des sentimens qui nous déplaisent, mais on n'en est pas moins obligé d'être juste envers eux, et ce seroit ne pas l'être que de juger tout leur caractère sur un mot qui peut tenir au défaut de lumières et de réflexion.

Adolphe. Le chancelier Le Tellier étoit-il donc un bon ministre ?

M. de Vauréal. Je ne te dis rien là-dessus ; ce sera à toi, quand tu pourras étudier l'histoire, à te former toi-même un jugement sur les hommes et les choses : c'est seulement une règle générale que je te donne ; tu pourras l'appliquer à un autre mot de Le Tellier, qui probablement augmentera ton éloignement pour lui, et qui est bien plus sûrement encore dans le cas dont nous parlons. Le dernier édit qu'il ait signé en sa qualité de chancelier, et étant malade de la maladie dont il mourut, est celui de la révocation de l'édit de Nantes.

Adolphe. Celui qui a chassé les protestans de France, et les a rendus si malheureux ?

M. de Vauréal. Précisément. Le Tellier trouvoit cela si beau, et en étoit si enchanté, qu'après avoir signé cette révocation, dans le transport de sa joie, il dit ces paroles du cantique de saint Siméon : *Mon Dieu, vous laisserez maintenant mourir en paix votre serviteur.* Il disoit cela de bonne foi, et beaucoup de gens très pieux partageoient alors son opinion. Ainsi, c'étoit par un sentiment de religion, c'est-à-dire par un sentiment très respectable, très nécessaire, et qui a produit de grandes vertus, qu'ils se réjouissoient d'une grande injustice et d'un grand malheur. Tu vois donc tout ce qu'on peut faire et vouloir de mal sans de mauvaises intentions.

Adolphe ne répliqua rien; cette conversation lui étoit pénible : comme beaucoup de gens, il n'aimoit pas qu'on le forçât à être raisonnable, et qu'on l'empêchât de se livrer avec passion aux sentimens d'enthousiasme ou de colère que lui inspiroient les choses qu'on lui racontoit. Ils sortirent de Saint-Gervais, et marchant tout droit devant eux, ils suivirent la rue du Monceau et la rue du Martrois, et traversèrent la place de Grève. Adolphe parla à son père du feu de la Saint-Jean, qu'on faisoit, avant la révolution, sur la place de Grève, et se souvint d'avoir lu quelque part qu'on avoit eu anciennement la coutume d'y jeter plusieurs paniers de chats qu'on y faisoit brûler ainsi tout vifs. J'espère, ajouta-t-il, que cela n'est pas vrai.

— Je n'en répondrois pas, lui dit son père : c'est un plaisir bien extraordinaire que celui de voir souffrir; cependant il n'est pas rare, surtout parmi les gens sans éducation.

Adolphe. Eh bien ! papa, c'est encore là, j'en suis sûr, une mauvaise action commise faute de réflexion.

M. de Vauréal. Je pense, en effet, comme toi, que c'est une mauvaise action que de faire souffrir inutilement les animaux, et je suis convaincu que si on se faisoit bien une idée de la douleur, si on s'arrêtoit à réfléchir sur ce que souffre un malheureux animal que l'on torture, il y auroit très peu de gens capables d'y prendre plaisir. Aussi je regarde ce plaisir là comme une preuve de bêtise et de défaut de raison.

Ils entrèrent dans la rue *Jean-Pain-Mollet*. Adolphe auroit bien voulu savoir encore d'où venoit un pareil nom : son père lui dit qu'on l'ignoroit ; que tout ce qu'on savoit, c'est qu'elle portoit ce nom au treizième siècle, et que c'étoit aussi le nom d'un bourgeois de Paris, qui avoit probablement donné le nom à la rue. Mais d'où lui venoit ce nom à lui-même ? c'est ce qu'on ne dit pas.

Il y a comme je te l'ai déjà dit beaucoup de mots, et surtout de noms, dit M. de Vauréal à son fils, dont il est absolument impossible de présumer l'origine, ou parce qu'ils ont été corrompus, ou parce qu'ils viennent de circonstances particulières et si peu intéressantes, qu'on n'en a pu conserver le souvenir, et quelquefois si bizarres, qu'il seroit impossible de les deviner. D'où penses-tu, par exemple, que vienne le mot de *pistolet* ?

Adolphe dit qu'il n'en savoit rien.

M. de Vauréal. Les *pistoles*, comme tu sais, étoient une ancienne monnoie valant dix francs ; on fit des pièces de monnoie d'une moindre valeur, qu'on appela *pistolets*, et comme, dans le même temps, on commença à fabriquer des armes à feu plus courtes que les armes ordinaires, on les nomma *pistolets*, parce que c'étoient de petits fusils, de même que les vrais pistolets étoient de petites pistoles. Cette monnoie a disparu dans les variations des monnoies, et son nom est demeuré aux pistolets, armes à feu, qui n'ont aucun rapport direct avec les pistoles. Si un auteur du temps ne nous avoit pas conservé ce fait, il seroit impossible de le deviner; mais il est encore bien plus difficile de deviner l'origine des noms propres; car, pour qu'une chose dont tout le monde se sert prenne un certain nom, il faut bien que tout le monde ait consenti à le lui donner, et alors quelqu'un pourra se souvenir de la raison qui le lui a fait donner. Mais pour donner un nom à un homme, il aura suffi de cinq ou six de ses voisins ou des gens de sa connoissance qui l'auront désigné par ce nom là. Ainsi, je suppose qu'un boulanger nommé *Jean* ait eu de la réputation pour faire *le pain mollet*, on l'aura désigné par cet attribut. Son fils aura été connu comme le fils de *Jean-Pain-Mollet*, et le nom sera resté à la famille, tandis que ceux qui le lui auront donné les premiers seront morts, et que personne n'en saura plus la raison. Il en est de même des noms des rues, qu'on aura désignées par une enseigne singulière, par un événement qui s'y sera passé : l'événement, souvent peu important, sera oublié, l'enseigne aura été changée, mais le nom reste, quoiqu'on n'en sache plus l'origine. Cependant, au bout de quelque temps, d'autres personnes pourront être frappées d'une autre particularité, et donner à la rue un nouveau nom; en sorte que la plupart des rues de Paris en ont changé plusieurs fois. Celle où nous entrons, par exemple, s'appeloit très anciennement *la Pierre au Lait;* il est aisé de comprendre qu'une pierre sur laquelle on vendoit du lait ait pu lui faire donner ce nom-là. Un grand nombre d'écrivains publics vinrent ensuite s'y établir, et on l'appela la rue *des Écrivains*. C'est au coin de cette rue que se trouvoit la maison de *Nicolas Flamel*, très célèbre au commencement du quinzième siècle.

Adolphe. Qui l'a rendu célèbre, mon papa ?

M. de Vauréal. De pauvre écrivain qu'il étoit, il devint tout d'un coup très riche, sans qu'on ait jamais pu savoir comment; et ce qui doit faire supposer qu'il ne devoit pas sa fortune à de mauvaises actions, c'est qu'il ne l'employa qu'à faire du bien.

Adolphe. Est-ce là, mon papa, ce qui l'a rendu célèbre ?

M. de Vauréal. Non, mon fils, le bien qu'on fait autour de soi procure un grand bonheur, mais on ne peut prétendre à en tirer de la réputation; et quoique Nicolas Flamel ait fait bâtir à ses frais le petit portail de l'église *Saint-Jacques-de-la-Boucherie*, que nous allons voir tout-à-l'heure, cela n'auroit abouti qu'à faire conserver son nom dans quelques recueils d'antiquités, si les gens de son temps, frappés de sa fortune subite et extraordinaire, ne s'étoient imaginé qu'il avoit trouvé la pierre philosophale.

Adolphe. Qu'est-ce que c'est que la pierre philosophale ?

M. de Vauréal. Pour savoir ce que c'est, il

faudroit qu'elle existât; tout ce que je puis te dire, c'est qu'il y a des gens qui s'imaginent qu'en fondant et refondant, et mêlant ensemble certains métaux, ils parviendront à une certaine composition, au moyen de laquelle ils pourront faire de l'or : ils appellent cette composition, qui n'existe pas et ne peut exister, *la pierre philosophale*, et se ruinent à la chercher. Du temps de Nicolas Flamel, beaucoup de gens y croyoient, et l'on trouva tout simple de supposer que sa fortune venoit de là ; en sorte qu'il est resté en grande réputation parmi les chercheurs de pierre philosophale : et comme cette prétendue pierre doit avoir aussi la vertu de faire vivre éternellement, ils sont convaincus que Nicolas Flamel n'est pas mort, mais qu'il court le monde avec sa femme *Pernelle*. Paul Lucas, qui voyageoit en Asie au dix-septième siècle, assure avoir vu un dervis intime ami de Flamel, qui l'avoit quitté aux Indes trois ans auparavant.

Adolphe. Cela est imprimé ?

M. de Vauréal. Assurément.

Adolphe. Et il y a des gens qui le croient ?

M. de Vauréal. Il y a bien des gens qui croient aux *devins*, qui se font dire leur bonne aventure, c'est-à-dire prédire ce qui leur arrivera.

Adolphe. Cela m'amuseroit bien qu'on me dît ma bonne aventure.

M. de Vauréal. Pour y croire, apparemment ?

Adolphe. Non, assurément, mon papa.

M. de Vauréal. En ce cas, qu'est-ce que cela

peut avoir de plaisant? Je puis, si tu le veux, te dire sur-le-champ ta bonne aventure.

Adolphe. Vous, mon papa ?

M. de Vauréal. Tout aussi bien qu'un devin. Crois-tu qu'il ait là-dessus plus de connoissances que moi ?

Adolphe. Non pas.

M. de Vauréal. Pourquoi, en ce cas, cela t'amuseroit-il davantage de te la faire dire par lui que par moi? Penses-y bien, et tu verras qu'on ne peut avoir envie de se faire dire sa bonne aventure que par une certaine curiosité de savoir ce qu'on vous dira; et comme on ne peut être fort curieux de savoir si un charlatan vous dira au hasard une chose plutôt qu'une autre, il faut, sans se l'avouer, qu'on croie que cela n'est pas tout-à-fait indifférent, et qu'on y mette quelque importance. Ainsi, je ne croirai jamais qu'une personne qui se fait dire sa bonne aventure le fasse uniquement pour s'amuser, et sans y attacher une sorte d'importance.

F. G.

NOUVELLES
CONCERNANT L'ÉDUCATION.
Charles Witte.

A l'Université de Gœttingue, étudie en ce moment un enfant de douze ans, nommé Charles Witte, qui y est entré, il y a dix-huit mois, c'est-à-dire à dix ans et demi, âge où les enfans ne sont encore que bien peu avancés dans leur collège. Son père, le docteur Witte, avoit annoncé l'intention, si jamais il avoit un fils, de ne rien négliger pour en faire un *grand homme*. Quelques enthousiastes ont prétendu qu'il avoit fait *plus qu'un grand homme*, puisqu'il avoit fait, non pas un *grand enfant*, mais un *enfant célèbre*. Et en effet, on a déjà beaucoup parlé, beaucoup écrit en Allemagne sur Charles Witte, ses connoissances, le développement de son esprit, ce qu'il est et ce qu'il promet. Il a été visité, examiné, attaqué ou préconisé par des maîtres d'école, des professeurs, des conseillers intimes, et tout ce qu'il y a de dignitaires en éducation. Les uns ont dit que, puisqu'il lisoit à livre ouvert et commentoit avec esprit Homère et Virgile, il savoit parfaitement les langues anciennes : les autres ont soutenu que, puisqu'il n'avoit pas employé la moitié de sa vie à apprendre la grammaire grecque, puisqu'il n'avoit pas lu aussi Hérodote, Thucydide, Xénophon, Eschyle, Sophocle, Euripide, Cicéron, Salluste, Tite-Live, Tacite, Horace, et tous les autres, il ne savoit ni le grec, ni le latin. Pendant toutes ces discussions, que, par malheur, l'enfant n'a peut-être pas tout-à-fait ignorées, il a continué ses études avec autant de persévérance que de succès : il a suivi des cours de botanique, de physique, de mathématiques, d'histoire, de géographie ancienne et moderne ; des professeurs qui ne l'avoient d'abord admis à leurs leçons qu'avec une sorte de méfiance, ont été étonnés de la pénétration calme et soutenue avec laquelle il les a écoutées et comprises; on cite entr'autres M. Thibaut, professeur de mathématiques à Goettingue, qui a rendu à son application, à la facilité de son intelligence et à la solidité de ses progrès, les plus honorables témoignages. Charles Witte va passer à l'étude des mathématiques transcendantes. Il y a, dans le développement de son esprit, une grande égalité; aucune faculté ne domine au point de nuire à l'harmonie de l'ensemble; sa mémoire, son jugement, son imagination s'exercent de concert et avec un à plomb remarquable. Sa santé n'a point souffert de ce déploiement précoce des forces intellectuelles; il a la simplicité et la gaîté d'un enfant; il danse, fait des armes, et se livre à tous les jeux de son âge avec autant d'adresse et de plaisir qu'aucun de ses camarades; il est grand et fort. S'il continue à marcher d'un pas aussi rapide et ferme, tout annonce qu'il deviendra réellement un homme distingué, en dépit de la charlatanerie qui le prône et de l'humeur qui le dénigre.

IIe ANNÉE. — ERRATA dans le N°. V.

Pag. 262, lig. 9 d'en bas; crassé, *lisez* : cassé.
   293, lig. 2; Gonet, *lisez* : Gouet.
   314, lig. dernière; de, *ajoutez* : chœur de.

Dans le N°. VI.

   354, lig. 8 d'en bas; myrice, *lisez* : myrica; Laureus, *lisez* : Laurus.
   375, lig. 11 d'en bas; et; *lisez* : sur.
   377, lig. 19; bout, *lisez* : banc.

ANNALES
DE L'ÉDUCATION.

MM. les Souscripteurs qui n'ont souscrit que pour six mois, sont prévenus que leur abonnement est expiré.

Immanuel Kant, ueber Pædagogik; herausgegeben von D. F. T. Rink. Kœnigsberg; bey F. Nicolovius, 1803.—*Sur l'Éducation*; par *Emmanuel Kant*. Un vol. *in*-12. Prix : 2 fr. 50 c. A Paris, chez *Schœll*, libraire, rue des Fossés-Montmartre, n°. 14; et chez *le Normant*.

De toutes les choses de ce monde, il en est peu dont la destinée soit aussi bizarre que celle de la vérité. Les hommes l'aiment et la craignent; un secret penchant de leur nature les force à la chercher, et quand ils l'ont trouvée ils en ont peur. Elle est pour eux ce qu'étoit la mort pour le bûcheron; ils l'appellent, et quand elle arrive, ils la conjurent de s'éloigner. Elle n'est cependant pas trop prompte à se laisser découvrir et atteindre; elle se cache, elle s'entoure de difficultés; il semble qu'elle prévoie son sort: à peine a-t-elle paru que les uns la repoussent, tandis que les autres la défigurent: méconnue par ceux-ci, rendue méconnoissable par ceux-là, elle est forcée de se cacher encore, et d'attendre que le temps ait accoutumé à elle ce monde qui paroissoit si ardent à la désirer, si disposé à la bien recevoir.

L'histoire de l'éducation dans le siècle dernier, et de nos jours, nous a offert, et nous offre encore un exemple remarquable de cette inconséquence malheureusement trop naturelle. Des philosophes profonds et bien intentionnés, après avoir médité sur la nature de l'homme et sur le but de son existence, crurent voir que les anciennes méthodes, soit d'instruction, soit d'éducation proprement dite, n'étoient pas conformes à cette nature, et n'atteignoient pas à ce but. Ils les combattirent avec la chaleur qu'inspirent l'amour du bien et le plaisir de la nouveauté; mais ils oublièrent qu'une vérité nouvelle est toujours mêlée de quelque erreur, et qu'une erreur ancienne est toujours associée à quelque vérité; en ayant raison souvent, ils eurent tort quelquefois, et leurs adversaires, en ayant souvent tort, eurent quelquefois raison. Une lutte s'établit entre l'exagération et l'entêtement, c'est-à-dire que les hommes, en se disputant pour la vérité, se laissèrent aller aux deux passions les plus fécondes en erreurs. Cette lutte, qui s'est constamment renouvelée à toutes les époques où l'esprit humain s'est agité et a fait un pas, amène constamment des résultats qui, toujours fâcheux, seroient éternellement déplorables, s'ils ne devoient pas disparoître un jour. Les amis de la vérité la dénaturent; ses ennemis la calomnient; les indifférens prennent le parti d'en douter, et comme ils sont les seuls dont le ton soit calme, leur doute passe pour de la raison.

DE L'ÉDUCATION.

Ce qui est plus singulier et plus rare que cette fermentation et ce scepticisme, c'est de trouver à la même époque, dans le sein de la même société, quelques hommes en qui l'amour du bien n'altère point le calme de l'esprit, qui savent porter sur une vérité nouvelle le flambeau d'une expérience anticipée, et ne pas renoncer, dans l'examen des anciennes erreurs, à l'expérience du passé. La France a possédé de ces hommes-là : quoique le temps de la fermentation soit fini pour nous, nous en sommes trop voisins pour qu'ils soient bien jugés encore; l'histoire leur rendra une justice qui leur est due. L'Allemagne, qui est encore en proie à toutes les querelles, à toutes les incertitudes qu'ont excitées, en fait d'éducation, les idées du dernier siècle, parce qu'elle les a reçues plus tard, offre aussi des exemples de cette sagesse indépendante des préjugés et de la nouveauté. Nous avons déjà parlé dans ce Journal des innombrables discussions qui naissent chaque jour sur cet important sujet, chez un peuple qui ne connoît point d'affaires plus graves que ses opinions philosophiques : on a vu, dans ce tableau tracé par un Allemand lui-même (1), à quels écarts, à quelles folies des hommes d'esprit pouvoient se laisser entraîner. Un autre Allemand, dont le nom commence à être connu en France, quoique ses écrits ne le soient guère, avoit évité ces folies, tout en adoptant les vérités auxquelles elles ont été associées depuis.

---

(1) *Annales de l'Education*, tom. II, pag. 38-88.

Emmanuel Kant, professeur de philosophie à l'Université de Kœnigsberg, a été un de ces hommes qui, du sein d'un repos long-temps obscur, ont produit, dans le genre humain, ces révolutions dont on ne sauroit calculer l'influence, parce que, ne changeant rien d'abord à la réalité des choses, n'agissant que sur le monde des idées, leurs effets ne sont ni rapides ni visibles. Frappé de l'incertitude des connoissances humaines, non de cette incertitude de détail, que tant d'esprits médiocres prennent pour base d'un scepticisme irréfléchi, et qui ne prouve que l'insuffisance des travaux faits jusqu'à nos jours, mais de ce principe d'incertitude qui attaque tout le savoir de l'homme en attaquant tous les moyens qu'il a de *connoître*, et qui semble le mettre hors d'état d'arriver à la vérité, il essaya de fixer la limite à laquelle devoient s'arrêter nos connoissances proprement dites, et de distinguer, d'après la nature même de notre esprit, ce qui, dans ces connoissances, devoit être regardé comme certain, d'avec ce qui ne pouvoit jamais le devenir. Cet important problème auquel se lient toutes les recherches sur l'origine de nos idées, sur l'essence de nos facultés, sur les bases de la morale et de la religion, a été résolu par lui d'une manière que je suis loin de croire à l'abri de toute objection, qui laisse encore un vaste champ ouvert aux méditations et aux doutes, mais qui me semble et plus logique et plus satisfaisante que toutes les solutions qu'en avoient données Platon, Aristote, Descartes, Leibnitz, Locke, et tant d'autres. Un esprit qui s'applique à traiter de pareilles questions doit nécessairement embrasser toutes les questions secondaires qui s'y rattachent; quand on a sondé la nature de l'homme, on veut savoir de quelle manière se déploie son activité, et par quels moyens on peut agir sur elle pour la développer et l'ennoblir. Parmi ces moyens, l'éducation est sans contredit un des plus puissans : aussi Kant, après en avoir souvent parlé dans plusieurs de ses ouvrages, en fit-il l'objet de leçons spéciales qu'il donna à l'Université de Kœnigsberg ; ces leçons recueillies et publiées après sa mort, forment une brochure de 146 pages, dont les idées, moins neuves aujourd'hui qu'elles ne l'étoient à l'époque où les énonça l'auteur, portent un caractère de sagesse, de justesse, de fermeté et d'ensemble qui les rend encore fort remarquables.

« L'homme, dit Kant, est la seule créature qui ait besoin d'être élevée, » parce que c'est la seule qui, livrée à elle-même, sans secours et sans instruction, n'atteigne pas le but de son existence, et n'arrive pas au développement de toutes ses facultés. « L'animal est par son instinct tout ce qu'il doit être ; une raison étrangère a tout fait d'avance pour lui. Mais l'homme a besoin de sa propre raison : il n'a point d'instinct, et doit se faire lui-même son plan de conduite : il n'est pas en état de le faire en naissant ; d'autres doivent prendre soin de l'en instruire. »

Le but de l'existence de l'homme n'est pas seulement sa conservation et sa propagation ; il a cela de commun avec les animaux ; mais séparé d'eux par des caractères distinctifs et des facultés qui lui appartiennent spécialement, le développement de ces caractères, de ces facultés qui constituent sa nature propre, fait une partie et la principale partie du but de son existence.

C'est à donner à la nature *humaine*, c'est-à-dire à ce qui fait l'homme, la prépondérance sur la nature *animale*, que doivent tendre les efforts de la vie, et par conséquent ceux de l'éducation.

« Puisque les facultés de l'homme ne se développent point d'elles-mêmes, l'éducation est un *art* : la nature n'a point mis en nous d'instinct pour nous enseigner comment il faut s'y prendre. La naissance et les progrès de cet art sont ou purement mécaniques, ou raisonnés. Ils sont mécaniques, lorsque nous ne faisons qu'apprendre des circonstances ce qui nuit ou ce qui sert à l'homme. Un art de l'éducation, formé de cette sorte, doit être plein de défectuosités et d'erreurs, car aucun plan n'en est la base. Il faut donc que cet art soit raisonné, s'il veut développer la nature humaine, de manière à lui faire atteindre sa destination. »

« L'homme n'est élevé que par des hommes qui ont été élevés eux-mêmes, et qui, pour avoir été mal élevés, sont souvent de mauvais précepteurs. Si un être d'une nature supérieure se chargeoit de notre éducation, alors seulement nous verrions ce que peut devenir un homme. »

« C'est cependant à l'éducation à nous dévoiler le grand secret de la perfection possible de l'espèce humaine. Une théorie de l'éducation est un bel idéal à tracer; peu importe que nous ne soyons pas encore en état de la réaliser : une idée n'est point chimérique, parce que des obstacles s'opposent à son exécution : elle est alors l'image d'une perfection dont l'expérience n'offre point encore le modèle. Cette perfection est-elle pour cela impossible ? Commençons par nous en former une idée juste et complète, et malgré les difficultés que nous rencontrerons sur notre chemin, l'application de cette idée ne sera point impraticable. »

« Un principe que devroient toujours avoir devant les yeux les hommes qui font des plans d'éducation, est celui-ci : — *Il faut former les enfans, non pas tant pour l'état actuel du monde, que pour un état plus avancé et meilleur.* — » Cette importance attachée au soin de travailler au perfectionnement de la nature humaine, soit dans l'espèce en général, soit dans les individus en particulier, revient sans cesse dans les ouvrages de Kant et honore sa philosophie; sans la sublimité de cette idée, personne n'en contesteroit la vérité; mais l'indolence de l'homme se résigne aisément à ne pas chercher ce que sa foiblesse ne croit pas pouvoir atteindre, et il aime mieux dormir en paix en assignant des bornes à sa puissance, que veiller sans cesse pour les reculer : en vain la marche non interrompue des événemens et des idées lui montre qu'il avance ; en vain quelques individus sortent glorieusement de l'étroite enceinte où tant d'autres veulent se renfermer, et semblent faire comme ces braves chefs qui vont planter un drapeau au milieu de l'ennemi pour encourager leurs soldats à les suivre ; on les regarde, on les admire ; mais leur exemple est de peu d'effet, et l'amour-propre, venant au secours de l'impuissance, donne le nom de raison à une opiniâtre pusillanimité.

J'ignore quand le monde changera d'avis sur ce qu'on doit appeler *raison;* en attendant, je me plais à rencontrer quelques hommes qui prêtent à ce mot un sens plus étendu, plus noble, plus digne de notre destination, de notre nature ; et Kant est de ce nombre.

Après avoir indiqué le but de l'éducation en général, il examine de quelles parties elle se compose. L'enfant, selon lui, doit être, 1°. *discipliné*, c'est-à-dire soumis à des règles qui empêchent la *nature animale* de dominer la *nature humaine*. La discipline apprivoise l'homme, si l'on peut le dire, et lui fait faire le premier pas hors de l'état sauvage : « Cet état consiste dans l'indépendance de toute loi. C'est la discipline qui commence à faire sentir à l'homme la contrainte des lois. Ainsi on envoie de bonne heure les enfans à l'école, non pour qu'ils y apprennent quelque chose, mais pour qu'ils s'accoutument à se tenir tranquilles, à observer ponctuellement ce qu'on leur prescrit, afin qu'à l'avenir ils ne veuillent pas voir accomplir sur-le-champ toutes leurs fantaisies. L'homme tient de sa nature un tel goût pour la liberté, que lorsqu'il en a pris quelque temps l'habitude, il lui sacrifie tout. On voit les sauvages, même après avoir servi long-temps des Européens, ne pouvoir se faire à leur genre de vie; ce n'est point en eux, comme l'ont pensé Rousseau et d'autres, un noble amour de la liberté, mais une certaine grossièreté animale, caractère d'un être en qui la *nature humaine* proprement-dite ne s'est point encore développée. Aussi les enfans à qui l'on n'a jamais résisté, que l'on a abandonnés à leurs caprices, conservent-ils toute leur vie quelque chose de sauvage. »

2°. L'enfant doit être *cultivé*, c'est-à-dire qu'on doit l'instruire, lui fournir des connoissances et des idées dont il puisse se servir un jour pour arriver au but vers lequel il voudra tendre. Ce but varie à l'infini, suivant la situation, les intérêts, les dispositions: on ne peut donc déterminer d'avance le genre et le degré de culture que l'enfant doit recevoir. Ce qu'on peut dire, c'est que cette culture doit toujours favoriser, en le dirigeant, le développement des facultés. « Elle est ou *libre* ou *scholastique* (1); l'exercice *libre* de l'esprit est un jeu, un plaisir; l'exercice *scholastique* est une affaire. Il faut tâcher d'accoutumer l'enfant à exercer librement son esprit en toute occasion ; mais l'exercice *scholastique* doit être pour lui une obli-

---

(1) Kant, entend ici par culture *scholastique*, le travail de l'écolier, de l'école, quel qu'il soit, et non ce genre d'études pédantesques que nous désignons ordinairement par ce mot.

gation. On peut être occupé en s'amusant, et cela s'appelle être occupé dans son loisir; mais on peut l'être d'obligation, et cela s'appelle travailler...... Dans la plupart des systèmes d'éducation éclos de notre temps, on a cherché à faire de l'étude un jeu: Lichtenberg, dans le *Magasin de Gœttingue*, s'est moqué de cette ridicule prétention de faire de tout un jeu pour un enfant qui, destiné à avoir un jour des affaires, devroit le plus tôt possible en prendre l'habitude..... Il y a d'ailleurs ici une différence essentielle à remarquer; dans le travail, l'occupation peut ne pas être agréable en elle-même, mais on l'entreprend dans un certain but; dans le jeu, au contraire, l'occupation en elle-même est agréable, mais sans but. Qu'on se promène; si l'on ne veut que se promener, plus la promenade se prolonge, plus elle nous plait; mais qu'on sorte pour aller quelque part, le motif qui nous y conduit est le but de nos pas, et nous prenons le chemin le plus court. Il faut donc que l'enfant s'accoutume à travailler; et où cultivera-t-on en lui le goût du travail, si ce n'est à l'école? »

3°. L'enfant doit être *civilisé*. Kant veut dire par là qu'on doit lui apprendre à s'accommoder de la société au milieu de laquelle il est destiné à vivre, à s'y conduire avec prudence, à s'y trouver bien, et à y être agréable. Loin de s'élever avec une humeur qui se pare du nom d'austérité, contre ces formes de convention qui font dans le monde, la sûreté et l'agrément du commerce de tous les jours, en émoussant la pointe des intérêts et des amours-propres, contre cette sagesse adroite qui sait se plier aux circonstances, afin de les rendre à leur tour flexibles et commodes, Kant recommande d'habituer l'enfant à acquérir ce que l'on appelle ordinairement *esprit de conduite*, pour qu'il sache diriger habilement ses projets, et se servir des moyens extérieurs qui peuvent les faire réussir. « Cette partie de l'éducation, dit-il, varie selon les goûts et les habitudes de chaque siècle. On faisoit autrefois grand cas des cérémonies, de l'étiquette; il eût été absurde alors d'en inspirer l'aversion à l'enfance. » Rien ne rend ces observances plus faciles que de les apprécier à leur juste valeur.

4°. Enfin, et notre philosophe a placé cette idée après les autres, parce que c'est et la plus importante et la plus difficile à développer, l'enfant doit devenir *un être moral*. « Qu'il puisse faire toutes choses, dit Montaigne, et n'ayme à faire que les bonnes. » — « La moralité, dit Kant, doit se fonder sur des principes, et non sur des habitudes de discipline. Celles-ci ne font qu'empêcher les désordres; ceux-là forment et affermissent le jugement. Qu'on accoutume donc l'enfant à agir d'après des principes.... ces principes doivent venir de lui-même; qu'on cherche à lui donner de bonne heure des idées nettes de ce qui est bien ou mal. Si on veut le rendre vraiment moral, qu'on le punisse peu. La moralité est quelque chose de si saint, de si sublime, qu'il ne faut pas la rabaisser au rang d'une discipline de tous les instans. Tous les efforts de l'éducation morale doivent tendre à former un caractère. Avoir du caractère, c'est être toujours prêt à agir d'après des principes. L'enfant commence par obéir à des lois : les principes sont aussi des lois ; ce sont des lois que l'homme se fait lui-même, et auxquelles il se soumet librement.... » La contrainte de l'obéissance est donc nécessaire ; le grand problème, c'est d'apprendre à l'enfant, en le faisant obéir, à se sentir moralement libre, et à se servir de sa liberté ; sans ce sentiment l'enfant ne seroit plus qu'une machine, et l'éducation un pur mécanisme.

Je ne puis m'arrêter ici sur les moyens que Kant propose pour résoudre ce problème ; ils sont d'ailleurs connus aujourd'hui et familiers aux parens raisonnables. Il traite aussi du développement particulier de nos principales facultés, des châtimens, des récompenses, de l'éducation physique, etc. Mais la brièveté de son ouvrage et une certaine roideur d'esprit qui l'a empêché de porter dans les observations de détail, dans les applications de tous les jours, autant de sagacité et de justesse qu'il a mis de force et d'ensemble dans les vues générales, rendent cette partie moins intéressante et moins utile. J'ai exposé la marche de ses idées ; on y a remarqué, sans doute, une classification dont la régularité n'est pas celle de la nature ; on ne sauroit, pour me servir de ses expressions, *discipliner* d'abord, *cultiver* ensuite, *civiliser* après, et soigner enfin la *moralité*. Tout marche à la fois dans le développement de l'homme, tout se combine ; on n'agit point sur des parties séen entendent-ils un seul dans toute l'étendue de sa signification ? n'y en aura-t-il pas toute leur vie un très grand nombre dont la signification ne se déploiera jamais toute entière pour eux, qui ne leur révèleront pas la moitié des idées qu'ils contiennent, et dont cependant ils seront obligés de se servir ?

« Le mot *or* ne réveille pas la même idée pour un
» homme ignorant et pour un homme instruit,
» pour celui-ci et pour un physicien, ou même
» pour un physicien et pour un chimiste : il ren-
» ferme pour ce dernier un beaucoup plus grand
» nombre d'idées, et peut-être d'autres idées. Le
» mot *bélier*, le mot *avoine* ne réveillent pas les
» mêmes idées dans la tête d'un homme de la cam-
» pagne et dans celle d'un naturaliste : non-seule-
» ment le nombre des idées est plus grand pour
» ce dernier, mais les caractères par lesquels cha-
» cun d'eux distingue le *bélier* d'un autre animal,
» l'*avoine* d'une autre plante, et qu'on peut appe-
» ler la définition du mot ou de l'objet, ne sont pas
» les mêmes (1). » Chacun d'eux cependant se servira de ce mot avec propriété dans le cercle auquel il l'applique. Il en est de même de l'expression des idées morales, que très peu de gens conçoivent dans toute leur étendue, dans toutes leurs parties. Le mot *bien être* offre à l'homme du peuple un sens complet, précis, et qui cependant ne comprend que la moindre partie des idées dont il se compose pour un homme riche ; mais il lui exprime une

---

(1) *Œuvres de Condorcet*, tom. IX, pag. 102.

parées ; le sentiment du devoir, base de la moralité, se manifeste avant que l'enfant puisse se faire des principes de morale ; l'esprit de conduite, les formes de la politesse, ne s'acquièrent qu'insensiblement, assez tard, et il y auroit de grands inconvéniens à vouloir les inculquer trop tôt à l'enfance. La nature fait des hommes et non pas des livres ; ce que le philosophe est obligé de séparer, d'analyser, d'examiner successivement, elle le produit, le développe simultanément, et c'est à sa marche qu'il faut se conformer, non à l'ordre des idées du philosophe. Mais ce sont ces idées, rendues claires par leur classification, qui nous apprennent à reconnoître et à observer les pas de la nature. Les livres ont donc aussi leur utilité ; ils nous indiquent ce qu'il faut regarder, même quand nous ne devons pas faire ce qu'ils disent.

Quelques lecteurs seront sans doute étonnés aussi des termes nouveaux et insolites par lesquels Kant exprime ses idées ; j'en ai supprimé un grand nombre ; je n'ai conservé que ceux qui m'ont paru faciles à expliquer et difficiles à remplacer par des périphrases. Ce n'est pas une des moindres difficultés de la philosophie allemande que la nouvelle terminologie qui s'y est introduite depuis la publication des ouvrages du philosophe de Kœnigsberg. Cette terminologie qu'il n'avoit adoptée que dans le dessein d'introduire dans le langage philosophique une précision scientifique égale à celle des sciences physiques, chimiques et mathématiques, est devenue une source d'obscurités et voient n'être jamais témoins d'aucun hommage rendu à l'Etre suprême, s'ils n'entendoient jamais prononcer le nom de Dieu, ce seroit se conformer à l'ordre des choses que de leur faire remarquer d'abord le but de tout ce qui existe, ce qui convient à l'homme, la régularité et la beauté de la nature, l'ensemble de ce vaste univers pour leur offrir ensuite l'idée d'un créateur, d'un législateur. Mais comme cet isolement est tout-à-fait impossible, si on ne leur parloit de Dieu que fort tard, et que cependant ils l'entendissent nommer, qu'ils vissent le culte qu'on lui rend, cela leur inspireroit une indifférence funeste, ou leur donneroit de fausses idées de la Divinité, par exemple, une crainte exagérée de sa puissance. Or, comme on doit prendre garde que l'imagination des enfans ne se mêle avec trop d'ardeur de ce genre de sentimens, il faut, pour prévenir ce danger, leur présenter de bonne heure des idées de religion. »

Les développemens que l'on a déjà donnés de ce principe dans l'article auquel je viens de renvoyer, me dispensent de m'y arrêter davantage. Je me contenterai de faire remarquer que le philosophe qui insiste si positivement sur la nécessité d'une instruction religieuse, est un des hommes qui ont montré dans leurs idées le plus de rigueur logique et en même tems de libéralité.

F. G.

JOURNAL

ADRESSÉ PAR UNE FEMME A SON MARI, SUR L'ÉDUCATION DE SES DEUX FILLES.

Numéro XX.

Je retrouve à chaque instant dans la pratique, mon ami, cet inconvénient que j'ai trouvé dans tous les livres d'éducation, de voir ce que doit être l'enfant devenu homme, et non ce qu'il est étant enfant, de tout conformer au but auquel on veut le faire arriver, et rien aux moyens qu'il a en lui pour y parvenir. A présent que le dégoût d'une sorte de dévergondage en tout genre a ramené presque sur tous les points la pédanterie des formes, je vois des femmes soigner dès quatre ans le maintien que doit avoir leur fille à quinze, comme si ce qui fait tenir en place un enfant de quatre ans étoit la même chose que ce qui fait baisser les yeux à une jeune fille de quinze. On m'a parlé l'autre jour d'une mère, d'ailleurs femme d'esprit et de mérite, qui met la plus haute importance à ne pas laisser approcher de sa fille, actuellement âgée de neuf ans, l'idée, ni même le nom de l'amour; je n'imagine pourtant pas qu'elle ait l'espoir de la garantir entièrement des chansons, des devises, des vieux écrans et des bonbons du jour de l'an; et j'avoue que Louise qui a pris en gré *Réveillez-vous, belle endormie*, et me casse la tête à me répéter que *l'amour est un enfant trompeur*, pourroit être pour cette jeune fille, si elle la rencontroit, une société fort dangereuse. Mais du moins cette mère si prévoyante a-t-elle banni de l'éducation littéraire de sa fille toutes nos tragédies, à l'exception d'*Athalie*, *Esther*, *Mérope*, et, je crois, *la Mort de César*; *Télémaque* lui est en partie interdit; elle n'aura *la Henriade* que par morceaux; et n'apprendra certainement pas l'italien, où le triage est trop difficile à faire. A cela près de l'inconvénient de ne pas profiter de l'âge de la mémoire pour mettre dans la tête d'un enfant de beaux vers qui ensuite ne s'y fixeront jamais bien, et des embarras que ce système, pour être conséquent, doit apporter dans l'étude de l'histoire, même de l'histoire sainte, je ne vois pas qu'il puisse avoir dans l'éducation d'une jeune fille des conséquences extrêmement fâcheuses; mais je voudrois savoir quels en seront les avantages. L'ignorance des passions est nécessaire, sans doute, à prolonger le plus long-temps qu'il sera possible; mais pourquoi? c'est que les passions sont en nous; c'est qu'il ne faut pas nous avertir de leur existence. Si nous étions incapables de les ressentir, peu importeroit qu'on nous en parlât; les expressions qui les peignent deviendroient un son insignifiant qui ne trouveroit en nous aucune corde à ébranler: voilà ce qu'elles sont pour les enfans. Le seul inconvénient que pussent avoir pour eux les mots dont se compose le langage poétique de l'amour, c'est qu'ils ne les entendent pas; mais entendent-ils tous les mots dont ils se servent, dont on se sert avec eux?

en entendent-ils un seul dans toute l'étendue de sa signification ? n'y en aura-t-il pas toute leur vie un très grand nombre dont la signification ne se déploiera jamais toute entière pour eux, qui ne leur révèleront pas la moitié des idées qu'ils contiennent, et dont cependant ils seront obligés de se servir ?
« Le mot *or* ne réveille pas la même idée pour un
» homme ignorant et pour un homme instruit,
» pour celui-ci et pour un physicien, ou même
» pour un physicien et pour un chimiste : il ren-
» ferme pour ce dernier un beaucoup plus grand
» nombre d'idées, et peut-être d'autres idées. Le
» mot *bélier*, le mot *avoine* ne réveillent pas les
» mêmes idées dans la tête d'un homme de la cam-
» pagne et dans celle d'un naturaliste : non-seule-
» ment le nombre des idées est plus grand pour
» ce dernier, mais les caractères par lesquels cha-
» cun d'eux distingue le *bélier* d'un autre animal,
» l'*avoine* d'une autre plante, et qu'on peut appe-
» ler la définition du mot ou de l'objet, ne sont pas
» les mêmes (1). » Chacun d'eux cependant se servira de ce mot avec propriété dans le cercle auquel il l'applique. Il en est de même de l'expression des idées morales, que très peu de gens conçoivent dans toute leur étendue, dans toutes leurs parties. Le mot *bien être* offre à l'homme du peuple un sens complet, précis, et qui cependant ne comprend que la moindre partie des idées dont il se compose pour un homme riche ; mais il lui exprime une

---

(1) *Œuvres de Condorcet*, tom. IX, pag. 102.

idée, cela suffit pour qu'il ait un sens, et qu'il puisse dire qu'il le comprend. « Ainsi, par des mots que » les enfans puissent comprendre, on doit entendre » ceux qui expriment pour eux une idée à leur » portée, de manière que cette idée, sans être la » même que celle qu'auroit un homme fait, ne » renferme rien de contradictoire à celle-ci (1). »

Il y a très peu de choses sur lesquelles on ne puisse trouver une idée à la portée des enfans, et cette réponse : *Vous n'êtes pas assez grand pour entendre cela*, lorsque ce n'est pas une occasion nécessaire pour dérober à la curiosité de l'enfant ce qu'il ne doit pas encore connoître, m'a paru le plus souvent un prétexte que se donne la paresse d'esprit pour ne pas chercher le point de contact par lequel la raison de l'homme peut presque toujours communiquer avec celle de l'enfance. Ici le point de contact est peu considérable, je l'avoue, et j'éviterai avec soin de l'aggrandir plus qu'il n'est nécessaire pour contenter la curiosité des enfans sur des mots qu'il est impossible qu'ils ne rencontrent pas quelquefois. Lorsque Sophie m'a demandé ce que c'étoit que l'amour, je lui ai dit que c'étoit le sentiment qu'on avoit pour son mari ou pour la personne qu'on vouloit épouser, et j'ai ajouté qu'il n'étoit pas raisonnable à une jeune personne d'avoir de l'amour pour un homme, avant d'être sûre que ses parens voulussent le lui donner pour mari. Sophie a parfaitement compris cela, et n'a

---

(1) *Œuvres de Condorcet*, tom. IX, pag. 107.

pas trouvé, comme vous le pensez bien, une obje[c]tion à me faire : voilà tout ce qu'il lui faut d'ici [à] l'âge de quinze ans; voilà le fonds des idées aux[-]quelles se rapportera tout ce qu'elle pourra pens[er] ou savoir de l'amour, de ses malheurs, ou même [de] ses foiblesses ; elle ne se demandera point en qu[oi] ni pourquoi le sentiment qu'on a pour son mari o[u] pour son amant diffère de celui qu'on a pour so[n] frère ou sa sœur ; elle ne pensera même pas à che[r]cher s'il y a une différence ; elle n'ira pas plus lo[in] que cette idée générale d'une affection au moyen d[e] laquelle elle s'expliquera autant qu'elle en a besoi[n] les différentes notions qui pourront lui parvenir su[r] les effets de l'amour, les tourmens de l'absence, l[a] crainte de perdre ce qu'on aime, la jalousie, etc. choses que Louise comprend toutes parfaitemen[t] sans le moindre besoin d'explication. Sophie, à qu[i] j'expliquois l'autre jour le sujet d'*Andromaque* dont elle avoit trouvé quelques vers dans un de se[s] livres, se récrioit sur la méchanceté d'Hermione qui vouloit faire tuer Pyrrhus, et trouvoit que celu[i]-ci avoit bien raison de ne pas l'aimer. Louise, q[ui] sait à peu près également ce que c'est que d'aimer et ce que c'est que de tuer, n'étoit pas de ce[t] avis, et disoit à sa sœur : *Trouverois-tu donc bie[n] agréable que ton amant te fît une infidélité* Sophie, avec son bon sens ordinaire, répondi[t] qu'elle n'en savoit rien; elle ajouta qu'elle n'auroi[t] jamais d'amant, ce dont elle est bien parfaitemen[t] sûre, et continua à soutenir que ce ne pouvo[it] pas être une preuve d'amour que de le tuer. Je lui rappelai qu'une fois, il y avoit à la vérité bien long-temps, elle avoit battu sa sœur, de colère de ce qu'elle aimoit mieux jouer avec sa cousine qu'avec elle : elle me répondit qu'Hermione étoit une grande personne ; mais je lui fis observer que cette Hermione qui vouloit absolument épouser Pyrrhus malgré lui, ne pouvoit être une personne très raisonnable : elle en est convenue ; et Hermione est actuellement bien bas dans son opinion. Un autre sujet de moralité pour elle, c'est ce que disent les amans de la beauté de leurs maîtresses, du pouvoir de leurs yeux, etc. Ce n'est pas que si l'on fait à Sophie la plaisanterie de lui offrir pour mari un petit garçon mal tourné ou un homme contrefait, elle ne réponde comme toutes les petites filles du monde, qu'elle n'en veut pas, parce qu'il est trop laid, et cela par la même raison qui fait que j'ai été obligée de régler que mes filles auroient chacune son jour, pour déjeûner dans la tasse bleu de ciel, dont la beauté faisoit pour elles un sujet perpétuel de dispute. Nous attachons si naturellement une idée de plaisir ou d'avantage à la possession, à la jouissance même passagère d'un objet qui paroît agréable à nos yeux, que nous ne cherchons seulement pas à nous rendre compte des causes de ce plaisir, ou même à nous assurer de son existence ; et bien souvent si l'on vouloit réfléchir à la réalité de l'idée de plaisir qu'on attache à la possession d'un joli meuble qu'on a payé fort cher, on la trouveroit aussi vide et aussi nulle que celle que Sophie peut attacher à l'avantage de dé-

jeûner dans la tasse bleue, ou d'avoir un joli ma[ri].
Mais la tasse est *sa tasse*, pendant qu'elle y dé[-]
jeune, le mari qu'on lui propose seroit *son mar*[i];
elle ne veut unir cette idée de propriété qu['à]
des objets qui lui paroissent agréables, et préten[d]
que comme son chien, son chat et sa poupé[e],
son mari soit quelque chose de joli. Mais tand[is]
que sur ce qui l'intéresse personnellement; e[lle]
suit son mouvement naturel, comme les amou[rs]
des princes et des princesses de la tragédie n[e]
réveillent en elle aucun mouvement de ce genr[e,]
ne se lient par aucun sentiment à ce qui est c[a-]
pable de l'émouvoir, elle juge ce qu'elle en pe[ut]
comprendre avec ce qu'elle a de raison, et n[e]
cesse de me répéter qu'il est bien singulier qu'o[n]
aime une personne parce qu'elle est belle; car enfi[n]
la beauté ne fait de bien à personne, et qu'il e[st]
bien plus heureux qu'elle soit bonne. Comme ell[e]
commence à comprendre assez pour s'apercevo[ir]
qu'elle ne comprend pas, la moitié de ces choses [lui]
lui semblent absurdes; les vers d'amour l'ennuie[nt]
à la mort; et d'ici à sept ou huit ans encore, je vou[s]
réponds de sa pédanterie.

Mais après? après, ce ne sont pas les idé[es]
d'amour qu'elle aura pu recueillir dans son enfanc[e,]
ce ne sont pas les vers d'amour qu'elle aura p[u]
apprendre et retenir, qui éveilleront son cœur [et]
éclaireront son imagination; la jeune fille de quin[ze]
ans la plus disposée à deviner ce qu'elle est capabl[e]
de sentir un jour ne comprendroit pas un mot à [la]
déclaration de Phèdre, et je ne crois pas qu'il y e[n]

ait une à cet âge qui ait vu dans les vers de Racine autre chose qu'une leçon. Mon ami, les passions, comme le reste, ne s'apprennent que par le commencement, et, dans tout, le commencement ressemble si peu à la fin ! Prenez la peinture la plus innocente, la plus pure, mais en même temps la plus pénétrante des douleurs de l'absence, ces vers de Bérénice :

> Pour jamais ! ah ! seigneur, songez-vous en vous-même
> Combien ce mot cruel est affreux quand on aime ?
> Dans un mois, dans un an, comment soutiendrons-nous,
> Seigneur, que tant de mers me séparent de vous,
> Que le jour recommence et que le jour finisse
> Sans que jamais Titus puisse voir Bérénice,
> Sans que de tout le jour je puisse voir Titus ?

Comment pourriez-vous les faire comprendre à celle qui ne saura pas encore comment l'amour remplit les années, les mois, les jours, les momens, comment la présence de ce qu'on aime donne à la plus petite parcelle de temps une valeur infinie, une étendue incommensurable ? Qui lui donnera une idée de l'effroi avec lequel l'imagination recule devant cette inconcevable éternité d'un mois, d'un an, devant cette interminable succession de jours commencés et finis sans qu'on ait vu, sans qu'on ait pu voir celui par qui chacune des vingt-quatre heures du jour se composoit d'un million de périodes sensibles d'existence ? Aucun de ces sentimens n'existe, ne peut exister pour elle ; le langage qui les exprime est vide de sens : avant d'arriver à le comprendre, il faut qu'elle passe par une longue série d'impressions dont la première n'est peut-être pas encore arrivée jusqu'à elle : c'est cette première impression qu'il faut craindre de hâter, de développer, ce sont les détails d'un goût naissant, et non les effets d'une passion forte et établie qu'il faut craindre de présenter à ses regards. A quinze ou seize ans je l'occuperai sans crainte de Phèdre, d'Hermione, de Roxane, et je ne lui laisserai pas lire Marivaux; encore moins, si je puis, le verra-t-elle représenter. Au spectacle, trop de choses expliquent le sens des paroles; la phrase que l'on n'entendroit pas, un regard vous l'explique ; les émotions que donnent la vue, l'ouïe, sont à la portée du cœur le plus ignorant; leur foiblesse est précisément ce qui se proportionne au peu d'énergie de ses mouvemens; le vague où elles le jettent convient à son ignorance. L'imagination peut, sans but arrêté, apprendre à s'amuser de l'idée de l'amour; il faut qu'elle le connoisse pour s'en faire une affaire ; la peinture des emportemens de la passion n'apprend qu'à celui qui sait déjà beaucoup ; celle des premiers mouvemens du cœur peut instruire celui qui n'attend qu'un mot pour commencer à savoir; enfin, donnez à une jeune fille pour sa lecture, l'option du roman le plus insipide ou de la tragédie la plus passionnée, et vous verrez, au choix qu'elle fera, celui qu'il est important de lui interdire.

P. M. G.

VI.e LETTRE AU RÉDACTEUR.

DE LA VUE.

(Continuation.)

Tout le monde n'a pas le don de bien distinguer les couleurs; on a des exemples de personnes qui prennent l'une pour l'autre. Discerner les couleurs primitives, apprendre de quelle manière elles se modifient par les différentes lumières, les reflets, les contrastes et les mélanges; bien connoître les couleurs locales, les clairs-obscurs, et l'harmonie des teintes, c'est un autre sujet de beaucoup d'exercices pour celui qui se destine à la peinture. On se rappellera peut-être la table projetée par Tobie Meyer, qui mélangeoit les couleurs primitives, le jaune, le bleu et le rouge, en différentes proportions déterminées, pour faire connoître avec précision la valeur des mélanges. Juger la distance relative et exacte, les effets des réfractions atmosphériques et les distances approximatives; mesurer de l'œil une distance terrestre, des distances aériennes et celles du firmament; voilà une autre série d'exercices.

La promptitude ou la lenteur du mouvement, comme celui d'un vaisseau, est également jugée avec assez d'exactitude par les personnes qui s'y appliquent. Enfin les erreurs d'optique, comme celle du bâton brisé dans l'eau, dont s'est tant occupé J. J. Rousseau, la figure de l'image qu'on introduit dans un cylindre poli ou dans une pyramide, sont des jeux aussi amusans qu'instructifs, qui se succèdent avec avantage à mesure que l'éducation avance. Si l'on se rappelle avec quelle facilité le minéralogiste distingue la forme des molécules, le botaniste et celui qui étudie les animaux, la forme des espèces; si l'on songe avec quelle exactitude le paysan reconnoît la distance des lieux, l'architecte les proportions; les chasseurs le vol des oiseaux; le peintre compositeur l'ensemble, les accessoires, les plans, les proportions relatives et les contrastes, on pourra se faire une idée du degré de perfection auquel on peut arriver sur ce point, et de la grande utilité des exercices dirigés vers ce but.

Voir vite, de loin, de près, le fond d'un paysage, ou les objets microscopiques, peut devenir un autre objet d'exercice; et qu'on refléchisse un instant combien un lecteur habile voit, en une seconde, de lettres, de mots et de lignes entières dans un livre. L'œil qui voit habituellement à une grande distance, comme celui du paysan, ne verra pas si bien de près; celui qui s'exerce à la miniature, ou celui de l'horloger, cesse de voir de loin. Quand les yeux sont trop long-temps fixés sur un objet, ils perdent, pour ainsi dire, leur mobilité, et se paralysent; le sang finit par s'arrêter dans leurs veines, et ils s'enflamment : c'est ce qui rend indispensable de changer souvent de direction et de point de distance. Le grand nombre de personnes qui ont la vue courte, dans nos villes, tient probablement à ce que notre enfance est trop appliquée à la lecture, et les femmes à des travaux qui exigent d'être vus de près; comme aussi à la manière dont nous éclairons actuellement nos chambres, ainsi que nous l'exposerons plus bas. Le maniéré, qui est le défaut de voir et de reproduire les choses toujours de la même manière, et de ne voir dans les objets qu'on imite qu'une chose, telle que le dessin, le coloris, ou le mouvement, ou les groupes, n'est point un défaut d'organe, mais de sentiment, de jugement et d'habitude, en partie inévitable, lorsqu'il tient aux impressions nationales, en partie temporaire, lorsqu'il tient à une école : qu'on se reporte encore à ce que nous avons déjà dit sur ce sujet, lorsque nous avons parlé de l'art de modeler.

Il est pour la vue de chaque individu une mesure, qui ne peut être jugée que par lui ou par un gouverneur d'enfans, habile à les observer. La portée ordinaire de l'œil est de lire commodément à la distance de huit à neuf pouces; elle peut s'étendre jusqu'à celle de dix-huit à vingt. En toutes choses, l'enfant a besoin d'une marche graduelle. Parfois il a besoin d'un exercice assez fort, et il le supportera bien pendant l'âge du développement; mais il ne doit pas être trop fatigué. En tenant les yeux de temps en temps fermés, en les humectant souvent ou dans une baignoire, ou avec un linge trempé dans de l'eau fraîche, on leur ôte la chaleur que la congestion peut y avoir occasionnée, et l'évaporation de l'eau entretiendra la fraîcheur. C'est ainsi qu'on préviendra les suites de la fatigue, et qu'on rendra supportable plus d'exercice, en pourvoyant aussi à la conservation.

D'après ce que nous venons de dire, il sera facile de sentir l'influence qu'exercent sur les yeux les diverses parties de la journée, le matin, le midi, le soir et la nuit, les inconvéniens de lire pendant le crépuscule, d'être frappé subitement des rayons du soleil, lorsqu'on sort d'une chambre à coucher obscure, etc. Pour procéder avec le même ordre que nous avons suivi dans les chapitres précédens, nous allons observer l'homme depuis la formation des sociétés jusqu'à sa civilisation actuelle, afin de remarquer les cas dans lesquels il se trouve, et qui exigent des réflexions.

Si l'on commence par examiner les races, on ne tarde pas à voir que nos connoissances sur chacune d'elles ne sont pas encore assez détaillées, assez sûres, pour en tirer quelque résultat utile. On trouve plus de sujets de méditation en considérant les nations: presque tous les peuples d'origine germanique ont généralement l'œil clair, bleuâtre, peu mobile, plus doux, et fixé avec moins d'ardeur sur les objets. Ceux d'une origine méridionale, tels que l'Espagnol, l'Italien et les habitans du midi de la France, ont l'œil plus foncé, le blanc jaunâtre, l'iris noir, très perçant, et fixé avec passion. Entre deux, se trouve la nation d'origine gauloise, ayant l'iris plutôt foncé, brun et très mobile. En général, l'œil est assez ouvert dans presque tout ce qui compose la race blanche ou caucasienne, surtout en comparaison de celle des Kalmouks de l'Asie. Mais les nations européennes se sont trop mélangées par les guerres, les relations commerciales et les émigrations, pour qu'il soit bien facile de découvrir partout les qualités du type originaire. Les yeux trop clairs sont naturellement plus foibles ; ceux dont l'iris est très foncé sont sujets aux effets d'une sensibilité excessive, comme d'être facilement affectés par la lumière, jusqu'à en être paralysés. Une trop grande mobilité peut empêcher de voir avec exactitude, et produire par son excès le clignotement et autres effets spasmodiques. Cependant, nos observations à ce sujet ne sont pas encore assez complètes, parce que le nombre des individus atteints de chacune des maladies qui se rencontrent dans un pays n'est pas déterminé. Outre ces différences provenant du type originaire de la nation dont on descend, il est des qualités et des défauts qui naissent de l'état de civilisation. Sans répéter que le paysan et le citadin apprennent à voir, l'un à une grande, l'autre à une petite distance, et que le globe de l'œil varie ainsi que la convexité du cristallin, remarquons que le changement de forme et de couleur dans la chambre, la fumée de la cheminée ou l'éclat du feu que l'oisif regarde sans cesse, et qui l'attire lors même qu'il est occupé d'autre chose, les couleurs trop claires dont il couvre ses murs, les quinquets qui donnent une si forte lumière, si différente de la douce lumière des bougies, dans de petites pièces, et pendant la nuit, destinée au repos de l'œil, sont probablement au nombre des causes qui ont produit dans ces derniers temps un si grand nombre de myopes, de gens à lunettes. D'un autre côté, des chambres trop obscures, qui contrastent avec la clarté de l'atmosphère; une lumière venant des reflets d'un mur frappé par le soleil à son midi; les glaces, qui, en agrandissant les étroites cellules de l'homme, donnent quelquefois de faux jours; les vapeurs et les courans d'air; tout cela doit influer sur l'état de la vue d'un enfant comme d'un adulte; et quoiqu'il soit bon de lui apprendre à tout supporter, il est cependant des cas où il faut des attentions particulières.

D'autres considérations naissent de l'habillement. La couleur des étoffes employées aux vêtemens paroît également varier avec les climats. Une grande réunion de gens du commun offre dans les contrées méridionales beaucoup plus d'écarlate et de jaune-clair que dans le Nord. Partout aussi l'homme civilisé, dont le goût est cultivé, aime les couleurs mêlées et moins tranchantes, parce qu'il distingue les nuances les plus fines et les plus délicates, comme il aime les lignes sveltes et les proportions plus difficiles, de préférence au carré et aux rapports trop simples. Les corps laineux, qui laissent échapper beaucoup de poils et de poussière conviennent peu à des yeux faciles à s'enflammer. Les chapeaux verts peuvent être nécessaires, et les blancs très nuisibles, pour les yeux trop sensibles d'un enfant.

L'éducation physique doit rechercher la cause des imperfections, inventer des exercices propres à familiariser l'œil avec tout ce qui peut lui nuire, à faire reconnoître les objets de la nature, et ce qu'a trouvé l'art de l'homme. Dans les champs, l'enfant apprendra à discerner les terres, les plantes, les grains, les animaux domestiques; il mesurera les distances, il verra à quel éloignement il peut apercevoir un point blanc sur un fond noir, un point noir sur un fond blanc; il s'exercera à tirer de l'arc, en reconnoissant le gibier à son vol. Dans la ville, un jeune enfant pourra s'accoutumer à distinguer les choses de près, à se faire une idée des meubles de la chambre, et s'exercer à les placer avec symétrie. S'il n'est pas peureux, il pourra s'appliquer à voir les objets à une petite clarté. Revenu de ses promenades, il s'amusera à retrouver les objets dans son *orbis pictus*, et à comparer les produits de la nature avec l'imitation que l'art en a faite. C'est ainsi que se passe la première enfance, toujours plus riche en instruction par la multiplicité des objets dont elle se trouve entourée, et en raison du jugement de l'instituteur qui sait profiter des momens de verve d'un enfant, pour lui donner des notions exactes et solides, capables de lui servir de terme de comparaison pour tout ce qu'il découvrira le reste de sa vie.

Dès l'âge de sept ans, l'exercice de la vue se

lie déjà plus intimement à celui des autres facultés pour le rang que l'enfant doit occuper un jour dans la société. La vue s'unit à l'adresse de la main dans l'exercice des métiers : de l'art de modeler naît l'art du dessin. La mémoire fait revenir les objets qui ont passé devant les yeux, la main les fixe, et les représente aux autres. L'homme retrace les petits objets qui l'entourent ; il voyage, et il esquisse sur des cartes géographiques la surface du globe qu'il habite ; il regarde en haut, et il dessine le rapport des astres, jusqu'à ce qu'il invente le microscope pour découvrir les molécules des minéraux, la forme de la poussière des plantes et des animaux infusoires, ou le télescope pour observer dans le firmament tant de millions d'étoiles dont il est parsemé, et les soleils qui les éclairent.

De tous les sens, avons-nous dit, la vue est celui qui agrandit le plus notre sphère, et il est en effet difficile de décider ce qui doit le plus nous exalter, ou ces mondes en miniature que nous fait apercevoir le microscope, ou cette pluralité de mondes, qu'au moyen du télescope, on voit circuler au-dessus de nos têtes. Exercé avec le ménagement nécessaire, à voir, à copier, à dessiner tous ces sujets, l'adolescent acquiert en même temps les élémens de son éducation morale.

Nous avons indiqué comment ce sens procure les images, et comment il les perpétue : c'est par là qu'il devient un moyen de communication entre les hommes. Le sauvage et le sourd-muet se font déjà entendre par le jeu de la physionomie et les gestes (1); mais la combinaison de différentes images liées ensemble développe et enrichit les idées, fait naître les symboles et l'art de l'écriture. Lire avec vitesse, écrire promptement en caractères lisibles et agréables, c'est encore pour l'adolescent un exercice de l'œil comme de la main, et qui étend le domaine de l'homme, établit une communication avec les êtres éloignés qui nous sont chers, et lie en grand la société et les nations entières. La lumière étant l'élément qui se propage en moins de temps dans l'atmosphère, la vision est devenue le plus prompt moyen de s'entendre à de grandes distances par le télégraphe; et cet instrument, déjà si utile pour les opérations du gouvernement, peut devenir un jour pour tout le monde un moyen de communication aussi important que celui de l'imprimerie et des journaux. Il seroit superflu de m'étendre davantage sur les avantages immenses du sens précieux de la vue, le plus cultivé de tous.

FRIEDLANDER.

---

(1) Nous parlerons ailleurs de la manière dont on instruit les sourds-muets, et nous rappellerons seulement ici les religieux de l'ordre de Cîteaux, qui convinrent, vers la fin du 17e siècle, d'un certain nombre de signes pour leur tenir lieu de la parole. Un doigt contre l'oreille signifioit *ouïr*; ôter un doigt de dessus l'œil, c'étoit *voir*; fermer les yeux, c'étoit l'opposé; fermer la main et l'ouvrir, signifioit recevoir et donner; la gorge serrée par la main vouloit dire *la mort*. Voyez *Recueil étymologique*, vol. 2, pag.

*Suite de l'*Essai

SUR L'ÉDUCATION NATIONALE

DANS LES ÉTATS-UNIS,

Et de la Seconde Partie, ou des Écoles Secondaires qu'on appelle Colléges en Amérique.

Suite de l'ordre, *et de la* police *intérieure du Collége.*

A cinq heures du matin en été, à six en hiver, les élèves devront se trouver habillés avec soin dans la salle générale d'assemblée. Ils porteront les cheveux courts, et se seront peignés eux-mêmes. Les maîtres de quartier, qui présideront à l'habillement, auront soin que tous se soient lavé la bouche, les mains et le visage ; ce qui est très utile à la santé et à la conservation des dents. — Le réveil aura précédé d'un quart d'heure l'assemblée.

La prière se fera en commun, et sera prononcée par *un* ÉLÈVE *chef de classe.* Tous les élèves chefs de classe se succéderont pour cette fonction ; de sorte que chacun d'eux aura récité la prière à haute voix un jour de la semaine. Tout le collége, y compris le principal, les professeurs, les maîtres, les élèves et les domestiques, devra se trouver à la prière et la suivre à voix basse. Il n'y aura de dispense que pour la mauvaise santé.

Cette prière devra être conçue de manière à convenir à toutes les opinions religieuses et à n'en choquer aucune, afin que les parens de toute secte n'aient point de répugnance à la voir répéter par leurs enfans : la base doit en être l'Oraison Dominicale. Nous tâcherons, à la note, d'en donner un essai (1).

Après la prière, chaque classe se rendra dans sa salle particulière, et, sous la direction de son chef, terminera *les devoirs* de la veille, qui, à sept heures, seront remis par le *chef de classe* au maître de quartier, et portés par celui-ci au professeur.

---

(1) Essai de prière du matin pour les collèges.

« Notre Père céleste !

» Que ton nom prononcé avec reconnoissance, amour et respect, soit notre consolation et notre appui.

» Que notre volonté soit soumise à la tienne, et que, s'appliquant à rechercher ta lumière, elle y conforme nos actions, avec autant d'exactitude, s'il est possible, que les astres en ont à suivre les lois prescrites par ta sagesse et par ta puissance.

» Donne-nous aujourd'hui notre pain quotidien. Nous tâcherons de le mériter par un travail utile à nous et aux autres.

» Préserve-nous de causer à personne le mal que nous ne voudrions pas éprouver.

» Soutiens-nous dans la disposition active et perpétuelle de faire à autrui le bien que nous désirerions qui nous fût fait.

» Étends notre bienfaisance sur les animaux et sur les plantes, à l'imitation de la tienne.

» Que la contemplation de ta bonté nous conserve la force de résister aux tentations, et nous éloigne de tout vice.

» Agrée le repentir que nous inspirent nos fautes. Fais qu'il ne demeure pas stérile. Accorde-nous l'occasion et les moyens de les réparer s'il en est temps encore, ou de les compenser autant que le peut notre foiblesse; et que ta miséricorde, en nous faisant pardonner à ceux qui nous ont offensés, daigne nous pardonner ensuite.

» Adoucis les malheurs inévitables : que notre confiance en toi nous aide à les supporter patiemment, dans l'espérance d'un avenir plus heureux.

» Nous te remercions de ce que tu permets à tes enfans de s'améliorer, en élevant leurs pensées jusqu'à toi.

» Ainsi soit-il ! »

Ensuite on déjeûnera, et la récréation suivra le déjeûner jusqu'à huit heures que les classes s'ouvriront pour la leçon des professeurs, excepté dans celle de latin, où la leçon du professeur ne se donnera que le soir.

Le *professeur* aura eu une heure pour examiner *les devoirs*, signés chacun par celui qui les aura faits; et il pourra commencer le travail de la classe en faisant aux élèves les observations d'éloge ou de critique qu'ils mériteront.

Après la leçon du matin, il y aura une demi-heure de récréation.

Puis un travail d'une demi-heure pour les classes qui seront ce jour-là en retour d'étude vers une précédente: travail dirigé vers l'objet que le professeur devra traiter dans cette classe de retour, et dont il aura prévenu le chef de classe directement, ou par le ministère du maître de quartier.

Les autres classes auront deux heures de travail sous leur chef et leur maître de quartier. Ce travail sera relatif à la leçon qu'ils auront reçue le matin.

A une heure on dînera. Le dîner doit être précédé et suivi d'une prière, pour lesquelles on essaiera, en note, un projet de formule (1). On ne sera pas plus d'une demi-

---

(1) Essai *de* prière *avant le repas.*

« Notre Père céleste!

» Bénis l'usage que nous allons faire des alimens que ta pro-
» vidence nous accorde.

» Nous ne les devons pas à notre seul travail, mais surtout à ta
» bonté, et aussi au travail de nos frères.

» Préserve-nous de l'intempérance qui nous rendroit moins

heure à table. Ensuite du dîner, il y aura récréation jusqu'à trois heures.

De trois heures à quatre heures et demie, on reprendra le travail dans la classe sous la direction de l'*élève*-CHEF et du maître de quartier; et ce sera principalement pour préparer *les devoirs*.

Depuis quatre heures et demie jusqu'à cinq, il y aura récréation pour goûter.

De cinq heures à sept se tiendra la classe du soir, qui sera ordinairement employée par le professeur à éclaircir les difficultés que la leçon du matin paroîtroit présenter aux élèves, et à les aider ainsi à mieux faire *le devoir* qu'ils auront à remettre, lisiblement écrit, le lendemain à sept heures du matin au maître de quartier.

Dans la classe du soir, le professeur laissera les écoliers travailler un peu par eux-mêmes. Cette classe ressemblera beaucoup à ce que nous avons, dans notre tableau, désigné par l'expression de *travail dans la classe*. Mais ce *travail* fait sous les yeux, et quelquefois avec le secours du professeur, sera autant et plus profitable qu'une *leçon* nouvelle, et il formera les élèves-*chefs* dans la manière de tenir la classe lorsqu'elle leur sera confiée.

Le travail du soir sera prolongé jusqu'à sept heures et demie, et la leçon du matin jusqu'à dix et demie, pour

» capables de nous acquitter envers eux, et de sentir les bien-
» faits.
» Ainsi soit-il! »

ESSAI *de* PRIÈRE *après le repas*.

« NOTRE PÈRE CÉLESTE!
» Qui viens de pourvoir à notre besoin, reçois l'hommage de
» notre reconnoissance, et fais qu'elle nous dispose à soulager à
» notre tour les besoins d'autrui.
» Ainsi soit-il! »

les classes dont les professeurs ou les élèves n'auront pas été obligés, dans la journée, de tenir une classe depuis onze heures jusqu'à une heure en faveur des écoliers de classes supérieures, qui retourneront à une classe déjà suivie pour y repasser les études anciennes.

On voit l'utilité de ces travaux en arrière, de ces classes de retour.

N'ayant qu'un an d'étude constante à donner à chaque langue ou à chaque espèce de connoissance, nos élèves ne sortiront pas très forts d'aucune classe; et ils oublieroient presque complètement ce qu'ils y auroient appris, s'ils n'avoient plus à y penser durant le reste de leur séjour au collége. Mais dans l'année qui suivra immédiatement celle de leur cours à cette classe, ils en reprendront deux leçons par semaine, ce qui sera pour eux une espèce de redoublement de cours qui les renforcera beaucoup.

Et dans chacune des années subséquentes, ils en prendront encore toutes les semaines une leçon, ce qui les tiendra en haleine et les empêchera d'oublier.

Ils seront, dans leurs études, comme les hommes d'Etat sont aux affaires, obligés d'avoir la masse entière de leurs idées en mouvement et de raviver sans cesse une de leurs lumières par l'autre, en les exerçant très souvent au service l'une de l'autre. — Ces petits hommes-là, se familiarisant ainsi, depuis dix ans jusqu'à dix-sept, avec la vie humaine et avec l'espèce de vie que les grands hommes ont à mener, doivent s'élever à toute la hauteur de caractère et de talent dont la nature les aura rendus susceptibles.

Jetons un coup d'œil sur le nombre de leçons qu'ils recevront de leurs professeurs dans chaque classe, durant toute l'étendue de leurs cours, indépendamment des travaux particuliers qu'ils auront à faire sous leurs CHEFS *de classe* et leurs *maîtres de quartier*.

CLASSES.

Langue grecque et littérature grecque, 678 leçons.
Langue latine et littérature latine, 627 leçons.
Morale et langue française, 832 leçons.
Science de l'entendement, logique et langue allemande, 781 leçons.
Géométrie, algèbre et sciences physico-mathématiques, 729 leçons.
Chimie et autres sciences naturelles, 677 leçons.
Droit naturel et national, économie politique, histoire, 573 leçons.

La classe de chimie et celle de grec auront le même nombre de leçons.

Celle de latin n'en recevra guère moins; elle en aura un sixième de plus qu'on n'en reçoit en deux ans dans nos colléges les plus actifs de l'Europe; c'en est assez pour être à portée de lire et de juger les bons auteurs latins, qui, n'ayant pas été épuisés au collége, laisseront des plaisirs à goûter toute la vie.

Les classes de morale, de logique, de géométrie et de langues modernes, seront un peu plus approfondies, et l'on ne peut pas dire que ce soit un mal.

Quant à celle de droit naturel et d'histoire, où l'on ne donnera que cinq cent soixante-treize leçons, ce qui est doctrine et science n'en consumera pas cinquante. Le surplus, appliqué à ce qui est érudition, suffit pour une assez bonne notice des faits principaux, et pour inspirer le goût de la lecture et des recherches historiques avec lesquelles on apprend l'histoire tant que l'on n'a pas perdu la vue, ou qu'on a quelque enfant, quelque ami pour lire auprès de soi lorsque les yeux commencent à manquer.

Revenons à l'emploi de notre journée, que nous avons laissée à la leçon, ou au travail, qui doit quelquefois durer jusqu'à sept heures et demie du soir pour les trois classes inférieures, et plus souvent pour ces mêmes classes, toujours pour les autres se terminer à sept heures.

Après la leçon du soir, il y aura en général une heure, et pour le petit nombre de ceux qui auront eu une heure de plus de travail dans la journée, il y aura encore une demi-heure de liberté que les élèves pourront employer à leur fantaisie. — Ceux qui craindront de n'avoir pas fini leurs devoirs pour le lendemain sept heures du matin, pourront y travailler, sans être pour ce moment sous aucune discipline que celle qui doit empêcher les querelles. — Ceux qui les auront achevés, ou qui pourront compter assez sur eux-mêmes pour les faire depuis la prière du matin jusqu'au déjeûner, seront les maîtres d'employer cette heure à la conversation, ou à la promenade dans le jardin, ou à écrire, ou à dessiner, ou à la lecture qui les amusera le plus, bien entendu qu'on ne laissera entrer dans le collége aucun livre licencieux. — Mais, dans tous les cas, cet amusement du soir se fera sans courses et sans jeux bruyans ; car quelques-uns auront du travail à terminer, il ne faut pas trop les en distraire, et la digestion du souper se fait mieux, le sommeil est plus paisible quand les dernières heures de la journée n'ont pas eu trop d'agitation.

A huit heures on soupera. Le repas sera plus léger que le dîner, et sa durée n'excédera pas vingt minutes.

Il doit être suivi d'une PRIÈRE fort courte.

Les formules que nous avons indiquées pour celles qui doivent précéder et terminer le repas, peuvent être très bien suppléées par celles qu'on emploie en Angleterre et en Amérique dans la même occasion. Il y en a plusieurs formules respectables qui ont le caractère que nous avons désiré, celui de convenir à peu près à toutes les religions.

C'est un bon principe d'éducation de ne pas commencer la journée et de ne point prendre le repas sans une prière en commun. Cela est social. Accoutumons l'homme à se voir des frères et à se sentir sous la main d'un père.

On ne peut trop insister pour que toute prière, faite en commun, soit conçue en expressions si générales, qu'elles ne rendent que les maximes et les sentimens qui ne sont contestés par aucune secte. Il ne faut choquer ni insulter personne. Donnons aux religions qui se croient les plus opposées quelques occasions de s'apercevoir en quoi elles sont sœurs, et comment, à travers les torrens si variés de l'opinion, on peut solidement fonder entre elles les ponts secourables de la tolérance.

Les prières générales, faites avec ces précautions, présentent une utilité fraternelle, avertissent les distraits, émeuvent les cœurs sensibles, appellent à des idées qu'il est bon que chacun souhaite approfondir. Mais il n'en est pas moins vrai qu'il est impossible d'approfondir aucune de ces idées en commun.

L'observation, la réflexion, la persuasion, sont, par leur nature, des choses individuelles. Nul homme ne croit véritablement et ne peut croire que lui-même; car nul homme ne peut raisonner qu'avec son raisonnement, ni se convaincre que par sa logique.

Si nous voulons donc que nos jeunes gens soient disposés à une piété sincère, il ne faut pas tout leur mettre en liturgie.

Nous avons essayé, dans plusieurs circonstances, de les faire penser, savoir, vouloir, agir, voter par eux-mêmes, non point uniquement sur parole; et peut-être est-ce la moins mauvaise partie des idées que nous esquissons sur l'éducation nationale. — Mais s'ils se sont conduits en êtres intelligens et libres, s'ils ont employé leur jugement par rapport à leurs études et à leurs compagnons, pourquoi ne les mettrions-nous pas sur la voie d'un pareil et plus utile développement de leur âme pour examiner leurs propres actions, et pour s'exercer entre eux et leur conscience, d'après les notions du bon, du beau, du juste et de l'honnête, dont ils ont puisé les principales à l'école primaire, et dont on leur montrera le charme et la richesse dans la classe de morale ?

Tâchons de faire en sorte que chacun d'eux ait, pour diriger ses opinions et ses actions, et porte dans ses relations avec l'INTELLIGENCE SUPRÊME quelque chose qui lui soit personnel, qui soit son propre ouvrage, entièrement libre, absolument hors des regards de ses instructeurs.

La vertu que nous leur aurons enseignée pourra bien avoir à leurs yeux quelque attrait, puisqu'elle en a par elle-même ; mais il n'y aura que celle qu'ils se seront donnée qui soit la leur.

Je désirerois donc que nous engageassions, que nous pussions déterminer nos enfans à faire, en se couchant et dans le plus profond secret de leur pensée, leur examen de conscience. Il les amèneroit naturellement à de bonnes résolutions, à des projets vertueux, à des oraisons mentales, dictées par la circonstance et par le sentiment : ce sont celles-là qui partent du cœur et qui profitent à l'âme.

Aucune règle à leur prescrire sur un tel sujet. Rien à leur dire, sinon *songez à cela*. Rien à leur faire dire, sinon *j'y songerai*.

Ceux qui sont bons et sages s'en amélioreront beaucoup. Quelques-uns des médiocres se perfectionneront

Quant aux mauvais...... mais Dieu ne fait point de mauvais; et c'est à notre éducation à les empêcher de le devenir. — Plusieurs de ceux qui seroient flottans, se corrigeront.

Ces idées et cette espérance me font croire que la prière commune du soir exige un caractère différent de celle du matin et des autres.

Le matin on entre dans la société; il est bien de s'engager envers ses frères et à la face du ciel, par une déclaration affectueuse et mutuelle des devoirs réciproques, et par le vœu de les remplir.

Le soir on se retrouve seul avec la nature; c'est le moment de rentrer en soi-même et devant son Auteur.

Je voudrois que le peu de mots et les derniers qui seroient dits avant de se séparer, ne fussent que l'annonce et la préface du recueillement qui doit clore la journée et précéder le sommeil.

Je proposerois d'y employer la formule suivante ou quelqu'une qui en approchât, et qui ne fût pas plus étendue.

« Notre Père céleste,
» Nous te rendons grâces de nous avoir accordé cette
» journée;
» En la terminant, chacun de nous repassera dans sa
» mémoire les actions dont il l'a remplie, afin de te
» bénir pour celles qui sont bonnes, et d'implorer ta
» miséricorde sur celles qui pourroient mériter quelque
» reproche.
» Ainsi soit-il! »

Ce seroit vers huit heures et demie que l'on feroit cette prière, en sortant de souper. — On devra être couché à neuf heures. Il est difficile que, dans l'âge de l'innocence et de la bonté, une promesse si prochaine ne soit pas remplie par la plupart de ceux qui l'auront prononcée.

Il seroit possible qu'après que l'on seroit couché, le maître de quartier renouvelât d'une manière ou d'une autre quelque léger avertissement, tel que : *Bonsoir, mes amis, voilà le moment de penser à nous ;* — ou bien : *je vous recommande à votre raison* ; — ou tel autre mot du même genre. Mais il ne doit jamais se permettre aucune question pour savoir quel aura été l'effet de l'exhortation. Point d'inquisition sur les consciences. N'exposons pas à mentir ceux qui auroient pu être négligens. Un autre jour, ils seront plus exacts, et ils se reprocheront de ne l'avoir pas été.

Notre seule obligation étoit de réveiller un souvenir utile, de le faire en temps opportun, et de les induire à se consulter eux-mêmes dans un profond secret, dans une liberté parfaite.

La récréation paisible du soir, qui sera prolongée après souper jusqu'au moment de se mettre au lit, a en partie pour but d'amener, comme par une pente douce, à ces louables pensées.

Tout homme qui n'est pas encore corrompu, et qui a le loisir de vivre un peu dans son intérieur, se fait justice, et se donne volontiers un sage conseil.

Éclairer, cultiver la conscience ; l'habituer à se juger elle-même par sa propre raison et sa propre réflexion, dans l'indépendance de toute autorité humaine, en la seule présence de Dieu, ce doit être un grand service à rendre à la jeune humanité.

D. D. DE N.

LETTRES
SUR LA PHYSIQUE ET LA CHIMIE,
Adressées au Rédacteur.

Quatrième Lettre.

Mon cher ami,

Avant que la physique fût devenue une science d'expérience, c'est-à-dire jusqu'au temps de Galilée, on s'imaginoit qu'aucune partie de l'espace ne pouvoit être vide de matière, et l'on exprimoit cette impossibilité en disant que *la nature a horreur du vide*. Ainsi, lorsqu'on voyoit l'eau monter dans des pompes à l'instant où on élevoit le piston, on disoit que le piston, en s'élevant, tendoit à faire un vide dans les tuyaux de la pompe, mais que la nature, *qui avoit horreur du vide*, s'empressoit d'y faire monter l'eau pour le remplir. Personne ne s'avisoit de demander comment la nature, qui n'est que l'ensemble des phénomènes, pouvoit ainsi se personnifier et se transformer en un être susceptible de passions. A cette époque le doute n'étoit pas inventé. Un jour, des fontainiers de Florence ayant construit une pompe très longue, dans le dessein d'élever de l'eau à une hauteur plus grande qu'ils n'avoient coutume de le faire, ils trouvèrent qu'elle montoit dans le corps de pompe jusqu'à trente-deux pieds environ, mais qu'elle *ne vouloit pas* absolument monter plus haut, quoique l'on continuât de faire marcher le piston. Fort étonnés de cet accident, ils allèrent consulter Galilée, qui leur dit en se moquant d'eux, qu'apparemment la nature n'avoit horreur du vide que jusqu'à la hauteur de trente-deux pieds. Déjà ce philosophe avoit entrevu que ce phénomène et d'autres semblables, étoient de simples résultats mécaniques produits par la pesanteur de l'air. Mais il n'avoit probablement pas arrêté ses idées sur un sujet si nouveau, et il aima mieux donner aux fontainiers cette défaite que de hasarder son secret. Il mourut sans l'avoir fait connoître; et ce fut Torricelli, son disciple, qui, par une expérience extrêmement frappante et ingénieuse, mit cette découverte dans tout son jour. Il remplit de mercure un tube de verre long de trois pieds, et fermé par un de ses bouts; puis, bouchant l'autre bout avec le doigt, il renversa le tube, et le plongea par cette extrémité dans un vase ouvert où il y avoit aussi du mercure. Alors, retirant le doigt, il cessa de soutenir la colonne de mercure contenue dans le tube. Aussitôt on la vit tomber, laissant le haut du tube vide, mais elle s'arrêta bientôt, et après plusieurs oscillations, elle resta suspendue en équilibre, n'ayant plus qu'environ vingt-huit pouces de longueur. D'après cela, il étoit évident que si, dans les pompes, la nature n'avoit horreur du vide que jusqu'à trente-deux pieds, elle n'en avoit horreur, dans les tubes pleins de mercure, que jusqu'à la hauteur de vingt-huit pouces. Cette conclusion étoit si ridicule qu'il fallut bien enfin douter du principe, et renoncer à ce grand axiome : *non datur vacuum in rerum naturâ.*

La cause réelle de ces phénomènes est simple et facile à découvrir; mais il faut la déduire des propriétés mécaniques de l'air, c'est à dire qu'après avoir établi les propriétés de ce fluide, telles que l'expérience nous les fait connoître, il faut montrer que les phénomènes dont nous venons de parler, en sont des conséquences inévitables. Voilà la marche de la bonne physique.

Le fluide rare et transparent qui nous environne de toutes parts, et que nous nommons l'air, est un corps qui jouit, comme tous les autres, des propriétés générales de la matière; il est résistant, il est pesant : sa résistance se fait sentir lorsque nous le pressons dans un espace fermé, dans une vessie, par exemple. Il est si bien un corps que son choc mécanique met en mouvement une infinité de machines : c'est lui qui pousse les ailes des moulins, et qui gonfle les voiles des vaisseaux. On peut même s'assurer de son poids en le pesant à la balance ; car si on l'extrait de l'intérieur d'un ballon de verre, comme on peut le faire par un procédé que nous ferons bientôt connoître, ce ballon, fermé ensuite et pesé, se trouve plus léger qu'auparavant.

D'après cela, quand la surface d'un liquide, tel que l'eau ou le mercure, se trouve librement exposée à l'air, elle est réellement pressée par tout le poids de la colonne d'air qui repose sur elle : comme cette pression est égale sur tous les points de la surface liquide, elle n'y produit aucun mouvement, mais, supposez qu'ayant plongé dans le liquide l'extrémité inférieure d'un tuyau de pompe, on vienne à tirer en haut le piston, ou, pour prendre un exemple encore plus simple, supposez qu'ayant plongé ainsi le bout inférieur d'un chalumeau de paille, on aspire par l'autre bout l'air qu'il contient; dans l'un et l'autre cas, les molécules de la surface liquide, qui se trouvent dans l'intérieur du tube, sont évidemment déchargées d'une partie du poids de l'air qui pesoit sur elles, tandis que les parties de la surface qui sont hors du tube, sont encore pressées aussi fort qu'auparavant. Alors le liquide doit nécessairement céder par le côté où la pression est moindre, c'est-à-dire qu'il doit monter dans le tube jusqu'à ce que le poids de la colonne de liquide élevée, joint à l'élasticité de l'air qui y étoit resté, forme une pression égale à celle de l'air extérieur; alors, tous les points situés à la surface du liquide étant pressés également, il n'y a pas de raison pour qu'ils se mettent en mouvement d'un côté ou d'un autre, et, par conséquent, l'équilibre doit subsister.

On voit donc que s'il étoit possible d'ôter tout l'air contenu dans l'intérieur d'un tube, le liquide monteroit jusqu'à ce que son poids seul fît équilibre avec l'atmosphère. C'est le cas de l'eau dans les pompes, c'est le cas de l'expérience de Torricelli.

Quoique cette conclusion soit de toute évidence, nous avons un moyen de la vérifier, et il ne faut pas le négliger; car c'est en marchant ainsi des faits à leurs conséquences, et des conséquences à de nouveaux faits, que l'on avance avec sûreté dans l'étude de la nature. Je dis donc que si l'ascension de l'eau et du mercure est réellement déterminée par la pression de l'air, il faut que le poids de la colonne d'eau de trente-deux pieds, élevée dans les pompes, soit pareil à celui de la colonne de mercure de vingt-huit pouces, qui se soutient dans le tube de Torricelli en supposant toutefois que les bases de ces deux colonnes soient égales. Or, il est bien aisé de voir si cela est vrai ou non. En pesant dans des balances très exactes des volumes égaux d'eau et de mercure, à des températures égales, par exemple des ballons de verre remplis successivement de ces deux liquides, on trouve que le mercure pèse à fort peu de chose près treize fois et demie autant que l'eau. Ainsi, selon notre raisonnement, la colonne de mercure élevée dans le tube de Torricelli doit être treize fois et demie moins longue que la colonne d'eau des fontainiers. Or, celle-ci étoit de trente-deux pieds qui font trois cent quatre-vingt-quatre pouces; si vous divisez ce nombre par treize et demi, vous trouverez pour quotient vingt-huit pouces : c'est en effet la longueur qu'a réellement la colonne de mercure dans l'expérience de Torricelli, et l'accord est si juste qu'on auroit pu prévoir cette longueur par notre calcul tout aussi exactement que par l'expérience même. Cette possibilité de prédire les phénomènes, est le caractère de la certitude. Admettons donc que l'air est pesant, et que la pression de l'atmosphère est la véritable cause des phénomènes que nous venons d'examiner. Mais cherchons à soumettre encore notre théorie à d'autres épreuves; examinons tous les autres effets que cette pression peut produire, et voyons si l'expérience les confirme.

La pression de l'air, comme celle de tous les autres fluides pesans, ne s'exerce pas seulement de haut en bas; elle comprime dans tous les sens les surfaces des corps que l'air touche. C'est ainsi, par exemple, qu'un navire qui flotte sur l'eau, est soutenu et soulevé de bas en haut par la pression latérale de l'eau qui l'environne. De là il résulte que, lorsqu'un corps est exposé à l'air, chaque point de sa surface est pressé par cet air, comme il le seroit par le poids d'une colonne d'eau qui auroit trente-deux pieds de hauteur, ou par une colonne de mercure haute de vingt-huit pouces. On a calculé à quoi pouvoit monter la totalité de cette pression sur toute la surface du corps d'un homme de moyenne grandeur, et on a trouvé qu'elle surpassoit trente-trois milliers de livres, ou environ seize mille kilogrammes.

Voilà, direz-vous, un résultat bien incroyable; car assurément, si nous étions chargés d'un pareil fardeau, il devroit nous écraser, et ce seroit au moins un terrible obstacle à la légèreté de nos danseurs de l'Opéra. Je ne doute pas que cela ne vous paroisse ainsi, mais raisonnons, je vous prie, et ne nous hâtons point de rejeter un résultat comme absurde, uniquement parce qu'il nous étonne. Il y a dans la mer des poissons qui vivent à de très grandes profondeurs. Les pêcheurs en prennent quelquefois à deux ou trois mille pieds au-dessous de la surface de l'eau. Ces poissons se trouvent donc chargés pendant toute leur vie, du poids d'une colonne d'eau de deux ou trois mille pieds, c'est-à-dire soixante-dix-huit ou quatre-vingt fois plus lourde que le poids de l'atmosphère; cependant ils ne sont point écrasés par cet énorme poids. Non-seulement ils vivent, mais ils se meuvent en tous sens avec la plus grande agilité. Cela est encore bien plus extraordinaire que de nous voir supporter si aisément la pression de l'air; mais tout le merveilleux disparoît si l'on fait attention que les poissons dont nous venons de parler, sont intérieurement remplis et pénétrés de liquides qui résistent à la pression de l'eau extérieure en vertu de leur impénétrabilité; de sorte que les membranes de l'animal n'en sont pas plus altérées que ne la seroit la pellicule la plus mince, que l'on descendroit à une pareille profondeur. Quant à la facilité des mouvemens, elle tient à ce que le corps du poisson est également pressé par-dessus et par-dessous, à droite et à gauche, de sorte que la pression se contre-balance d'elle-même; et ainsi il lui est aussi aisé de se déplacer que s'il nageoit à la surface même de l'eau. De même, pour nous qui supportons le poids de l'atmosphère, l'intérieur de notre corps et nos os mêmes sont remplis, ou de liquides incompressibles, capables de supporter toutes les pressions, ou d'air aussi élastique que l'air du dehors, et qui contre-balance sa pression: voilà pourquoi nous n'en sommes pas incommodés, et nous n'éprouvons non plus aucune difficulté à nous mouvoir, parce que la pression de l'air se contre-balance de toutes parts sur les diverses parties de notre corps, comme celle de l'eau sur le corps des poissons. Nous ne pourrions être écrasés par l'air extérieur, que si on détruisoit en nous l'air intérieur qui contre-balance sa pression ; et au contraire nous souffririons beaucoup si l'on nous déchargeoit tout-à-coup de cette pression en nous plaçant dans le vide : car alors l'air intérieur, n'ayant plus rien qui lui résistât, se dilateroit, nous gonfleroit et nous feroit périr infailliblement. Cela arrive à un grand nombre de poissons quand on les retire du fond des abîmes de la mer, et même seulement d'une profondeur de vingt ou trente mètres. La plupart d'entre eux ont dans l'intérieur de leur corps une vessie remplie d'air, non pas d'air atmosphérique, mais d'une espèce particulière de gaz qui se trouve produite et sécrétée par un résultat de leur organisation. Tant que ces animaux restent à la profondeur où ils vivent d'ordinaire, l'air contenu dans leur vessie a le degré de compression et d'élasticité nécessaire pour supporter le poids de l'eau qui pèse sur eux ; mais si tout-à-coup on les tire hors de l'eau, comme ils n'ont pas tous des conduits assez larges pour chasser promptement le superflu de cet air, et comme quelques-uns même n'en ont pas du tout, il arrive que leur vessie se gonfle, se crève ; et l'air qu'elle contenoit occupant un volume quatre-vingt ou cent fois plus considérable, remplit leur corps, renverse leur estomac en dehors, le force même à sortir par la gueule, et les fait périr. Alors on peut les laisser sur l'eau ; ils ne vont pas à fond ; leur corps flotte sur la surface, soutenu par cet estomac rempli d'air, comme par un ballon.

L'effet de la pression de l'air se montre également dans une infinité d'autres phénomènes qui s'offrent sans cesse à nos yeux. C'est pour cela, par exemple, que l'on éprouve tant de résistance à élever le piston d'une pompe dont on a bouché l'orifice. Il semble que le piston soit attaché au fond du tuyau par une certaine force qui tend sans cesse à l'y faire retomber quand on l'en a séparé. C'est par une raison semblable que l'on écarte difficilement les panneaux d'un soufflet dont on a bouché les ouïes et le tuyau. Dans tous ces cas, il faut vaincre la pression de l'air qui pèse sur les surfaces que l'on veut séparer, et qui, n'étant pas contre-balancée intérieurement, se fait sentir toute entière.

Une fois que l'on sait que l'air est pesant, tous ces phénomènes se laissent aisément prévoir, et c'est ainsi que le raisonnement, appliqué à l'expérience, nous conduit à reconnoître avec évidence des résultats auxquels nous ne faisions aucune attention, et même dont nos sensations seules n'auroient jamais pu nous avertir. Ces exemples sont fréquens dans les sciences, et il y en a un très remarquable dans le mouvement de la terre, qui n'est ni moins réel ni moins sûr que la pesanteur de l'air, quoique nos sens ne nous l'indiquent en aucune manière, et qu'on ne puisse en découvrir l'existence que par le raisonnement.

L'appareil de Torricelli a reçu des physiciens le nom de *baromètre*, qui signifie mesure de la pesanteur, parce qu'en effet il mesure la pression exercée par l'atmosphère dans le lieu où il est placé. On a cherché à en faire un instrument commode et transportable. Pour cela, on a enfermé le tube de verre dans un tube de cuivre qui le protège. Ce tube est fendu dans sa longueur, afin qu'on puisse apercevoir la colonne de mercure, et de plus on y a tracé des divisions qui font connoître tout de suite la hauteur de la colonne élevée. La cuvette dans laquelle le tube plonge, a un fond mobile qui s'abaisse lorsque l'on veut observer *la hauteur du baromètre*, et qui se hausse de manière à faire rentrer tout le mercure dans le tube lorsqu'on veut le transporter. Il y a diverses précautions à prendre pour exclure complètement l'air de l'intérieur du tube, car il reste toujours une petite couche d'air qui adhère au verre, et qu'on ne peut lui enlever qu'en le chauffant jusqu'à faire bouillir le mercure. On conçoit qu'une pareille opération n'est pas sans quelques difficultés; mais elle est indispensable pour avoir un *bon baromètre*, c'est pourquoi je vous indiquerai dans ma première lettre les précautions qu'il faut prendre pour la faire avec succès. J'aurai soin d'y joindre une figure au trait du baromètre et du thermomètre, afin que vous puissiez avoir une idée bien arrêtée de ces deux instrumens les plus importans de la physique. Je ne manquerai pas non plus de vous expliquer les grands et beaux baromètres à cadran, que l'on trouve dans beaucoup d'appartemens, quoiqu'ils n'aient guères de mérite que par la dorure; car le cercle de prédictions dont on les entoure, lorsqu'on les regarde comme certaines, n'est qu'un véritable cercle de préjugés, qui, je vous le dis tout bas, a passé des savans dans le peuple. C'est ici le cas d'appliquer le mot d'un homme célèbre, à qui l'on parloit des préjugés : *c'est la défroque des gens d'esprit qui habille la canaille.*

C.

LA PETITE FILLE PRESSÉE,

CONTE.

« Maman, nous partirons bientôt? » disoit Paola à sa mère; et déjà elle cherchoit ses gants, son schall, son chapeau.

« Oui, ma fille, répondit mad. de Vallenoix, dans deux heures d'ici nous nous mettrons en chemin. »

« Dans deux heures, maman, y pensez-vous? »

« Oui, ma fille, je pense, et vous savez comme moi, que nous ne pouvons voir votre cousine Augustine qu'à trois heures, qui est l'heure de la récréation, et qu'ainsi, en partant à midi, nous arriverions deux heures trop tôt. »

« Ah! mon Dieu! cela est bien terrible! »

« Oui, je conviens qu'il est affreux de ne pas faire à midi ce qu'il faut faire à deux heures. »

« Maman, vous avez beau vous moquer, tout le monde sait qu'il est fort désagréable d'attendre. »

« Eh! pourquoi attends-tu? »

« Il le faut bien. »

« Je ne vois pas ce qui t'y oblige à présent plus que dans un autre moment. Est-ce que tu attends depuis ce matin? »

« Mais, maman, ce matin ce n'étoit pas l'heure. »

« Tout comme à présent. Midi n'est pas plus deux heures que dix heures du matin, et puisque tu te mets dans la tête d'attendre à présent, je ne sais pas pourquoi tu n'as pas aussi bien commencé à dix heures, à huit heures du matin, pourquoi même tu n'attends pas depuis hier ou avant-hier; tu aurois été alors bien plus à plaindre, et ton malheur seroit bien plus intéressant. »

Paola n'avoit rien à répondre, mais elle ne s'en impatientoit pas moins, tandis que sa mère écrivoit tranquillement en attendant l'heure de partir : elle ne vouloit pas comprendre que le moyen de ne pas s'agiter de ce qu'on doit faire dans deux heures, c'est de s'occuper de ce qu'on peut faire dans le moment, et que tous ces mouvemens inutiles qui ne peuvent avancer la chose qu'on désire, ne sont pas l'effet d'un désir véritable, mais d'une impatience sans but, dont l'effet est souvent de reculer ce qu'on attend. Ainsi Paola, toujours pressée en tout, sitôt qu'elle avoit pris son livre pour étudier sa leçon, vouloit la répéter sans s'être donné le temps de la savoir; sa mère lui rendoit son livre, elle y jetoit un coup-d'œil, venoit le rapporter, et si sa mère, sachant bien qu'il étoit impossible qu'elle sût sa leçon, lui disoit de l'étudier, au lieu de cela elle s'amusoit à s'impatienter de ce qu'on ne la faisoit pas répéter, savoit encore plus mal que la première fois, étoit obligée de recommencer tout-à-fait, et passoit ainsi trois quarts d'heure à une chose qu'elle auroit pu finir en un quart d'heure si elle avoit eu la patience de l'y mettre. Elle barbouilloit sa sonate pour l'avoir plus tôt finie, quoiqu'on ne manquât pas de lui faire reprendre et travailler ensuite avec plus de soin les passages qu'elle avoit négligés, et tous les jours elle se faisoit rappeler de la porte pour plier plus proprement son ouvrage qu'elle avoit tamponné au fond de sa corbeille.

Elle alloit ce jour-là faire ses adieux à sa cousine, avant de partir pour la campagne, et elle avoit fait retarder ce départ de huit jours, parce que du moment où elle avoit su que le jour en étoit fixé, elle avoit été si pressée de le voir arriver, qu'elle n'avoit plus pensé à autre chose, en sorte que ses leçons avoient été tout de travers, et que, pour réparer le temps qu'elle avoit si mal employé, sa mère avoit voulu qu'elle eût huit jours de plus de ses maîtres, en lui déclarant que, s'ils n'étoient pas contens d'elle, on retarderoit encore de quinze jours. La peur avoit pour cette fois suspendu l'impatience, et comme elle n'étoit pas sûre de partir, elle avoit pu faire quelque attention; mais il avoit fallu défaire trois fois des paquets que, malgré tout ce qu'on avoit pu lui dire, elle avoit absolument voulu faire d'avance.

Si elle n'avoit pas été si impatiente, elle auroit pensé avec quelque chagrin qu'elle alloit être quatre ou cinq mois sans voir sa cousine qu'elle aimoit beaucoup, et qu'elle étoit toujours si pressée de voir, que, les jours où elle devoit venir, elle ne cessoit de tourmenter sa bonne pour aller au-devant d'elle, quoiqu'il lui fût arrivé deux fois, en y allant, de

DE L'EDUCATION.

prendre un autre chemin qu'elle, de ne la pas rencontrer, et de la voir ainsi une heure plus tard. Cette fois, sitôt qu'elle fut entrée dans la cour de la pension, elle se mit à courir de toutes ses forces pour l'aller trouver; mais au bout d'un quart d'heure, mad. de Vallenoix ayant remarqué un chapeau assez commode et d'une assez jolie forme qu'on avoit fait aux pensionnaires pour les garantir du soleil, elle dit malheureusement qu'elle avoit envie d'en faire faire un pareil à sa fille : alors Paola n'eut plus de repos, et se désola, tout le reste de la visite, de ce que sa mère ne vouloit pas consentir à s'en aller sur-le-champ pour acheter ce chapeau dont elle ne devoit se servir qu'à la campagne, et qu'elle pouvoit avoir aussi bien le lendemain.

Paola étoit depuis un mois à la campagne, lorsqu'elle apprit une nouvelle qui lui causa une bien grande joie. Sa cousine étoit en pension, parce qu'elle n'avoit plus ni son père ni sa mère ; comme elle avoit été malade l'hiver précédent, et qu'elle en étoit demeurée un peu délicate, il avoit été décidé dans la famille qu'elle sortiroit de sa pension, et que mad. de Valenoix la prendroit chez elle pour l'élever avec Paola. On juge de l'impatience de Paola ; l'idée d'attendre trois semaines lui paroissoit intolérable; tous les jours elle disoit : « Le 1er août n'arrivera donc jamais? » C'étoit le jour où devoit venir sa cousine ; elle s'étonnoit que sa mère ne fît pas tendre trois semaines d'avance le lit d'Augustine, et n'avoit pas pu s'endormir le jour où elle avoit appris cette nouvelle, avant d'avoir rangé la planche de l'armoire qu'on lui destinoit. Aussi le lendemain, ne se trouvant rien à faire qui eût rapport à l'arrivée de sa cousine, avoit-elle passé la journée dans une agitation et un ennui intolérables, et si heureusement la longueur du temps qu'elle avoit à attendre ne l'avoit un peu distraite de cette idée, pendant les trois semaines on n'en auroit pu rien tirer de raisonnable.

On lui avoit donné un beau lys orange qui devoit fleurir à peu près dans le temps de l'arrivée d'Augustine. Elle résolut de le lui donner; et comme elle étoit toujours pressée de jouir de tous les plaisirs qu'elle se promettoit, elle se dépêcha de mander à sa cousine qu'elle lui destinoit quelque chose de bien joli pour son arrivée, et puis elle se mit à soigner son lys de la manière la plus propre à le faire mourir. De peur qu'il ne poussât pas assez vite, elle l'inondoit d'eau même les jours où il avoit plu; alors elle voyoit la terre du pot devenir comme de la boue, cela l'inquiétoit; elle descendoit à chaque minute pour voir si elle étoit encore mouillée, et finissoit par porter le pot au soleil pour qu'il séchât plus vite. On avoit beau l'assurer que les fleurs seroient ouvertes pour l'arrivée d'Augustine, Paola auroit voulu, tant elle étoit déraisonnable dans ses souhaits, qu'elles le fussent huit jours avant, pour s'impatienter ensuite pendant ces huit jours de ce qu'Augustine n'arrivoit pas, et de ce qu'elle laissoit faner son lys. Elle touchoit à chaque instant les boutons, les pressoit, les entr'ouvroit avec ses doigts, comme si elle eût espéré que cela les feroit avancer plus vite. Enfin elle en fit tant qu'un matin elle trouva son lys qui penchoit la tête, et le bouton le plus avancé qui, au lieu de s'ouvrir, se resserroit et commençoit à se flétrir; ce jour-là elle redoubla de soins et d'agitation; et le lendemain matin le lys étoit encore plus malade. Elle alla passer la journée avec sa mère dans une maison de campagne voisine, et le soir en revenant elle ne trouva plus son lys.

La voilà qui court partout, qui en demande des nouvelles à tout le monde, personne ne l'a vu; elle va au jardinier qui lui dit: « Ce n'étoit pas la peine de le garder, vous n'auriez pu le sauver. » Alors elle s'écrie tout en colère qu'il n'a qu'à se mêler de ses affaires, qu'elle veut ravoir son lys, demande où il est pour l'aller chercher, et n'obtient d'autre réponse que: « Je vous dis que c'étoit fini, que vous n'auriez pas pu le sauver. » Elle va se plaindre à sa mère qui lui dit: « Puisqu'Antoine assure que tu ne pouvois pas le sauver, mon enfant, il faut que ce soit vrai, il en sait là-dessus plus que toi et moi. » Elle retourne à Antoine qui la laisse dire, et ne lui répond qu'en haussant les épaules; elle revient à sa mère qui lui conseille de prendre le parti de renoncer à son lys. Enfin, ne pouvant obtenir raison de personne, elle se couche désolée.

Elle le fut bien davantage quelques jours après. Un voisin et ami de mad. de Vallenoix s'étoit engagé à venir dîner chez elle, le jour de l'arrivée d'Augustine, avec son fils et sa fille; la jeune personne qui s'appeloit Adèle, avoit été quelque temps camarade de pension d'Augustine; elle l'aimoit beaucoup ainsi que son frère Eugène qui l'avoit vue l'année d'avant à la campagne. Tout le monde aimoit Augustine, parce qu'elle étoit très douce et très raisonnable; on étoit enchanté de son arrivée, et comme elle avoit été fort malade, Adèle vouloit aussi célébrer sa convalescence. On juge bien que Paola lui avoit parlé de son lys et d'une perdrix privée que lui destinoit son frère Alfred : Adèle vouloit lui donner un petit agneau, et Eugène qui commençoit à bien dessiner lui avoit fait une tête de Vierge. Adèle qui avoit fait quelquefois à sa pension des mascarades, et que cela avoit fort amusée, la veille de l'arrivée d'Augustine, manda à Paola que, pour donner à Augustine son petit agneau, elle comptoit le lendemain s'habiller en bergère, qu'Eugène s'habilleroit en pélerin, et lui donneroit son dessin comme une image qu'il avoit rapportée de son pélerinage; elle ajoutoit qu'il falloit qu'Alfred qui devoit donner une perdrix privée s'habillât en chasseur, et Paola avec le lys en jardinière. En recevant ce billet, Paola rougit et pâlit de chagrin. « Comment faire ? demanda-t-elle à sa mère avec anxiété; cela est impossible, puisque je n'ai plus mon lys. »

« Cela est impossible pour toi, lui dit sa mère; mais cela n'empêche rien pour les autres. » Et Alfred qui avoit entendu la proposition, ne se soucioit nullement de renoncer à ce divertissement. Il prétendit que Paola pourroit bien s'habiller en jardinière sans donner de fleurs ; mais elle disoit que ce seroit ridicule, et mad. de Vallenoix étoit de cet avis. Alors il vouloit qu'elle donnât d'autres fleurs. « Le beau plaisir, disoit Paola, de donner à Augustine un pot de giroflée, après lui avoir promis quelque chose de joli ! » Le chagrin de n'avoir plus son lys lui donnoit de l'humeur contre tout ce qu'on proposoit pour ce jour-là. Cependant il falloit bien se décider ; et Paola, n'ayant pas le courage de mander à Adèle et à Eugène ce qui lui étoit arrivé, leur fit dire simplement qu'on les attendroit le lendemain, et elle demeura plus embarrassée que jamais. Elle étoit bien séduite de l'idée de s'habiller en jardinière, avec une cornette plate, un jupon bleu et un tablier rouge qu'elle auroit empruntés à la fille d'Antoine, et une croix d'or que lui auroit prêtée la fermière ; mais d'un autre côté, Antoine assuroit n'avoir pas d'autres fleurs à mettre en pot dans ce moment, qu'une reine marguerite, et Paola étoit d'autant plus honteuse de ce triste présent, que son père, qui avoit été chercher Augustine, lui mandoit qu'elle l'avoit fort tourmentée pour savoir ce que sa cousine lui destinoit de si joli, mais qu'il n'en avoit rien voulu dire. D'ailleurs elle étoit bien sûre qu'Eugène et sa sœur qui aimoient à se moquer, se moqueroient beaucoup d'elle.

Enfin le 1er août étoit arrivé ; l'heure avançoit, et elle ne se décidoit pas : on lui avoit apporté le jupon bleu, le tablier rouge et la croix ; elle avoit bien envie de les mettre, mais elle se souvenoit qu'elle n'avoit pas de fleurs, d'autant qu'elle s'étoit mise si en colère la veille contre Antoine quand il lui avoit parlé du pot de marguerites, qu'elle n'osoit plus les lui aller demander. Alfred étoit déjà en chasseur, et avoit mis à sa perdrix un joli petit collier de rubans : il passa dans le corridor en criant : « Paola, dépêche-toi, j'ai vu du belvédère une voiture sur le chemin; c'est Eugène et Adèle »; et puis tout de suite : « Ah! tiens, j'entends de loin claquer un fouet; c'est sûrement le courrier de papa; il va arriver : dépêche-toi, dépêche-toi. » Alors Paola, toute effarée, la tête troublée, ne sait plus que courir dans sa chambre en pleurant et en disant : « Ah! mon Dieu! ah! mon Dieu! » Sa mère entre, lui demande ce qu'elle a, et pourquoi elle ne s'habille pas; alors elle s'arrête honteuse, mais pleurant encore plus fort. « Je ne sais que faire, dit-elle, et personne ne m'aide, personne ne se soucie de me tirer de peine. »

« Vois plutôt, » lui dit sa mère; et en se rangeant elle lui laisse voir Antoine qui venoit derrière elle, tenant dans ses mains le lys orange tout en fleurs, et bien arrangé avec de la mousse dans une jolie corbeille verte. Paola jette un cri et ne fait qu'un saut pour l'aller prendre dans les mains d'Antoine, qui a encore un peu peur qu'elle ne le gâte. Elle le regarde, le retourne, compte les fleurs, remercie Antoine. « Vous aviez donc un autre lys? — Pas du tout, Mademoiselle, c'est le vôtre. — Mais, il étoit mort. — Non pas, mais il l'auroit bientôt été au train dont vous y alliez. — Qu'y avez-vous donc fait, Antoine ? — Rien, Mademoiselle, que de le laisser venir sans l'en empêcher, comme vous faisiez, en le tracassant tout le long du jour pour l'avancer. »

Antoine s'en alla bien remercié ; Paola transportée, se dépêcha de s'habiller ; elle ne cessoit de regarder le lys, auquel, heureusement, elle n'avoit pas le temps de toucher. « Mais, maman, disoit-elle à sa mère, vous m'aviez conseillé d'y renoncer. »

« Oui, ma fille, puisque c'étoit le seul moyen que vous eussiez d'être raisonnable et de ne pas faire ce qu'il falloit pour l'empêcher de fleurir. »

Paola voyoit bien que tout le monde s'étoit moqué d'elle ; mais elle ne s'occupoit que de la joie du moment. Adèle et Eugène arrivèrent comme elle achevoit de s'habiller ; Augustine cinq minutes après. On se divertit beaucoup toute la journée, et la leçon qu'avoit donnée Antoine auroit bien pu être perdue, si mad. de Vallenoix n'eût pris soin de la renouveler. Elle avoit promis à sa fille, après une tête de Jupiter qu'elle faisoit dans le moment, de lui donner à dessiner une tête d'Hébé, dont elle avoit grande envie. De ce moment, en dessinant sa tête de Jupiter, elle ne songeoit plus qu'à celle d'Hébé, en sorte que le Jupiter alloit fort mal. Sa mère s'en aperçut, et un jour qu'elle la voyoit estropier sans pitié une oreille qui l'ennuyoit, « Paola, lui dit-elle, je te conseille de renoncer à la tête d'Hébé. » Paola la regarda d'un air très inquiet : elle se souvint du lys orange.

« Maman, dit-elle, est-ce comme le lys ? »

« Comme tu voudras, ma fille, renonces-y de toi-même, ou je t'y ferai renoncer assez sérieusement pour te mettre l'imagination en repos. »

Paola comprit ce que vouloit dire sa mère, et la peur de ne pas avoir la tête d'Hébé contribua à lui faire prendre beaucoup plus de soin et d'intérêt à la barbe et à l'oreille de Jupiter. Mad. de Vallenoix qui vit le bon effet de cette méthode, se détermina à ne lui accorder jamais ce qu'elle désireroit avec assez d'impatience pour s'écarter de son devoir ou de la raison. Après avoir été punie quelquefois de sa précipitation, Paola n'entendoit pas la phrase, « Je te conseille de renoncer... » qu'elle se hâtoit de prendre son parti de redevenir raisonnable. En grandissant, elle s'accoutuma à voir qu'on n'est pas le maître de ce qui doit arriver dans huit jours, mais qu'on l'est de ce qu'on peut faire aujourd'hui ; et que c'est en appliquant chaque jour toutes ses pensées sur ce qu'on peut faire, qu'on arrive sûrement et tranquillement à ce qu'on désire.

P. M. G.

		trie, Algèbre, Sciences -Mathématiq.	Chimie, Physique, et Histoire naturelle.	Droit naturel, Economie politique, Histoire, Droit national.
Lundi	Matin.	depuis 8 h. jusqu'à eçon depuis 11 h. aux deux classes s, pour repasser s physico-mathé-	Leçon depuis 8 h. jusqu'à 10. — La classe se rend, avec celle d'Histoire, à celle de Géométrie, pour y repasser les sciences physico-mathématiques.	Leçon depuis 8 h. jusqu'à 10. — La classe se rend, avec celle de Physique, à celle de Géométrie, pour y repasser les sciences physico-mathématiques.
	Soir.	puis 5 jusqu'à 7 h.	Leçon depuis 5 jusqu'à 7 h.	Leçon depuis 5 jusqu'à 7 h.
Mardi	Matin.	depuis 8 h. jusqu'à classe se rend, avec supérieures, à celle d, pour y repasser e et la langue alle-	Leçon depuis 8 h. jusqu'à 10. — La classe se rend, avec les autres supérieures, à celle d'Allemand, pour y repasser l'idéologie et la langue allemande.	Leçon depuis 8 h. jusqu'à 10. — La classe se rend, avec les deux précédentes, à celle d'Allemand, pour y repasser l'idéologie et la langue allemande.
	Soir.	epuis 5 jusqu'à 7 h.	Leçon depuis 5 jusqu'à 7 h.	Leçon depuis 5 jusqu'à 7 h.
Mercredi	Matin.	depuis 8 h. jusqu'à classe se rend, avec l, à celle de Grec, passer la littérature	Leçon depuis 8 h. jusqu'à 10. — La classe se rend, avec les autres, à celle de Grec, pour y repasser la littérature grecque.	Leçon depuis 8 h. jusqu'à 10. — La classe se rend, avec les autres, à celle de Grec, pour y repasser la littérature grecque.
	Soir.	epuis 5 jusqu'à 7 h.	Leçon depuis 5 jusqu'à 7 h.	Leçon depuis 5 jusqu'à 7 h.
Jeudi	Matin.	depuis 8 h. jusqu'à classe se rend, avec l, à celle de Latin, passer la littérature	Leçon depuis 8 h. jusqu'à 10. — La classe se rend, avec les autres, à celle de Latin, pour y repasser la littérature latine.	Leçon depuis 8 h. jusqu'à 10. — La classe se rend, avec es autres, à celle de Latin, pour y repasser la littérature latine.
	Soir.	général.	Congé général.	Congé général.
Vendredi	Matin.	depuis 8 h. jusqu'à a classe se rend, avec s supérieures, à celle çais, pour y repasser e et la langue fran-	Leçon depuis 8 h. jusqu'à 10. — La classe se rend, avec les autres, à celle de Français, pour y repasser la morale et la langue française.	Leçon depuis 8 h. jusqu'à 10. — La classe se rend, avec es autres, à celle de Français, pour y repasser la langue française et la morale.
	Soir.	depuis 5 jusqu'à 7 h.	Leçon depuis 5 jusqu'à 7 h.	Leçon depuis 5 jusqu'à 7 h.
Samedi	Matin.	depuis 8 h. jusqu'à a classe se rend à celle ue allemande, pour ier cette langue.	Leçon depuis 8 h. jusqu'à 10. — Leçon depuis 11 jusqu'à 1 h. aux écol. de classe d'Histoire, pour y repasser la chimie et la physique. — Récréat. aux écol. de chimie.	Leçon depuis 8 h. jusqu'à 10. — La classe se rend, à celle de Chimie, pour y repasser cette science et la physique.
	Soir.	a depuis 5 h. jusqu'à coliers de la classe de , pour repasser la géo-tl'algèbre.—Récréa-s élèves de géométrie.	La classe se rend à celle de Géométrie, pour y repasser cette science et l'algèbre.	Leçon depuis 5 jusqu'à 7 h.

		LANGUES ANCIENNES.		Langue française, et Morale.	Langue allemande, Idéologie, et Logique.	Géométrie, Algèbre, et Sciences Physico-Mathématiq.	Chimie, Physique et Histoire naturelle.	Droit naturel, Économie politique, Histoire, Droit national.
		Grec. Littérature.	Latin.					
Lundi	Matin	Leçon depuis huit heures jusqu'à dix. Leçon depuis onze h. jusqu'à une aux écoliers de la classe latine, pour repasser la langue grecque. Récréation aux écoliers du grec.	Travail dans la classe depuis 8 h. jusqu'à 10, sous la direction de l'élève chef de classe et du maître de quartier. La classe se rend à celle de Grec, pour y repasser la langue grecque.	Leçon depuis 8 h. jusqu'à 10. — Leçon depuis 11 h. jusqu'à 1 aux écoliers de la classe allemande, pour repasser la langue française. Récréation aux écoliers de français.	Leçon depuis 8 h. jusqu'à 10. La classe se rend à celle du français pour y repasser la langue française.	Leçon depuis 8 h. jusqu'à 10. Leçon depuis 11 h. aux deux classes supérieures, pour repasser les sciences physico-mathématiques.	Leçon depuis 8 h. jusqu'à 10. — La classe se rend, avec celle d'Histoire, à celle de Géométrie, pour y repasser les sciences physico-mathématiques.	Leçon depuis 8 h. jusqu'à 10. — La classe se rend, avec celle de Physique, pour y repasser les sciences physico-mathématiques.
	Soir	Travail dans la classe depuis cinq heures jusqu'à sept et demie, sous la direction de l'élève chef de classe et du maître de quartier.	Leçon depuis 5 jusqu'à 7 h.	Leçon depuis 5 jusqu'à 7 h.	Leçon depuis 5 jusqu'à 7 h.	Leçon depuis 5 jusqu'à 7 h.	Leçon depuis 5 jusqu'à 7 h.	Leçon depuis 5 jusqu'à 7 h.
Mardi	Matin	Leçon depuis huit heures jusqu'à dix.	Travail dans la classe depuis 8 h. jusqu'à 10 et demie, sous la direction de l'élève chef de classe et du maître de quartier. Leçon depuis 11 h. jusqu'à 1 aux écoliers de la classe française pour repasser la langue latine.	Leçon depuis 8 h. jusqu'à 10. — Leçon depuis 11 jusqu'à 1 à celle de Latin, pour y repasser la langue latine.	Leçon depuis 8 h. jusqu'à 10. — Leçon depuis 11 jusqu'à 1 aux classes supér. pour repasser l'idéologie et la langue allemande. — Récréation aux écoliers d'allemand.	Leçon depuis 8 h. jusqu'à 10. La classe se rend, avec les deux supérieures, à celle d'Allemand, pour y repasser l'idéologie et la langue allemande.	Leçon depuis 8 h. jusqu'à 10. — La classe se rend, avec les autres supérieures, à celle d'Allemand, pour y repasser l'idéologie et la langue allemande.	Leçon depuis 8 h. jusqu'à 10. — La classe se rend, avec les deux précédentes, à celle d'Allemand, pour y repasser l'idéologie et la langue allemande.
	Soir	Travail dans la classe depuis cinq heures jusqu'à sept et demie, sous la direction de l'élève chef de classe et du maître de quartier.	Leçon depuis 5 jusqu'à 7 h.	Leçon depuis 5 jusqu'à 7 h.	Leçon depuis 5 jusqu'à 7 h.	Leçon depuis 5 jusqu'à 7 h.	Leçon depuis 5 jusqu'à 7 h.	Leçon depuis 5 jusqu'à 7 h.
Mercredi	Matin	Leçon depuis huit heures jusqu'à dix. Leçon depuis onze heures jusqu'à une aux écoliers de la classe latine pour repasser la littérature grecque. Récréation aux écoliers du grec.	Travail dans la classe depuis 8 h. jusqu'à 10, sous la direction de l'élève chef de classe et du maître de quartier. La classe se rend avec les autres, à celle de Grec, pour y repasser la littérature grecque.	Leçon depuis 8 h. jusqu'à 10. La classe se rend, avec les autres, à celle de Grec, pour y repasser la littérature grecque.	Leçon depuis 8 h. jusqu'à 10. La classe se rend, avec les autres, à celle de Grec, pour y repasser la littérature grecque.	Leçon depuis 8 h. jusqu'à 10. La classe se rend, avec les autres, à celle de Grec, pour y repasser la littérature grecque.	Leçon depuis 8 h. jusqu'à 10. La classe se rend, avec les autres, à celle de Grec, pour y repasser la littérature grecque.	Leçon depuis 8 h. jusqu'à 10. La classe se rend, avec les autres, à celle de Grec, pour y repasser la littérature grecque.
	Soir	Travail dans la classe depuis 5 h. jusqu'à 7 et demie, sous la direction de l'élève chef de classe et du maître de quartier.	Leçon depuis 5 jusqu'à 7 h.	Leçon depuis 5 jusqu'à 7 h.	Leçon depuis 5 jusqu'à 7 h.	Leçon depuis 5 jusqu'à 7 h.	Leçon depuis 5 jusqu'à 7 h.	Leçon depuis 5 jusqu'à 7 h.
Jeudi	Matin	Leçon depuis huit heures jusqu'à dix.	Travail dans la classe depuis 8 h. jusqu'à 10 et demie, sous la direction de l'élève chef de classe et du maître de quartier. Leçon depuis 11 h. jusqu'à 1 aux écoliers de toutes les cl. supérieures, pour repasser la littérature latine. — Récréation aux écoliers de latin.	Leçon depuis 8 h. jusqu'à 10. La classe se rend, avec les autres, à celle de Latin, pour y repasser la littérature latine.	Leçon depuis 8 h. jusqu'à 10. La classe se rend, avec les autres, à celle de Latin, pour y repasser la littérature latine.	Leçon depuis 8 h. jusqu'à 10. La classe se rend, avec les autres, à celle de Latin, pour y repasser la littérature latine.	Leçon depuis 8 h. jusqu'à 10. La classe se rend, avec les autres, à celle de Latin, pour y repasser la littérature latine.	Leçon depuis 8 h. jusqu'à 10. La classe se rend, avec les autres, à celle de Latin, pour y repasser la littérature latine.
	Soir	Congé général.	Congé général.	Congé général.	Congé général.	Congé général.	Congé général.	Congé général.
Vendredi	Matin	Leçon depuis 8 h. jusqu'à 10 h. et demie.	Travail dans la classe, depuis 8 h. jusqu'à 10 et demie, sous la direction de l'élève chef de classe et du maître de quartier.	Leçon depuis 8 h. jusqu'à 10. — Leçon depuis 11 jusqu'à 1 h. aux écoliers de toutes les cl. supér., pour repasser la morale et la langue française. — Récréation aux écoliers de français.	Leçon depuis 8 h. jusqu'à 10. — La classe se rend à celle de Français, avec toutes les classes supérieures, pour repasser la morale et la langue française.	Leçon depuis 8 h. jusqu'à 10. — La classe se rend, avec toutes les supérieures, à celle de Français pour y repasser la morale et la langue française.	Leçon depuis 8 h. jusqu'à 10. — La classe se rend, avec les autres, à celle de Français, pour y repasser la morale et la langue française.	Leçon depuis 8 h. jusqu'à 10. — La classe se rend, avec les autres, à celle de Français, pour y repasser la langue française et la morale.
	Soir	Travail dans la classe depuis 5 h. jusqu'à 7 et demie, sous la direction de l'élève chef de classe et du maître de quartier.	Leçon depuis 5 heures jusqu'à 7 et demie.	Leçon depuis 5 jusqu'à 7 h.	Leçon depuis 5 jusqu'à 7 h.	Leçon depuis 5 jusqu'à 7 h.	Leçon depuis 5 jusqu'à 7 h.	Leçon depuis 5 jusqu'à 7 h.
Samedi	Matin	Leçon depuis 8 h. jusqu'à 10 et demie.	Travail dans la classe depuis 8 h. jusqu'à 10 et demie, sous la direction de l'élève chef de classe et du maître de quartier.	Leçon depuis 8 h. jusqu'à 10 et demie.	Leçon depuis 8 h. jusqu'à 10. — Leçon depuis 11 jusqu'à 1 h. à celle de Langue allemande, pour repasser cette langue.	Leçon depuis 8 h. jusqu'à 10. — La classe se rend à celle de Langue allemande, pour y repasser l'Histoire, la chimie et la physique. — Récréat. aux écoli. de chimie.	Leçon depuis 8 h. jusqu'à 10. — La classe se rend à celle de Géométrie, pour y repasser la géométrie et l'algèbre. — Récréation aux élèves de géométrie.	Leçon depuis 8 h. jusqu'à 10. — La classe se rend à celle de Chimie, pour y repasser cette science et la physique.
	Soir	Travail dans la classe depuis 5 h. jusqu'à 7 et demie, sous la direct. de l'élève chef de cl. et du maître de quartier.	Leçon depuis 5 h. jusqu'à 7 et demie.	Leçon depuis 5 h. jusqu'à 7 et demie.	Leçon depuis 5 jusqu'à 7 h.	Leçon depuis 5 h. jusqu'à 7 h. 7, aux écoliers de la classe de Chimie, pour repasser la géométrie et l'algèbre. — Récréation aux élèves de géométrie.	La classe se rend à celle de Géométrie, pour y repasser cette science et l'algèbre.	Leçon depuis 5 jusqu'à 7 h.

ANNALES DE L'ÉDUCATION.

MM. les Souscripteurs qui n'ont souscrit que pour six mois, sont prévenus que leur abonnement est expiré.

Sur un Dialogue du Tasse, *intitulé* : IL PADRE DI FAMIGLIA (1).

(Ier Article.)

IL y a, dans tous les temps, une certaine quantité d'idées raisonnables répandues, pour ainsi dire dans l'air, qu'on reçoit comme on le respire, lorsqu'on peut de même les recevoir sans effort, sans attention, par une opération naturelle et insensible : ces idées ne se répandent pas dans la pratique; c'est elle qui les empêche de devenir générales. C'est autour d'elle que se rangent, pour la défendre, les préjugés, les intérêts, les habitudes : ces sortes d'idées n'ont donc aucun accès chez les gens qui pourroient s'en servir; elles forment seulement un fonds commun de bon sens où puisent ceux qui sont bien aises d'avoir quelques notions sur les objets dont ils

___

(1) Ce Dialogue se trouve dans le tome VII des *Œuvres complètes* du Tasse, pag. 365-400, édition de Venise, 1737.

ne s'occupent pas. Mais, indépendantes pour eux, de l'observation, elles ne sont ni fondées sur la nature des choses dont ils n'ont pas approché, ni prouvées par l'application à ces mêmes choses; généralement reçues, sans qu'on sache comment ni à quelle fin, elles sont et demeurent des *lieux communs* tout-à-fait inutiles au commerce de la vie, jusqu'à ce que quelque homme supérieur, arrivé par une longue suite de raisonnemens et d'expériences à ces mêmes résultats, apprenne aux hommes, comme vérités nouvelles, ce qu'ils dédaignoient comme vérités usées, rende ces vérités sensibles en découvrant les racines par où elles se rattachent à toutes nos connoissances, les rende fécondes en faisant sortir de ce tronc long-temps dépouillé, des branches capables de s'appliquer à tous nos besoins, et fasse ainsi, de ces idées qui n'appartenoient à personne, les idées propres de chacun de ceux qui les reçoit, parce qu'il les reçoit et les adopte sur des motifs que lui fournit sa raison, et d'après des argumens tirés de sa propre expérience; en sorte que, devenu véritablement possesseur de ce fonds nouveau, il l'emploie à son usage et l'améliore par ses travaux.

C'est ce qui est arrivé aux idées sur l'éducation, avant Locke et Rousseau. Rabelais et Montaigne les avoient traitées avec quelque étendue. Ce dernier même y portant la profondeur et la justesse naturelle de l'esprit le plus indépendant, en avoit saisi l'ensemble; mais cet esprit qu'isoloit sa supériorité même, n'avoit pu en faire l'objet d'une science que les ignorans pussent apprendre par ses principes, et suivre dans ses applications. On a cru que Rousseau avoit emprunté beaucoup de ses idées à Montaigne. Probablement pourroit-on trouver quelqu'autre écrivain à qui Montaigne auroit pris de même plusieurs des siennes, parce que tous deux se seroient servis d'un même fonds commun, que l'homme supérieur est bien obligé d'employer comme les autres, puisqu'il se trouve sur la route de la raison. Du temps même de Montaigne, ou peu d'années avant qu'il eût publié ses Essais, je retrouve quelques-uns de ses principes généraux, je retrouve quelques-uns de ceux de Rousseau dans un Dialogue du Tasse, intitulé : *Il Padre di Famiglia* (le Père de Famille). Le Tasse n'y étoit cependant pas arrivé comme Montaigne, par une suite de réflexions bien enchaînées, et qui lui appartinssent en propre ; ce qu'il en a pensé de raisonnable et de vrai étoit probablement ce qu'en pensoient ses contemporains éclairés. Le Tasse, un des plus beaux génies qu'ait produits l'Italie, remarquable par la vigueur de raisonnement qu'il conserve au milieu des déplorables écarts de son imagination, n'est cependant pas, sous le rapport de la philosophie morale, au-dessus de la généralité des hommes instruits de son siècle ; plus subtil que profond, attaché à discuter des idées déjà connues, plutôt que disposé à s'en former de nouvelles, il étoit peu propre, surtout, à entrer bien avant dans cette science de l'éducation alors entièrement à refaire; et le peu qu'il en dit dans un ouvrage dont elle paroîtroit devoir faire la principale partie, montre la réserve d'un homme sensé, satisfait d'indiquer des idées qu'il n'a pas approfondies, et que l'assentiment de ceux à qui il s'adresse le dispense de développer davantage. Mais il est encore assez curieux de voir ce que pensoient tout naturellement, sur cet important sujet, ces hommes raisonnables sur l'assentiment desquels le Tasse pouvoit compter.

Son premier précepte, c'est que la mère doit, à moins de maladie, nourrir elle-même ses enfans; *car*, dit-il, *qui refuse de nourrir ses enfans me paroît, à un certain point, refuser d'être mère*. Il ne s'arrête pas à cette excellente raison; il en veut de moins vulgaires; et il ajoute que, « dans cet âge, si tendre, si propre à recevoir » toutes les formes, l'enfant doit, à un certain » point, sucer avec le lait, les habitudes de sa » nourrice. Si, en effet, continue-t-il, le genre » de la nourriture n'étoit pas capable d'influer » sur le tempérament, et par conséquent sur les » habitudes des enfans, défendroit-on aux nourrices » l'usage immodéré du vin? » D'où il conclut que les nourrices étant pour l'ordinaire des femmes du peuple, l'enfant n'en peut prendre qu'une nourriture moins noble (*gentile*), moins délicate que celle que lui donneroit sa mère.

L'enfant laissé ensuite quelque temps à sa mère,

doit, dit-il, être surveillé par le père, pour empêcher l'effet de l'excessive tendresse qui pourroit l'entourer de trop de soins (*soverchia delicatura*). Il veut, surtout, qu'on l'accoutume au froid, afin, dit-il, que « la chaleur naturelle se resser- » rant au-dedans, la complexion de l'enfant en » devienne vigoureuse et robuste. » Et il cite à cette occasion la coutume de plusieurs nations anciennes, de plonger les enfans dans les rivières pour les endurcir au froid. Quant à la suite de l'éducation, il recommande simplement, qu'élevés par le père, dans un juste milieu entre *la férocité lacédémonienne et la mollesse phrygienne*, ou celle qui règne dans quelques villes de la Lombardie, ils soient formés avec un soin égal aux exercices du corps et à ceux de l'esprit; de manière qu'un tempérament qui ne soit ni athlétique, ni efféminé, les rende propres à tout; « à être bons citoyens de leur ville, bons serviteurs » de leur prince, soit qu'il les emploie aux négo- » ciations, aux lettres, à la guerre. »

Jusqu'ici nous n'apercevons rien de remarquable dans ces idées sommaires, dont tout le mérite est, au milieu de quelques préjugés, de ressembler beaucoup moins à ce qu'on faisoit alors, qu'à ce qu'on pense aujourd'hui. Mais en suivant le dialogue du Tasse, on y découvre avec intérêt le but de cette éducation, sur laquelle il nous donne si peu de détails; et sinon la manière dont elle forme les hommes, du moins quelle espèce d'hommes elle est destinée à former. *Il padre di famiglia* nous offre l'éducation d'un père de famille, beaucoup plus que celle de ses enfans. Un gentilhomme des environs de Verceil, chez lequel l'auteur s'est arrêté en passant dans les Etats du duc de Savoie, l'a reçu avec une hospitalité franche et amicale. Le Tasse a été frappé de l'ordre et de l'abondance simples d'une maison qui ne présente pas les apparences de la richesse. L'air de dignité du maître a excité son respect. La mère de famille, craignant de gêner l'étranger, n'a paru au repas que sur l'invitation de son mari ; elle s'est retirée : ses deux fils, âgés l'un de dix-huit ans, l'autre de seize, après l'avoir reconduite dans son appartement, sont venus rejoindre leur père; et lorsque, sur la demande de l'étranger, celui-ci leur a ordonné ou permis de s'asseoir, il commence à entretenir son hôte des devoirs du père de famille, et des instructions qu'il a reçues de son père, quand peu d'années avant de mourir, ce sage vieillard lui a remis, comme à l'aîné de ses fils, le gouvernement de sa maison. On voit déjà combien d'idées sont attachées à ce titre de père de famille ; le respect qui l'environne, l'autorité dont il est revêtu, annoncent l'importance de ses fonctions. Déjà la gravité nécessaire à un pareil emploi a été établie dans une discussion entre l'étranger et le père de famille, qui, n'ayant pas de filles, s'afflige de ce que sa femme demeure souvent seule, et voudroit, pour lui donner une société, marier son fils aîné, si celui-ci ne montroit pas de la répugnance à s'engager sitôt. L'étranger désapprouve la coutume de marier les

jeunes gens de si bonne heure et avant que la croissance soit entièrement terminée. « D'ailleurs, dit-il,
» les pères devroient avoir toujours au moins vingt-
» huit ou trente ans de plus que leurs enfans; au-
» trement ils se trouveront encore dans la vigueur
» de l'âge quand la jeunesse de leurs fils commen-
» cera à s'épanouir, et ils n'auront point amorti ces
» désirs que du moins, n'eussent-ils pas d'autres mo-
» tifs, le soin de l'exemple doit alors les engager à
» endurer. Leurs fils ne pourroient leur montrer
» le respect dû à un père; mais ils se trouveroient
» en quelque sorte compagnons et frères, et quel-
» quefois, ce qui seroit bien plus inconvenant,
» rivaux d'amour. » Mais, d'un autre côté, il désapprouve les mariages trop tardifs, non seulement parce que des pères déjà vieux ne pourroient instruire leurs fils (probablement dans la partie essentielle des exercices), mais à cause de l'inconvénient qu'il y auroit pour ceux-ci à se trouver arrivés à la vieillesse avant que leurs fils fussent en état de les soutenir et de les défendre. L'homme sera donc élevé principalement dans l'idée d'avoir un jour à protéger les siens; placé comme une colonne entre la vieillesse de son père et la foiblesse de ses enfans, il les verra se réunir autour de lui, leur unique appui; il n'aura pas seulement à vivre pour lui-même, mais à gouverner les autres, et chaque famille sera un petit état dont la prospérité, l'existence reposeront sur le père de famille. Dans un temps où l'industrie, moins répandue, moins perfectionnée, n'offre pas encore cette activité per-

manente que l'homme aisé trouve toujours prête à fournir à tous ses besoins, chacun est obligé de rassembler autour de lui presque tous les genres d'industrie dont sa fortune le met en état de jouir. L'homme le plus riche aura certainement à faire à moins de marchands, que n'en paie aujourd'hui l'artisan qui va chercher chez des hommes de sa classe son pain, son vin, sa viande, les moindres parties de son vêtement et de son ameublement. La maison la moins somptueuse renfermera plus de domestiques que n'en attache aujourd'hui à son service un grand seigneur, sûr d'être beaucoup mieux servi par une multitude d'ouvriers toujours aux ordres de celui qui paie. Ainsi, au lieu de ces rapports passagers de l'homme riche et de l'homme industrieux, laissant des deux côtés une égale liberté, le père de famille aura à maintenir, avec un assez grand nombre d'hommes, ces rapports permanens de maître et de domestiques, qui multiplient les devoirs de l'un et des autres. Aucune de ses actions ne sera indifférente; car, obligé de surveiller sans cesse ceux qui l'environnent, il sera sans cesse surveillé par eux; leur affection lui sera nécessaire autant que leur obéissance; car, dans tout état de choses où manquent les liens multipliés de la société qui forment une dépendance générale et mutuelle, les liens de la famille doivent être infiniment plus forts et plus absolus, « l'on » recherche généralement, dit le Tasse, des ser- » viteurs assez sages et assez courageux pour » pouvoir aider leurs maîtres dans le danger des

» discordes civiles; et tous ceux qui pourroient
» survenir d'ailleurs. » Ce n'est donc pas cette autorité si facile qui commande que doit seulement acquérir le père de famille, mais cette sagesse qui administre : aux soins délicats de la bonté, doivent se mêler les détails exacts de la justice. « En éta-
» blissant une différence entre la nourriture de vos
» domestiques et la vôtre, ne repoussez pas toute-
» fois de votre table les viandes plus grossières
» achetées pour eux, afin que, voyant que vous ne
» les dédaignez pas, ils en mangent avec plus de
» plaisir; mais dans la distribution qui sera faite des
» mets plus délicats desservis de vos repas, ayez
» égard à la condition et au mérite de chacun. »

Dans un gouvernement si étendu et si détaillé, les soins de la mère de famille deviennent de la plus haute importance, et c'est par cette même raison qu'ils doivent être assujétis à une plus exacte subordination; plus sera grande l'autorité d'une femme dans sa maison, plus il sera nécessaire que sa volonté, réglée sur celle de son mari, établisse une parfaite unité de pouvoir. Mais avec quelle douceur, quelle tendresse doit se faire sentir ce pouvoir à celle qui en est le ministre! « Le mari
» et la femme doivent être compagnons (*consorti*)
» dans une même fortune; tous les biens, tous les
» maux de la vie doivent leur être communs; et
» comme l'ame partage avec le corps, et le corps
» avec l'ame, ses jouissances et ses travaux,
» de même que lorsque quelque partie du corps
» souffre, l'âme ne peut être joyeuse, et que la

» tristesse de l'ame est suivie d'ordinaire des souf-
» frances du corps, ainsi le mari doit s'affliger
» des peines de sa femme et la femme des peines
» de son mari. » Que de force nécessaire pour
maintenir dans cette communauté la supériorité
qui décidera des actions également importantes à
tous deux ! Combien la fermeté doit être partout
mêlée à la complaisance ; la raison qui dirige la
foiblesse, à l'indulgence qui lui sourit; et l'affection qui encourage, à la gravité qui contient ! Si,
dans les principes du père de famille, cette gravité
un peu sévère doit se porter jusques dans les jouissances les plus intimes de l'union conjugale,
qu'en même temps les plus douces expressions
montrent partout la tendresse pour *la compagne de
son amour et de sa vie.* En faisant connoître son
goût, un bon mari éloignera facilement d'une
femme soigneuse de lui plaire, le fard et cet excès
de parure qui ne convient qu'au théâtre ; mais il
ne la privera pas de l'élégance d'ajustement conforme à sa condition ; *il ne blessera pas si cruel-
lement l'esprit des femmes, naturellement amou-
reuses de la parure.* Une honnête liberté lui laissera
goûter, avec modération, les plaisirs de son âge ;
et telle sera la conduite du mari, qu'il n'aura jamais,
on l'espère, à décider cette question, si, en cas
d'infidélité, *il doit tuer sa femme ou la punir autrement, selon les lois.* Quel doit être l'homme à
qui sera soumise la décision d'une pareille question ?

Chargé de soins non moins graves relativement

à la conduite de ses biens, le père de famille doit non-seulement les conserver, mais les augmenter en même-temps que s'augmente la famille qu'il a à soutenir. L'économie sera le soin de la mère de famille ; à lui appartiendront l'industrie à faire valoir, l'habileté à s'enrichir par des échanges, non comme le marchand « qui, entièrement appliqué
» au gouvernement de sa fortune, quitte sa mai-
» son, ses enfans, sa femme, et en laisse le soin
» à des gens d'affaire et à des serviteurs. Le père de
» famille, appliqué au gouvernement de la maison,
» n'a le commerce que pour second objet, et
» n'y donne de ses travaux et de son temps qu'au-
» tant qu'il le peut, sans nuire à ses fonctions
» principales. »

Telle est donc l'étendue de ces fonctions, qu'elles demandent à l'homme l'exercice de toutes ses facultés, et que, dans l'emploi le plus ordinaire, et en apparence le moins difficile de la vie, elles exigent de lui l'usage le plus habituel de sa raison, de sa prudence, de ses lumières, du sentiment de son importance et de sa dignité. Je doute qu'au temps du Tasse, beaucoup d'hommes fussent élevés selon les maximes convenables à une pareille situation. Mais il nous suffit d'apercevoir ce qu'elles devoient être ; et nous pourrons chercher ensuite à quel point il deviendroit utile de les appliquer à des temps plus doux et à des situations moins difficiles.

F. G.

JOURNAL

ADRESSÉ PAR UNE FEMME A SON MARI, SUR
L'ÉDUCATION DE SES DEUX FILLES.

Numéro XXI.

ZÉPHIRINE a eu, ce matin, une querelle sérieuse avec notre oncle, qui, réellement, lui marque une humeur bien déraisonnable, surtout quand sa mère n'y est pas; il se croit alors plus facilement autorisé à supposer qu'elle mérite d'être reprise; et comme je laisse passer beaucoup de petites choses, ne fût-ce que pour ne pas les lui faire remarquer, il s'en charge, et répand sur elle toute cette dose d'humeur contre les enfans, dont mes précautions et la crainte qu'il a de me chagriner, préservent davantage les miens. Hier, votre sœur avoit amené sa fille chez moi, et l'y avoit laissée. En voulant boire un verre d'eau, Zéphirine pensa casser la carafe; votre oncle s'emporta contre sa maladresse, et la gronda de tout le mal qu'elle auroit pu faire. Zéphirine prétendit que, puisqu'il n'étoit rien arrivé, on n'avoit rien à lui dire. Notre oncle se fâcha encore davantage; quelques gouttes d'eau tombées sur lui servirent de prétexte. Zéphirine, feignant de les apercevoir à peine, disoit qu'il n'y avoit pas de quoi se mettre si fort en colère; son ton se montoit à l'impertinence; notre oncle, indigné, commençoit des généralités sur l'éducation, dont votre sœur auroit bien pu avoir sa part. Je renvoyai sur-le-champ Zéphirine, en la grondant très sévèrement, dans l'autre chambre, où étoient heureusement restées ses cousines, et je laissai notre oncle exhaler avec moi son ressentiment, que je tâchai d'adoucir en accordant quelque chose pour sauver le reste.

Après son départ, comme je grondois encore Zéphirine, sa mère est rentrée. Tout en gâtant un peu sa fille, elle a le bon esprit d'approuver que les autres ne la gâtent pas. Elle se joignit à moi, et Zéphirine reçut un sermon que ma présence l'obligea d'entendre jusqu'à la fin. Mais votre sœur me dit ensuite, avec un peu de vivacité : « Je ne sais comment arranger Zéphirine » et mon oncle; car, enfin, il est tout naturel » qu'elle ne supporte pas l'injustice; elle n'y est » pas accoutumée. » — « C'est pour cela, dis-je » doucement, qu'il seroit peut-être bon qu'elle » s'y accoutumât; il est impossible qu'elle n'y » soit pas quelquefois exposée. » — « Pourquoi » la souffrir ? Je ne vois pas d'inconvénient à » savoir la repousser. » — « Mais, repris-je en souriant, outre les oncles, on peut avoir une belle-» mère. » Votre sœur sourit aussi; elle se souvenoit de la sienne, et convint qu'en certains cas, la patience contre l'injustice pouvoit être une vertu utile. Nous raisonnâmes quelque temps là-dessus; quoique je ne me flatte pas de l'avoir entièrement ramenée à mon avis, je crois bien qu'elle veillera un peu plus à ce que Zéphirine comprenne qu'avoir raison n'est pas toujours avoir droit, et qu'il y a des vertus faites précisément pour nous donner les moyens de nous passer de la vertu et de la raison des autres.

Il ne sera pas aisé, je l'avoue, d'appliquer cette idée à ses devoirs envers son oncle. Les enfans la conçoivent sans peine relativement à leurs égaux; mais, facile à concilier avec la justice, elle exige quelques précautions pour se concilier avec le respect que doivent conserver les enfans, même pour les caprices des personnes plus âgées. Il seroit très fâcheux, certainement, que lorsque Sophie reçoit, sans répondre, quelques-unes des petites gronderies de son oncle, elle se dît, même bien bas, comme elle le dit quelquefois tout haut à sa sœur: *Je dois céder parce que je suis la plus raisonnable*. Mais cette opinion de sa raison et du mérite qu'elle lui donne, ne lui est venue que parce que je la lui ai donnée, parce que la manière dont je lui ai exprimé ma satisfaction la première fois qu'elle s'est montrée la plus raisonnable, lui a laissé l'idée d'une qualité supérieure à laquelle elle pouvoit attacher quelque prix, et qu'elle pouvoit avoir du plaisir à se prouver à elle-même par quelques sacrifices. Elle n'a donc cru pouvoir trouver cette satisfaction que dans des rapports du même genre; et son indulgente supériorité ne s'est étendue qu'à ses compagnes, moins âgées qu'elle, car elle n'imagine jamais de céder à Zéphirine; mais en même-temps, la vivacité de son indignation sur les torts que celle-ci pourroit avoir à son égard, ne diminuera pas cette sorte de considération qui s'attache à l'âge et à la supériorité des connoissances. A plus forte raison conservera-t-elle pour son oncle un respect que ne pourroit diminuer d'ici à bien long-temps, la nécessité de céder à quelques caprices. Le respect des enfans pour ce qu'ils appellent *les grandes personnes*, se fonde sur le sentiment de leur propre ignorance ; ils le perdent sur toutes les choses qu'ils croient connoître. Ce respect réfléchi qui, sans soumettre notre raison à celle d'un autre, nous fait douter de la certitude de notre opinion si elle se trouve contraire à celle d'un homme dont les lumières nous ont accoutumés à la confiance, est absolument hors de la portée des enfans, qui savent comme on ignore, mais qui ne savent pas encore comme on se trompe, et pour qui toute connoissance est d'autant plus positive, qu'elle est plus bornée. Vous ne ferez jamais entendre à un enfant qu'il doive soumettre son opinion à celle de son père, uniquement parce que, son père étant plus instruit et plus raisonnable, son opinion doit être la meilleure. Il croira, jusqu'à ce qu'on lui ait prouvé le contraire, que sur la chose qu'il a examinée, c'est lui qui a bien vu. Une conviction générale, appuyée uniquement sur ce qu'il ne sait pas, ne pourra être de force à l'emporter sur une conviction particulière et présente, fondée sur ce qu'il croit savoir ; mais en même-temps, cette conviction particulière n'influera en rien sur sa conviction générale ; le petit nombre des occasions où il pourroit demeurer persuadé qu'il a eu raison, se perdra toujours dans la multitude de celles où, faute d'idées à lui, il se soumettra nécessairement et volontairement aux idées des autres, et il n'en regardera pas moins comme ses guides naturels ceux qu'il dédaigne de suivre quand il croit connoître la route.

Mais c'est précisément cette sorte de respect d'un enfant pour ses parens ou ceux qui peuvent avoir quelque autorité sur lui, cette idée de leur supériorité, cette disposition à toujours attendre d'eux raison et justice, qui le révoltera davantage contre la moindre lésion de leur part. Il ne saura supporter d'eux ni concevoir l'injustice. Il la reprochera avec la vivacité de l'étonnement. On voit dans le ton de sa défense, qu'il s'imagine n'être pas compris; il explique ses droits plutôt qu'il ne songe à les soutenir; et l'impossibilité de se faire entendre ou l'autorité abusive qui lui impose silence, demeurent pour lui un phénomène incompréhensible. Je me souviens très bien de l'impression que produisirent sur moi, dans mon enfance, quelques injustices, quelques effets d'humeur, quelques réprimandes trop sévères pour ce que je croyois avoir mérité; la surprise les grava dans ma tête d'une manière ineffaçable; et je ne me les expliquai qu'un grand nombre d'années après, quand l'expérience m'eut fait connoître que

Pour grands que sont les rois, ils sont ce que nous sommes,
Et peuvent se tromper comme les autres hommes:

quand j'eus compris comme quoi une grande personne pouvoit avoir tort.

Il faut profiter de cet effet que produit sur les enfans la première injustice qu'ils éprouvent de la part d'une personne raisonnable, pour tourner leurs idées sur un point de vue qui n'a pu se présenter dans le cours de leurs rapports avec des parens dévoués, disposés à regarder leur bonheur comme une partie de leur éducation, et l'attention à leurs droits comme un moyen de leur faire respecter ceux des autres. Il faut leur apprendre combien ces droits, sur lesquels ils se fondent avec tant de confiance, se réduisent à peu de chose, et combien est petite la place qu'ils occupent dans le monde. Je ne m'attacherai donc pas à leur justifier en elle-même l'humeur dont ils auront pu avoir à souffrir, mais seulement à en justifier les effets par rapport à eux, à leur prouver que, de tout autre que de moi, ce qu'ils regardent comme une injustice n'en est pas une, mais seulement un inconvénient qu'ils sont obligés de supporter. Quand le mouvement et le dérangement occasionnés par l'établissement de leur ouvrage ont impatienté leur oncle, quand une discussion un peu prolongée sur une chose qu'elle ne comprenoit pas a attiré à Sophie quelqu'un de ces mots d'humeur, auxquels un signe de ma part l'empêche de répondre, elle ne manque pas ensuite de s'en plaindre à moi. Je ne lui dis pas alors : — « Ton oncle a eu raison. » — Car elle me demanderoit pourquoi, et c'est là le genre d'examen que je ne veux pas établir ; je lui réponds simplement :

— « Dès que cela déplaît à ton oncle, tu dois y prendre garde. » — Je n'éviterai pas alors la question naturelle. — « Pourquoi cela lui déplaît-il ? ». — Mais cela ne nous regarde pas ; nous n'avons pas à lui demander compte de ce qu'il pense, des raisons pour lesquelles une chose l'importune ; il suffit qu'elle l'importune pour qu'il ait le droit de le montrer, et pour qu'on doive l'éviter. On pourra bien m'objecter seulement qu'il n'est pas raisonnable d'être importuné pour si peu de chose. — « Qu'en sais-tu ? dirai-je alors à Sophie, car c'est toujours elle qu'il faut convaincre ; tu t'impatientes bien, quand ta sœur te dérange pour chercher quelque chose dans sa petite commode. » — « Mais mon oncle est une grande personne. » — « Oui ; et par conséquent bien moins obligé de se gêner pour toi, que toi de te déranger pour ta sœur. » — Je n'aurai probablement pas besoin de pousser le raisonnement plus loin ; Sophie ne songera pas à me contester la supériorité de droits des grandes personnes, opinion trop bien établie dans son esprit pour qu'elle ait besoin de la comprendre ; je lui ferai facilement sentir la nécessité de les respecter : seulement ce qui pourra m'en arriver, c'est que quand nous serons seules, elle remuera un peu plus les chaises et les tables, ouvrira un peu plus les portes, et dira en riant : — « Il faut nous dépêcher pendant que mon oncle n'y est pas. » — Mais en sentant que la présence de son oncle peut la gêner, elle n'y verra plus de sa part un tort ni une fantaisie ; dès qu'on écarte l'idée d'injustice à son égard, qu'on met hors de cause les droits qu'elle connoît, Sophie ne juge plus; elle se borne à ne pas comprendre, et elle y est si accoutumée, que ce ne peut être pour elle une raison de condamner. La volonté qui la contrarie sera seulement pour elle un de ces inconvéniens nécessaires auxquels elle sait bien qu'il faut se soumettre, et qui ne pourra lui laisser aucune humeur, parce qu'il ne choquera ni sa raison ni ses idées de justice.

Sophie, plus éclairée et plus pénétrante, pourra bien découvrir un jour dans les volontés auxquelles elle sera obligée de se soumettre, ces bizarreries, ces inconvéniens de caractère, source de tant de fantaisies pénibles souvent pour ceux mêmes qui nous y assujétissent. Mais cela importe peu, si auparavant elle a appris que les bizarreries des autres ne sont pas un droit pour elle, qu'on n'est point obligé d'être raisonnable avec elle, et qu'une fantaisie ridicule n'est pas nécessairement pour cela une fantaisie injuste; ainsi, comme dans ses rapports avec son oncle, je tourne son attention, non sur ce qu'il seroit raisonnable de lui permettre, mais sur ce que son oncle peut avoir le droit et la volonté de lui défendre, je veux que dans tous ses rapports avec les autres elle s'accoutume à se considérer de leur place et non de la sienne, et à trouver simple que dans le conflit des intérêts ils agissent d'après ce qu'ils pensent de leurs droits, et non d'après ce qu'elle peut penser des siens; qu'elle s'applique non à leur faire comprendre ce qu'ils lui doivent, mais à examiner ce qu'ils peuvent vouloir lui accorder, et ne songe pas à se plaindre s'ils ne font pas pour elle plus qu'ils ne leur est avantageux de faire. Cette éducation extérieure est peut-être nécessaire pour corriger celle que pourroit recevoir des parens les plus raisonnables un enfant élevé avec douceur et bonté. Dans cette atmosphère que nous nous occupons à rendre si libre autour d'eux, pour que rien ne gêne le développement de leurs facultés, nous ne leur apprenons pas à respirer au milieu de la presse du monde. Un enfant est le centre de son petit univers ; tous ses devoirs se rapportent à lui ; on ne le soumet à rien dont, au bout de quelque temps, si nos soins ont réussi, il ne reconnoisse l'avantage pour lui-même. Le sacrifice même qu'il fait aux autres lui est payé par un sentiment d'orgueil ou de satisfaction. Sophie, sortant de mes mains, et façonnée seulement par elles, seroit très capable de se sacrifier aux autres ; mais je ne répondrois pas qu'à moins d'une émotion qui l'entraînât elle sût s'oublier pour eux. Elle ne concevroit pas assez que l'équité pût consister souvent à ne se compter pour rien ; ce seroit à elle-même qu'elle rapporteroit ses sacrifices ; elle se croiroit trop facilement généreuse quand elle ne seroit que raisonnable et juste, et pourroit donner à la contemplation de ses vertus une partie de l'attention qu'il est nécessaire d'employer à la considération de ses devoirs. C'est en m'aidant à porter ses regards sur les autres, que le commerce du monde lui donnera l'idée de ces devoirs qui ne peuvent exister pour elle dans une situation où elle est toujours à elle-même son propre but. Ce que ma justice et mon dévouement ne lui peuvent enseigner, je ne serai pas fâchée qu'elle l'apprenne des caprices et de la personnalité de ceux qui pourront l'environner ; mais, dans cette dangereuse et pénible éducation, il faut que ma raison soit toujours là, pour soutenir la sienne; il faut qu'à la considération personnelle qui la révoltera d'abord contre ce qu'elle regardera comme l'injustice des autres, je sois toujours prête à substituer l'évaluation juste et modérée de ce qu'ils lui doivent; que du tort qu'elle leur suppose je fasse seulement un malheur qui lui arrive; il faudra bien que je la plaigne quelquefois de l'inconvénient de la chose, pour qu'elle ait moins envie de se plaindre de la personne, et pour qu'elle ne s'imagine pas que je la contrarie, j'entrerai dans ce qu'elle sent, et ne contredirai que ce qu'elle pense.

P. M. G.

VIe LETTRE AU RÉDACTEUR.

(*Continuation.*)

DE L'OUÏE.

LE tact et le goût nous procurent la connoissance des choses dont nous pouvons approcher: l'un, en les touchant, l'autre, en les essayant pour ainsi dire chimiquement; l'odorat nous fait sentir de loin les corps qui s'exhalent dans l'atmosphère; la vue nous fait apercevoir l'extérieur des corps même très éloignés; et le sens de l'ouïe, dont nous avons à nous occuper en ce moment, nous fait en quelque sorte découvrir plus particulièrement ce qui se passe dans l'intérieur. C'est par l'oreille, en effet, que nous entendons les vibrations qui ébranlent les molécules intérieures des corps sonores, et que nous apprenons ce qui se passe dans l'intérieur de nos semblables, leurs sentimens, leurs idées, leurs pensées. Aussi l'ouïe est-elle le sens qui sert le plus à rapprocher les hommes en société.

L'oreille diffère certainement dans les individus autant que toute autre partie du corps; et l'anatomie des animaux nous ayant prouvé que les diverses espèces n'offrent pas la moindre différence dans une seule partie, sans que cela n'influe sur l'organisation de toutes; on pourroit dire la même chose par rapport aux individus de la même espèce. L'intérieur de l'oreille est plus petit chez les filles que chez les garçons; et tout le monde a remarqué cette diversité de forme. Le pavillon qui se compose de cartilages, de graisse, et d'une peau assez compacte, est ordinairement pourvu de muscles très foibles, qui, cependant, produisent un peu de mouvement dans quelques personnes; et sans vouloir prétendre que c'est par le simple serrement du bonnet de l'enfant que leur action est détruite, nous pouvons assurer au moins que ceux qui entendent mal cherchent à pousser en avant les bords du pavillon, afin d'en augmenter la concavité pour concentrer les rayons

DE L'ÉDUCATION.

vibrans de l'atmosphère, de sorte que cette pression ne peut point être utile. Le tube qui entre dans l'intérieur, se termine par une membrane appelée le tympan. Elle ferme la caisse, composée d'un grand nombre de cavités ovales ou semi-circulaires et d'un vestibule qui contient des osselets ressemblans à une enclume, un marteau et un étrier. On distingue également, au milieu de cet appareil, renfermé dans un os extrêmement dur, et qui a la forme d'un rocher, une espèce de limaçon, et un labyrinthe communiquant avec l'intérieur de la bouche par un tube cartilagineux. On voit enfin, dans toutes ces cavités, des nerfs, des fibres, des eaux gélatineuses, et beaucoup d'autres choses dont aucune description, aucun dessin même n'est capable de donner une idée, à moins qu'on n'ait vu la nature. Le cure-oreille qu'on emploie pour ôter l'espèce de cire qui s'y forme, touche la membrane du tympan; et pour ne pas la léser, il faut s'en servir avec précaution, surtout à l'égard des enfans, chez lesquels ces parties ne sont pas encore formées et accomplies.

Les enfans qui sont sujets à des vices dartreux ont souvent des inflammations derrière le pavillon de l'oreille, qui suinte alors une matière quelquefois assez âcre et corrosive. La propreté suffit pour faire disparoître ce petit inconvénient; mais, la peau étant fine, il faut éviter de trop frotter cette partie, afin de ne pas y produire des écorchures, et se servir de linge fin. Un peu d'eau tiède appliquée souvent au moyen d'une seringue, ou avec une éponge, comme une espèce de douche, ou un petit linge trempé dans l'eau de guimauve; un peu d'huile d'amande douce, ou de cérat lorsqu'il y a plaie, garantiront du contact de l'air et calmeront les douleurs. Le petit morceau de linge fin qu'on laisse derrière l'oreille empêche que les parties de la plaie ne se touchent et ne se collent ensemble. Dès qu'elle est guérie, on se servira avec plus d'avantage de l'eau froide pour fortifier la peau, pourvu qu'un écoulement établi de l'intérieur de l'oreille, ou quelqu'autre accident grave, n'exige pas plutôt du médecin qu'il favorise le libre passage des humeurs que la nature sécrète et rejette au-dehors, sans amener de grands inconvéniens. L'intérieur de l'oreille peut aussi être nettoyé avec de l'eau tiède qu'on y injecte, en y employant de préférence une petite seringue sans pointe.

L'air qui frappe la membrane du tympan, ébranle les osselets de la caisse; l'étrier communique le mouvement par une fente ovale à la masse gélatineuse qui remplit le labyrinthe : ici, l'air est également ébranlé, et le son se communique par le nerf jusqu'au cerveau; voilà tout ce que nous savons du mécanisme de l'ouïe. La dureté du rocher, la complication de cet appareil, n'ont pas permis de faire, sur beaucoup de malades, l'anatomie exacte de cet organe. Un anatomiste qui, dernièrement, s'est occupé, à Gênes, d'examiner les organes des sourds-muets, a suffisamment démontré qu'il y avoit dans l'intérieur, une infinité d'altérations qui rendoient le tout imparfait. Il existe sans doute, dans tous les individus, une faculté relative d'entendre plus ou moins bien, et la surdité absolue est extrêmement rare; mais on conçoit qu'il ne peut y avoir, comme on l'annonce tous les jours, un remède universel contre la surdité, puisqu'elle peut provenir de tant de causes différentes, ni une méthode générale pour tous les sourds.

Les deux oreilles d'un individu ne se ressemblent pas plus que le reste des deux côtés de la figure. On n'entend pas non plus toujours également bien des deux oreilles; et c'est dans cette différence que M. Vandermonde voit la cause pour laquelle tant de personnes sont incapables de concevoir l'unisson. Le talent de bien entendre diffère comme la forme des oreilles dans les individus; on sait qu'il y en a sur lesquels la musique ne produit aucun effet, et l'on assure que de ce nombre étoit Pope, auquel on ne refusera pas d'avoir bien senti le rhythme de la poésie. Il en est même qui ne peuvent distinguer de quel côté vient un son. Ce n'est que par des expériences répétées que l'on peut juger des dispositions à cet égard, l'enfant ayant cela de commun avec l'adulte peu cultivé, qu'il n'aime que le bruit; la culture seule apprend à distinguer les sons, à juger la mélodie et l'harmonie.

Un autre genre d'exercice peut rouler sur les distances d'où nous vient un son. C'est déjà un problème très compliqué, car le son rayonne de tous côtés : on sait, d'ailleurs, qu'il ne se propage pas aussi vite que la lumière; il ne parcourt par seconde, qu'à-peu-près 288 mètres (880 à 900 pieds); mais le vent peut l'arrêter, comme le faire aller plus vite. En Russie, on entend ordinairement le bruit des cors à la distance d'une lieue et demie. Dans un siége de Gênes, on entendit le canon à une distance de 90 milles d'Italie (30 lieues de France). La finesse de l'organe qui entend, et le degré d'attention, doivent y apporter des modifications. Cette attention s'exerce déjà, quoique d'une manière imperceptible, chez les enfans. Les nourrices ont l'habitude de les éveiller en faisant du bruit avec une clef ou avec le hochet. Bientôt l'enfant distinguera le son de voix de la mère; il cherchera d'où il vient; et par une série d'exercices faciles à imaginer, il parvient à imiter le chant et peut arriver jusqu'à la perfection de celui qui dirige le plus grand orchestre, et qui, dans l'ensemble, s'aperçoit du moindre son faux de l'instrument le plus insignifiant.

A l'âge de sept ans, et plus tard pour les enfans qui sont plus susceptibles, on pourra se servir du clavecin pour faire apprécier les sons, trouver l'octave, la quinte, la tierce, et les sept intervalles; pour faire distinguer le rapport d'un son à l'accord, et celui des sons simultanés dont il se compose; enfin la mélodie, la suite des sons dans la mélodie, et l'harmonie, c'est-à-dire, une suite d'accords par des intervalles consonnans, depuis la combinaison la plus simple jusqu'à la plus compliquée. Parvenir à la fin à connoître jusqu'au moindre des sons appréciables contenus dans l'octave, distinguer jusqu'à la matière des instrumens sonores, sont des degrés auxquels l'enfant ne peut guère arriver que vers l'âge de la puberté, quoiqu'il ne manque pas d'exemples de progrès prodigieux dans l'art de la musique. Prêter l'attention, entendre vite et bien, savoir discerner de quel côté vient le son, mesurer les intervalles, entendre long-temps sans se fatiguer, démêler les rapports les plus compliqués d'une fugue; enfin, bien distinguer les plus petites nuances des sons articulés, voilà à-peu-près les qualités qu'on peut chercher à acquérir par l'exercice.

L'habitude et le manque d'exercice font qu'on ne saisit pas aisément les petites différences, parce qu'on est accoutumé à une seule modification. Au moins est-il difficile de dire si la difficulté qu'éprouvent plusieurs individus à imiter les sons articulés d'une langue étrangère tient aux seuls organes de la voix, ou en même temps à ceux de l'ouïe. Les habitans d'Otahiti n'ont jamais pu parvenir à prononcer le nom de Cook, ils l'appeloient *Toutou*. Les Chinois prononcent souvent le mot Christus, *Ki-li-si-tu*, parce qu'ils ne sont accoutumés qu'aux monosyllabes. Nous verrons dans l'article de la parole plusieurs autres preuves de ces sortes de singularités.

Le sens de l'ouïe est tellement garanti et entouré qu'il paroît moins exposé à souffrir des influences de l'atmosphère que les autres sens. Ses rapports avec les voies de la digestion et celles de la génération, paroissent aussi bien foibles. La circulation, les congestions à la tête, y influent un peu plus; et sous ce point de vue il peut se ressentir du changement de lieu. On ne sauroit dire absolument jusqu'à quel point il est possible d'exercer l'ouïe; il faut cependant que le cerveau n'en soit pas fatigué. Tout le monde connoît les effets d'un bruit trop prolongé, et ceux d'une étude de la musique poussée à l'excès, surtout dans les enfans sensibles.

Si l'on examine l'influence de ce sens sur la civilisation, et de la civilisation sur lui, qu'on se représente d'abord l'homme isolé se formant seul dans la nature; au commencement il n'entendra rien que du bruit, comme l'enfant en très bas âge; mais avec un peu de recueillement, il y aura beaucoup de phénomènes qui le réveilleront, tantôt les cascades d'un ruisseau, tantôt le sifflement des vents ou l'éclat du tonnerre qui gronde; il sera affecté de la voix du rossignol ou des soupirs de ses semblables. Ces impressions, fixées dans sa mémoire, seront autant de signes propres à caractériser l'existence et les effets des êtres qui l'entourent. Bientôt la curiosité le conduira jusqu'à distinguer des nuances de sons simples et articulés; et une sympathie particulière entre des sons et certains nerfs produira en lui des sentimens divers, et souvent ceux de l'être qui a donné lieu à ces impressions. Les soupirs, les cris de douleur retentiront dans son cœur comme dans un écho. C'est ainsi que les sons deviennent le signe représentatif d'un sentiment, et à la fin, d'une pensée. Alors ce n'est plus le bruit qui excite, c'est le son expressif, le chant, et le passage des vibrations proportionnelles que l'ame a calculées, et auxquelles elle attache des idées. On a besoin de points de repos pour se mettre en rapport avec les différentes sensations; aussi la mesure paroît-elle déjà dans les airs de danse de quelques peuples encore assez sauvages, ou dans leurs marches guerrières. En suivant les progrès de la civilisation, on voit la gaîté, la tristesse, le courage, la tendresse, et d'autres sentimens, s'exprimer avec plus de tact, d'une manière plus déterminée, et l'association d'une multitude d'idées qui sont nées de l'état social, donner à l'imagination un jeu infini. C'est ainsi que la musique, qui par elle-même n'exprime que des sentimens très vagues, devient un moyen de réveiller soit un grand nombre de sentimens plus décidés, soit les nuances les plus délicates. Dans l'éducation, il sera quelquefois bon de ne réveiller que ceux dont l'effet paroît favorable au cerveau, de retenir ou d'exciter l'enfant par une mesure lente ou accélérée. Mais ici encore, l'éducation physique touche de trop près à l'éducation morale, pour que j'ose m'y arrêter plus long-temps. Les effets qui résultent de l'application de plusieurs sens à-la-fois dans un exercice ou dans leur ensemble, sont aussi un sujet de considération. Une foule de jeux, dont j'ai parlé dans l'article sur l'exercice, sont en même temps propres à développer l'ouïe, et chacun trouvera sans peine dans le choix des amusemens de l'enfance tout ce qui lui est particulièrement utile ou nécessaire. Nous aurons à revenir sur la culture de ce sens pour les sons articulés, lorsque nous traiterons de la parole, ce qui fera le sujet de la lettre suivante.

FRIEDLANDER.

Suite de l'ESSAI
SUR L'ÉDUCATION NATIONALE
DANS LES ÉTATS-UNIS D'AMÉRIQUE,
Et de la Seconde Partie, ou des COLLÈGES.

Des Récréations.

Nous avons fait ce qui a dépendu de nous pour que nos élèves fussent heureux ; car le malheur les auroit avilis et gâtés. Et pour qui seroit le plaisir, si ce n'étoit pas pour la jeunesse ? En lui variant l'instruction, nous avons cherché à satisfaire son instinct de curiosité. Mais l'instinct de curiosité n'est pas toujours l'amour du travail. Celui-ci dans l'enfance se passe aussi vite qu'il s'allume aisément. Le travail sera le soutien et l'une des consolations de la vie. Il faut bien en faire contracter l'habitude de bonne heure ; c'est le principal avantage de l'éducation publique, où l'activité est excitée par l'émulation. Et cependant il faut craindre d'abuser de l'émulation même, qui n'est pas chez tous à un égal degré. Il y a un milieu à saisir. Les mesures des institutions générales doivent être prises sur les tailles médiocres.

Nous avons donc songé et dû songer à multiplier les récréations.

DE L'ÉDUCATION.

Nous avons donné,
pour déjeûner, *une heure*, dont le repas n'emploie que le quart.

Pour le jeu et la liberté.

	Heures.	Fractions.
Reste....................	»	$\frac{3}{4}$
Après la leçon du matin........	»	$\frac{1}{2}$
Après le dîner.............	1	$\frac{1}{2}$
Pour le goûter, une demi-heure, dont la moitié au repas, et l'autre à l'amusement................	»	$\frac{1}{4}$
Entre la classe du soir et le souper.	1	»
Après le souper.............	«	$\frac{1}{2}$
TOTAL par jour........	4	$\frac{1}{2}$

Nous avons accordé en outre *deux* récréations, de *deux* heures chacune, par semaine, pendant les classes de retour, et un *congé général d'une après-midi* toute entière. Nous croyons que c'est assez.

Que ceux qui trouveront que c'est trop, veuillent bien ne pas juger de *prime-abord* dans leur fauteuil doctoral, mais se reporter à l'époque de leur jeunesse, et voir s'ils nous auroient reproché de leur faire perdre leur temps; si, au contraire, ils ne nous auroient pas *promis* d'employer d'autant mieux celui du travail, que nous aurions mis plus de bonté à nous occuper de leur divertissement.

Nous les prierons même d'examiner quelle est, dans la force de leur raison, la distribution de leur journée? Combien ils donnent d'heures à la conversation, à la promenade, aux visites, à des lectures d'amusement, à jouer aux échecs, à digérer, à ne rien faire?

Ceux qui ne s'accordent pas quatre heures ou quatre heures et demie de pur délassement; ceux qui consacrent régulièrement à leur travail plus de neuf heures par jour, conviendront aisément qu'ils sont des *hommes rares*, dont la conduite ne peut servir de règle à des enfans.

D'ailleurs, il ne faut pas croire que toutes les récréations soient du temps perdu. C'est le moment où les enfans reviennent à leur penchant naturel, d'observer et de raisonner par eux-mêmes. C'est celui où le désir de primer assure la supériorité à quelques-uns qui travaillent encore quand les autres jouent. C'est celui où ils peuvent en exerçant leur corps acquérir des connoissances aussi utiles à leur esprit que celles même que nous leur donnons en classe. Les uns peuvent y apprendre à manier la scie, la varlope, le rabot, le ciseau, la gouge, le marteau, la lime, le tour ; nous permettrons d'avoir ces outils dans les salles de récréation, et nous y accorderons à chacun un emplacement pour lui servir d'atelier ou de laboratoire. Les autres feront des observations météorologiques, ou des expériences de physique, de mécanique, de chimie. D'autres, et ce ne nous seront pas les moins chers, s'appliqueront à la culture, à semer, à planter, à transplanter, à tailler, à greffer. Dans des établissemens nouveaux, un pays où le terrain n'est pas cher, nous donnerons à chacun d'eux un petit jardin, et pleine liberté de l'administrer à leur fantaisie : *Nihil est agriculturâ melius, nihil uberius, nihil dulcius, nihil homine libero dignius*, dit le grand Cicéron. — Nous étudierons leurs dispositions, et nous présagerons leurs destinées par le gout qui les entraînera, par le choix qu'ils feront pour leur occupation volontaire et leurs jouissances personnelles.

Beaucoup d'usage de leur liberté, joint à un travail régulier, varié néanmoins, et à un assez grand magasin de connoissances autour d'eux et à leur portée, doivent en faire des hommes d'un caractère nerveux, d'un cœur honnête, d'un esprit exercé.

C'est assez parler de plaisir; nous n'avons pas fini nos affaires.

Des Récompenses.

Nous avons à distribuer des prix; nous avons à décerner des honneurs; nous avons à choisir dans les élèves de l'Etat ceux qui paroîtront dignes que l'Etat les pousse à des sciences encore plus relevées que celles qu'on apprendra dans les colléges.

Nous le ferons d'après les mêmes principes de liberté, d'élévation, de moralité que nous avons invoqués dans les cas de la même nature que nous ont présentés les écoles primaires.

Nous continuerons d'accoutumer nos enfans à penser comme des hommes et comme des citoyens, en leur donnant en public quelques devoirs d'hommes et de citoyens à remplir.

Chaque classe donnera tous les ans un premier et un second prix. Ils seront adjugés à la pluralité des voix de tous les élèves de la classe, auxquelles on ajoutera deux voix données par le maître de quartier, trois par le professeur de la classe, et quatre par le principal du collége.

A la fin des sept cours, on fera une cérémonie plus imposante. On décidera de la même manière, lequel, de ceux qui les auront terminés, devra être regardé comme ayant, l'un compensant l'autre et sur la totalité, le mieux réussi. Il recevra, avec un livre d'une assez grande valeur, une couronne de laurier. Cela s'appellera le *prix général* ou le *grand prix*.

Si l'élève couronné est un de ceux de l'Etat, il ira de droit et aux frais de l'Etat à l'*Université*, ou aux grandes écoles spéciales.

Si, au contraire, c'est un pensionnaire ou un externe,

il aura, outre le grand prix, le plaisir de nommer, parmi les élèves de l'Etat qui auront remporté au moins deux premiers prix ou un premier prix et deux seconds, celui qui sera envoyé aux grandes écoles ou à l'Université. S'il n'y a point d'élève de l'Etat qui ait eu ce nombre de prix dans le collége, il n'y en aura point qui aille à l'Université cette année-là. L'Etat n'en doit pas envoyer de plus foibles.

L'élève de l'Etat, désigné pour monter aux écoles spéciales, soit par l'éminence de son propre mérite, soit par son mérite joint à l'amitié du meilleur élève, *principibus placuisse viris non ultima laus est*, choisira la profession qu'il voudra embrasser, et en conséquence le genre d'études qu'il aura encore à suivre. A raison de ce choix, il sera obligé de faire au collége, une, deux ou même trois années de vétérance pour repasser les classes qu'on peut regarder comme plus particulièrement préparatoires de cette étude qu'il devra pousser au plus haut point dans les grandes écoles de l'Université. L'Etat lui continuera sa pension. On lui donnera une chambre particulière pour faire ses devoirs. Il sera traité en homme.

Ce stage d'une, de deux ou de trois années dans l'état de *vétérance* au collége, aura pour objet, d'abord, de renforcer l'élève, déjà fort, destiné aux études les plus relevées; ensuite, d'empêcher que l'on puisse arriver à quelques-unes des écoles spéciales de l'Université avant dix-huit ans, à d'autres, avant dix-neuf, et à quelques autres, avant vingt. Elles ne sont pas faites pour des enfans, ni pour de trop jeunes adolescens. Elles doivent conduire à des professions qui ne peuvent être exercées que par des hommes, même assez mûrs.

Tous les pensionnaires et les externes qui se destineront à l'une ou à l'autre de ces professions, sachant qu'ils ne seront point reçus avant dix-neuf ou vingt ans aux écoles de l'Université, se détermineront d'eux-mêmes à faire deux ou trois années de vétérance. Cela aidera un peu à la prospérité de nos colléges. Et parmi ces vétérans libres, plusieurs de ceux qui ont les dispositions lentes, mais qui n'en ont quelquefois la volonté que plus opiniâtre et le jugement que plus solide et plus profond, développeront, durant leur vétérance, un talent qui ne s'étoit point manifesté dans leurs classes. Ils pourront devenir aux écoles spéciales des hommes distingués. C'est fort bien fait de laisser leur revanche à ceux qui étudient à leurs frais. Mais chez les élèves de l'Etat, pour que l'Etat les défraie jusqu'au dernier terme, il faut que le mérite se soit annoncé.

Cette manière de les envoyer du collége à l'Université doit être bonne pour eux et pour les autres.

D. P. DE N.

(*La suite au Numéro prochain.*)

LETTRES D'UN PÈRE A SA FILLE,

SUR L'ÉTUDE DE L'HISTOIRE NATURELLE.

Sixième Lettre.

JE vous disois, ma fille, combien il est nécessaire de cultiver de bonne heure sa raison, et de la fortifier par un régime sain, en ne la nourrissant que d'idées vraies, de notions bien assurées; combien il faut se défier des récits des voyageurs, même de la mauvaise science des naturalistes qui, par l'ensemble de leurs ouvrages, par leur caractère bien établi, n'ont pas donné à la confiance une garantie suffisante. Je vous dirai qu'il faut se défier encore plus des littérateurs, surtout des poëtes, particulièrement des poëtes français. Vous ne sauriez croire combien l'erreur a plus de partisans que la vérité ; combien l'empire de l'imagination, si bien nommée la folle de la maison, est étendu et puissant ; combien peu d'esprits naissent avec ce goût exclusif pour la vérité qui leur donne promptement le sentiment de l'erreur, et la leur rend insupportable. Je croirois volontiers que beaucoup d'esprits apportent dans leur constitution une tendance, une propension à l'erreur, de même qu'il naît des enfans dont le corps a une telle disposition à se déformer, qu'on a toutes les peines du monde à les préserver de devenir contrefaits. Je pourrois vous citer tel célèbre géomètre, toujours prêt à raisonner de travers, et qui ne feroit autre chose, si la rigueur géométrique ne le forçoit à marcher droit. Je ne crois pas qu'il y ait nulle part autant que parmi nous de hardiesse et d'assurance à parler et à écrire sur ce qu'on ne sait pas ou ce qu'on sait mal, ce qui est encore pis. Je trouve que cette légèreté n'est pas assez remarquée et combattue. Les anciens, nos maîtres dans les arts de l'imagination, savoient bien déterminer les limites de son empire, et la contenir dans de justes bornes ; jamais ils ne se hasardoient à employer les termes, les notions de quelque science qu'ils ne s'en fussent bien rendus maîtres ; ils ne s'exposoient pas ainsi à commettre des bévues. On voit qu'Homère et Virgile étoient instruits dans les sciences naturelles autant qu'on pouvoit l'être de leur temps ; qu'ils savoient si bien ce qu'il leur falloit savoir des procédés des arts et des principes des sciences physiques, qu'il ne leur est pas échappé un mot relatif à ces choses qui ne fût parfaitement juste et à propos. Nos littérateurs français, au contraire, décèlent beaucoup trop souvent dans leurs écrits une profonde ignorance des sciences physiques et naturelles, et n'en ont pas moins d'assurance à en employer les termes et à en emprunter des images qui ne se trouvent avoir aucune vérité : ceci se remarque particulièrement dans la nouvelle école; car il est beaucoup plus rare de trouver occasion à de semblables reproches chez les écrivains du siècle de Louis XIV. Racine et Boileau, élèves en quelque sorte des anciens, ne se permettoient pas plus qu'eux d'aller chercher leurs comparaisons et leurs images dans un ordre de choses qui ne leur fût pas bien connu.

Voltaire s'est moqué avec raison de l'abbé du Jarry et de l'Académie qui couronnoit une pièce de cet auteur où se trouve ce vers (1) :

 Et des pôles brûlans jusqu'aux pôles glacés.

Il croyoit apparemment qu'un des pôles s'appelant le pôle sud, et étant placé pour nous du côté du midi, de sorte que pour y arriver, il faut passer par la zone torride, il devoit y faire extrêmement chaud; il ne savoit pas que ce pôle paroît être encore plus froid que l'autre, puisqu'à des latitudes beaucoup moins élevées, on rencontre de ce côté-là des montagnes de glaces flottantes beaucoup plus grandes que celles qui se trouvent dans les mers du Nord. Cela tient-il à ce qu'autour de ce pôle austral, il y a bien plus d'eau que de terre? c'est ce qu'on ne sauroit assurer encore. Mais ce même Voltaire qui, pour avoir essayé de mettre Newton à la

---

(1) Voltaire avoit concouru à vingt ans pour le prix qui fut donné à l'abbé du Jarry, malgré son vers ridicule, et il ne pouvoit pardonner ce jugement à l'Académie.

portée de tout le monde, n'en étoit pas meilleur physicien ni meilleur naturaliste; Voltaire, que son imagination brillante et mobile avoit trop éloigné des études exactes, auroit eu de la peine à justifier plusieurs passages fort hasardés dans ses poésies; celui-ci, par exemple, pris de son discours intitulé : *De l'Egalité des Conditions*, rempli de la philosophie la plus douce et la plus consolante, exprimée dans le langage de la poésie la plus riche et la plus animée. Il dit en parlant du bonheur :

> Il est semblable au feu, dont la douce chaleur
> Dans chaque autre élément en secret s'insinue,
> Descend dans les rochers, s'élève dans la nue,
> Va rougir le corail dans le sable des mers,
> Et vit dans les glaçons qu'ont durcis les hivers.

Voilà qui est fort beau, sans doute; mais cela est-il également vrai? Les gens du monde qui se composent une science à leur manière, se tiendront pour dit que c'est la chaleur qui rougit le corail, et le soutiendront plus hardiment que n'eût fait l'auteur lui-même; car, je ne doute pas qu'il ne se fût trouvé embarrassé si on lui eût demandé quelque raison de cette étrange doctrine. S'il eût été dans un moment de bonne humeur, il en eût plaisanté lui-même de fort bonne grâce; il auroit d'abord allégué la liberté accordée aux poëtes comme aux peintres par leur maître, Horace; mais il auroit fini par convenir qu'il en avoit abusé dans ce cas-là; que ce n'étoit pas dans ce sens-là qu'il falloit entendre la permission accordée aux poëtes par Horace, sans quoi leurs productions ressembleroient bientôt, suivant ce grand maître du goût, aux chimères et aux fantômes que la fièvre enfante dans le cerveau d'un malade, *ægri somnia*; et qu'enfin on ne peut renoncer à la maxime du législateur de notre

Parnasse : *Rien n'est beau que le vrai*, sans risquer de tomber dans les hérésies les plus monstrueuses; il auroit compris très bien qu'au fond des mers, dans les anfractuosités obscures des rochers où se trouvent les coraux, et non dans le sable, la température allant toujours baissant, on ne peut pas attribuer à la chaleur la belle couleur du corail, pas plus qu'à la lumière. D'ailleurs, lui diroit-on, si cette couleur est due à la chaleur, pourquoi tant de madrépores dans les mêmes circonstances restent-ils blancs? Mais allez un peu raisonner ainsi avec certains jeunes docteurs de la société; essayez de leur persuader qu'on ignore pourquoi le corail est rouge, comme on ignore la cause du plus grand nombre des faits observés, et que Voltaire s'est trop avancé en prétendant expliquer celui-là; ils vous riront au nez, vous montreront l'écrevisse qui prend dans la casserolle sa belle teinte de vermillon, et Voltaire sera vengé.

Dernièrement je relisois avec un grand plaisir quelques belles odes de Le Brun, et je le devois à son éditeur qui en a développé fort habilement le mérite, et m'avoit donné le desir de les revoir; j'y trouvois le talent lyrique à un très haut degré. Mais je fus choqué de rencontrer, dans une ode sur la vieillesse, ces deux vers absolument insignifians :

> Ainsi la nymphe inanimée
> En chrysalide transformée.

Ils ne peuvent avoir de sens pour aucune espèce de lecteurs; car ceux qui n'ont aucune notion d'histoire naturelle ne peuvent se faire qu'une idée trop vague des transformations ou métamorphoses d'insectes, et les autres savent bien que nymphe et chrysalide sont synonymes. Ces deux mots servent à désigner le second état d'un insecte à métamorphoses. En sortant de l'œuf, il est larve, mot très philosophique et très bien imaginé; car ce mot signifie masque, et il est bien reconnu maintenant que l'insecte parfait existe entièrement dans la larve; il y est seulement masqué; toutes ses parties y sont dans un état presque fluide et très convenable au développement qu'elles ont à prendre. Devenus nymphes, beaucoup d'insectes dans ce second état semblent privés de la vie; on reconnoît toutes leurs parties, mais elles sont comme emmaillottées, comme enveloppées de bandelettes; la tête paroît voilée, ce qui aura peut-être fait imaginer le nom de nymphe. Mais de même qu'on a donné à la larve du papillon le nom particulier de chenille, on a donné à sa nymphe le nom particulier de chrysalide, mot qui vient du grec, *chrysos*, or, parce que plusieurs chrysalides sont enrichies d'or et d'argent; mais ces richesses là ne sont pas même du clinquant; car, vous pensez bien qu'il n'y a rien là de métallique; il y a seulement l'apparence des plus riches métaux, produite par un simple vernis appliqué sur une matière d'un blanc très pur et très brillant. Depuis l'invention des papiers à tenture, on paroît avoir abandonné un art dont les chrysalides avoient pu donner l'idée; vous en voyez encore un échantillon dans la salle à manger de votre oncle à la campagne: elle est tendue d'un cuir peint, sur lequel sont en demi-relief des fleurs et des fruits dorés; toute cette dorure est l'effet d'un vernis adroitement appliqué sur une préparation de blanc. Il en est de même des perles fausses dont l'éclat est dû à une matière d'un blanc brillant que procurent les écailles de certains poissons, particulièrement l'*able* (*cyprinus albula*), ou la vessie natatoire d'un autre poisson nommé fort bien l'argentine, parce que la substance que donne cette vessie, et qu'on appelle essence de perle, mêlée à la colle de poisson, forme un enduit très beau qui, appliqué sur des globules d'albâtre de Volterra, en fait de fort belles perles connues sous le nom de perles de Rome où elles se fabriquent. Pour en revenir aux deux vers qui ont donné lieu à cette digression, vous voyez qu'ils disent : Ainsi la nymphe transformée en nymphe. Phrase ridicule que n'auroit pas faite l'auteur s'il eût su ce que signifioient les mots qu'il employoit. Les jeunes poëtes, autorisés par de si grands exemples, deviennent des *assembleurs* de mots ; le sens les occupe beaucoup moins que l'harmonie, le ramage ; et pourvu que l'oreille soit charmée, ils s'inquiètent peu du reste.

Le chantre des Trois Règnes de la Nature n'a pas toujours été aussi exact qu'il étoit obligé de l'être par le choix de son sujet. On ne devroit pas retrouver dans ses vers la trace des vieilles erreurs dissipées depuis long-temps ; et pourtant il nous parle encore de la prévoyance de la fourmi, de ses approvisionnemens faits l'été pour l'hiver, quoiqu'on sache très bien aujourd'hui que la fourmi n'emmagasine pas : elle vit au jour le jour ; mais son extrême activité ne la laisse jamais manquer ; d'ailleurs, pendant la saison rigoureuse, elle n'a besoin de rien ; car dès qu'il gèle, dès que la température est au-dessous de deux degrés, elle reste engourdie dans ses souterrains. On trouve par fois quelques grains dans ces monticules que construit la fourmi commune des bois ; mais ils sont là avec beaucoup de petits brins de bois et de chaume pour servir à préserver les voûtes de l'humidité, et nullement comme provisions. Ensuite le poëte, voulant faire ressortir le régime monarchique et les travaux des abeilles, les oppose aux fourmis qu'il traite de brigands vivant dans l'anarchie. Il n'y a rien de vrai dans tout cela. Il n'y a pas plus de monarchie chez les abeilles que d'anarchie chez les fourmis; une ruche n'a qu'une pondeuse; une fourmilière en a plusieurs; voilà toute la différence. Les abeilles pillent les fleurs, dont le nectar les nourrit et leur sert à faire leur miel, et dont les poussières des étamines leur fournissent les matériaux de leur cire; les fourmis attaquent nos fruits, parce que la nature a voulu qu'elles y cherchassent les sucs dont elles vivent, mais elles ne méritent pas plus que les abeilles le reproche de brigandage. Sans s'écarter de la vérité, on pouvoit trouver chez les unes et les autres l'occasion de fort bonnes moralités, de beaux exemples d'ordre, de travail, d'industrie et d'activité.

Un homme célèbre visite exprès l'Asie et l'Afrique, pour donner plus de vérité aux détails descriptifs qu'il doit faire entrer dans une sorte de poëme, plein d'intérêt, et production d'un talent très distingué; et pourtant il compare, en quelqu'endroit, un ciel pur et serein, un ciel d'azur, à un beau lis bleu, tel qu'on n'en a encore jamais vu dans aucune partie du monde. Ailleurs, il fait déjeûner une famille nombreuse sous un andrachné : or, l'arbousier-andrachné est un arbrisseau d'environ six pieds de haut; il fait manger à ces braves gens, si mal abrités, des épis grillés et les glands du fagus, déjeûné très frugal assurément, et qui ne pourra être compris que par les lecteurs de cet ouvrage français, qui sauront le latin, parce qu'eux seuls entendront qu'il s'agit des fruits du hêtre, en latin *fagus*, et ils devineront alors que le mot *glands* veut ici dire les faines du hêtre, quoique le mot gland n'ait jamais servi qu'à nommer le fruit du chêne. Il eût mieux valu prendre plus près des images bien choisies, et données par l'observation exacte de la nature.

L'élégant éditeur des romanesques Voyages d'Anténor, dit, en parlant de l'origine obscure de la célèbre Aspasie de Milet, qui devint l'amie, l'épouse de Périclès: « Ainsi la goutte d'eau cristallisée, devenue diamant, va briller sur le front des monarques et de la beauté. » Vous ne saviez pas que le Régent, ce beau diamant qui vaut plusieurs millions, n'est qu'une goutte d'eau cristallisée; vous croyiez peut-être que l'eau cristallisée étoit tout bonnement de la glace, et je vous avoue que je suis assez de cette opinion; mais Anténor en fait des diamans. Les cristallisations salines contiennent bien une certaine quantité d'eau à l'état solide, que les chimistes appellent eau de cristallisation, et qui est jugée nécessaire à la cristallisation de ces substances; mais cette eau n'est pas regardée comme cristallisée. La conjecture de Newton qui avoit soupçonné que le diamant étoit combustible d'après la manière dont il se comporte avec la lumière, est aujourd'hui vérifiée; on sait qu'il est pour la plus grande partie du carbone uni à une certaine proportion d'hydrogène. L'acier n'est autre chose que du fer uni à quelques centièmes de carbone; or, on a fait de l'acier avec le fer et le diamant; le diamant est donc du carbone. Si le diamant est un combustible, il ne peut être de l'eau, puisque les chimistes prouvent que l'eau est une substance brûlée, comme notre ami le physicien vous le fera voir. L'eau à l'état liquide a communément plus de transparence que lorsqu'elle est congelée, et, sans s'aviser de dire qu'elle devient diamant, on pourroit alors la comparer, avec plus de justesse, au diamant. Vous souvenez-vous de cette goutte d'eau que nous vîmes un matin suspendue à une feuille, dans une allée de votre petit bois; quelques rayons du soleil levant vinrent à la traverser, et ils nous arrivèrent sous les couleurs les plus brillantes; jamais le plus beau diamant n'étincela d'autant de feux ; vous ne pouviez vous lasser de l'admirer.

Je me souviens qu'un beau jour, après avoir dîné chez madame de V...., nous nous promenions dans son joli jardin; la soirée étoit délicieuse, l'air étoit embaumé du parfum des fleurs. La voilà qui se met à dire : quel agréable moment ! remarquez-vous comme l'air raréfié nous apporte le parfum des végétaux ? Je voulus lui faire observer à mon tour que c'étoit tout le contraire, que dans le milieu du jour, pendant que l'air est raréfié par la chaleur du soleil, les émanations des fleurs plus éparses sont moins sensibles; que le soir l'air se condense par la diminution de la chaleur, et qu'alors les molécules odorantes, plus rapprochées, se font mieux sentir. C'est aussi, lui disais-je, une des causes de la chute du serein le soir, l'air n'étant plus assez chaud pour tenir en suspension la même quantité d'eau. Je vis qu'elle ne m'écoutait pas; nous rentrons, et j'étois encore surpris de ce langage si plein de prétention dans la bouche de cette jeune femme, qui a de l'esprit naturel et du bon sens. Le hasard me fait ouvrir un volume des Voyages d'Anténor, qui étoit sur sa cheminée; je trouve à l'endroit même où elle en étoit, la précieuse phrase toute entière « C'étoit le » moment où les goutes de rosée brilloient sur l'herbe » rajeunie, où l'air *raréfié* apporte à l'odorat le parfum » des végétaux et des fleurs. » Je ne m'étonnai plus du peu d'attention qu'elle m'avoit donné : que pouvoit ma petite physique contre une telle autorité ?

Vous ne savez pas à quoi il faut attribuer la perfection désespérante des Grecs dans les arts du dessin, et particulièrement dans la sculpture. Je vous conseillerois bien de lire un fort bon ouvrage de M. Emeric David sur ce

sujet, il a été couronné par l'Académie il y a peu d'années. Mais pourtant si ce gros volume in-8° vous fait reculer, je puis vous donner en quatre lignes la solution de cette grande question, c'est encore à Anténor que vous la devrez. « La nature, dit-il, a favorisé les Athéniens des
» plus beaux yeux du monde, et d'une vue très perçante;
» c'est à la perfection de leurs yeux qu'il faut attribuer
» les progrès qu'ils font dans les arts qui dépendent
» immédiatement du dessin. »

J'avois cru, jusqu'à présent, qu'une très bonne vue pouvoit tout au plus être de quelque avantage dans l'exécution mécanique; mais quand il s'agit de chefs-d'œuvre, tels que le Laocoon, l'Apollon, la Vénus, je croyois que c'étoit au génie qu'il falloit attribuer l'idéal de ces merveilleuses conceptions; que l'œil et la main ne devoient être regardés que comme des instrumens qu'il force à le servir, et dont les imperfections ne seroient guères capables de l'arrêter; mais un Grec a prononcé, nous devons nous taire.

Pendant le peu de jours que vous viendrez passer avec moi, nous donnerons une matinée au salon d'exposition; je vous y ferai voir un tableau que j'ai remarqué, qui m'a plu; c'est Bajazet qui vient de perdre son fils, tombé sous le fer de Tamerlan; le peintre a trouvé son sujet tracé dans ces vers qu'il cite :

. . . .
Il entend les accens d'une flute champêtre;
Il s'arrête un moment; il écoute, et soudain
Il s'approche. Un berger, assis au pied d'un hêtre,
Bornant à son troupeau ses soins et ses plaisirs,
Egayoit en chantant ses innocens loisirs,
Sans songer si l'Asie alloit changer de maître.

Vous croyez qu'en effet le berger est assis sous un hêtre; point du tout, il est assis sous un groupe d'arbres, dont l'un ressemble à un palmier, l'autre à un érable sycomore, sans qu'on puisse deviner pourquoi il a renoncé au hêtre, qui auroit fait un aussi bon effet. Au reste, la figure principale est d'une grande expression ; l'auteur qui, je crois, est un jeune homme, s'annonce d'une manière distinguée. Mais en général les peintres mettent trop peu de soin et de vérité dans ces sortes d'accessoires. Dans de fort beaux tableaux on voit souvent, sur les devants, des plantes qui ne ressemblent à rien, des végétaux dont le modèle n'est que dans l'imagination de l'artiste.

Il y a des manufactures qui méritent encore plus ce reproche ; je ne sais si celles de Lyon ont été réformées sous ce rapport ; mais je me souviens que la plupart des belles étoffes qui sortoient de ses fabriques, étoient chamarrées de fleurs, dont aucune n'étoit naturelle ; on auroit pu les croire tissues en Chine tout aussi bien qu'en France ; comme si la nature ne donnoit pas d'assez belles fleurs, tout aussi faciles à imiter que ces fleurs bizarres et fantastiques.

Je sais bien qu'on trouve, dans les restes de la peinture des anciens, des preuves qu'ils se plaisoient à voir, dans leurs appartemens, les caprices de l'imagination de leurs artistes ; Raphaël lui-même s'est plu à décorer d'arabesques un palais où on ne s'attend pas à trouver ce libertinage de son crayon et de celui de ses principaux élèves, qui sont devenus de grands maîtres ; mais le goût charmant, l'élégance variée de ces folies leur servent d'excuse ; et il en est bien rarement ainsi de nos artistes manufacturiers, qui ne savent pas assez combien il faut avoir de grâces pour se faire pardonner la bizarrerie et l'extravagance.

A.

LES ENFANS,

CONTES A L'USAGE DE LA JEUNESSE;

Par Madame *Pauline Guizot*, née *Meulan.*

Deux vol. in-12, avec douze gravures, gravées par Couché, d'après les dessins de Lafitte et de Rœhn. Prix : 8 fr., et 9 fr. 75 c. par la poste. — A Paris, chez Klostermann fils, libraire, rue du Jardinet, n°. 13; et chez le Normant.

Je ne puis dire ce que je pense de cet ouvrage; ce seroit presque parler de moi; c'est aux lecteurs des *Annales de l'Education*, qui connoissent depuis long-temps les idées et la manière de l'auteur de ces *Contes*, à juger de ce qu'ils peuvent avoir d'utilité et de mérite. Ils n'y retrouveront aucun de ceux qui ont déjà été publiés dans ce Journal; mais ils y verront la même morale, la même tournure d'esprit, le même genre de sentimens : j'en emprunterai un tout entier; c'est le meilleur moyen de les faire connoître. Je crois seulement devoir dire que les inventions m'en paroissent variées et peu communes. Quant au but que s'est proposé l'auteur, les réflexions suivantes que j'extrais de sa préface, suffisent pour l'indiquer clairement :

« Rien n'est plus aisé que de parler raison aux enfans; les occasions s'en retrouvent à chaque minute; et tout ce que nous avons dans ce genre à leur apprendre, se trouve à notre portée, et pour ainsi dire sous notre main; il est peut être moins difficile qu'on ne croit de le leur faire goûter. Ce n'est pas la raison que craignent les enfans, c'est la leçon ; ce n'est pas ce qu'on leur apprend, mais ce qu'on leur impose; ils aiment à savoir ; ils ont besoin de vérité pour appuyer leurs idées et avoir quelque chose sur quoi compter. Dans le vague et l'incertitude que leur présente un monde nouveau, inconnu, ils saisissent avec joie et avec ardeur tout ce qui leur présente un point fixe propre à rassurer leur ignorance. On peut remarquer que les enfans aiment à exprimer en axiomes les vérités qui leur ont été enseignées; c'est la forme qui leur plaît le plus, parce qu'elle tranquillise leur esprit, ennemi du doute. Cette aversion pour le doute, et la foiblesse qui ne leur permet pas d'en sortir par eux-mêmes, sont ce qui facilite le plus la tâche de leur enseigner la vérité; ils aiment qu'on leur explique ; ils sont heureux qu'on leur prouve : un fait qui sert de développement et d'éclaircissement à un principe, n'en est que plus intéressant pour eux ; et, pour leur plaire, un conte a toujours besoin d'être un peu moral.

« C'étoit là que j'en voulois venir pour faire passer le genre des miens, et pour expliquer comment, dans un livre de contes, je me suis quelquefois trouvée, sans le vouloir, induite en tentation de parler raison : car je ne dirai pas, pour m'excuser, que *mes enfans* ne sont pas précisément des enfans, que l'âge de dix à quatorze ans, qui est en général celui auquel je les prends,

DE L'ÉDUCATION.

et auquel je destine mes Contes, demande et supporte une nourriture plus forte que celle qui convient à la première partie de l'enfance : on me répondroit que c'est pour cela précisément qu'il ne va pas la chercher dans les contes, et que la morale, moins neuve pour cet âge déjà plus avancé, devient moins curieuse et moins intéressante : mais je crois qu'il existe encore, pour des enfans de dix à quatorze ans, un nombre incalculable de ces vérités de morale, ou inconnues, ou vaguement aperçues, dont ils peuvent suivre le fil avec intérêt, et quelquefois avec surprise, à travers un récit qui leur en expose les fondemens et leur en développe les conséquences : il faut seulement, pour que ces conséquences soient senties, qu'elles soient vraisemblables, que les faits d'où elles dérivent ne soient pas trop difficiles à croire. J'ai donc cherché à fonder principalement l'intérêt de mes Contes sur la vraisemblance des faits et des détails autant que sur la vérité des principes. Je ne me ferai point un mérite d'y avoir évité les fictions romanesques; je me sens peu de talent pour les trouver et m'en servir; mais j'ai cru qu'on pouvoit trouver une source d'intérêt plus réelle et plus utile dans des affections et des sentimens naturels, dans plusieurs mouvemens du cœur déjà développés à l'âge auquel je m'adresse : j'ai pensé qu'on pouvoit tirer parti de l'amour du devoir, du besoin de l'estime, de la crainte de la honte et des remords, sentimens déjà très puissans à cet âge, sur un enfant bien né, et capables de lui faire éprouver des émotions aussi fortes que la plupart de celles qu'il rencontrera dans le cours de sa vie. J'ai jugé que, pour donner à ces émotions toute la vivacité et toute la profondeur qu'elles peuvent avoir dans ces jeunes ames, il falloit les faire sortir de situations à la portée de l'enfant, dont il pût saisir et sentir tous les détails. Son inexpérience le soustrait à l'impression des situations trop fortes pour lui. L'enfant qui attend en tremblant le moment où va éclater contre lui le ressentiment de son père, celui où la découverte d'une faute va le couvrir de honte, éprouve sûrement une anxiété bien plus douloureuse que celle que lui feroit sentir l'attente de l'événement qui va renverser la fortune de ses parens, ou les exposer, ainsi que lui, à de grands dangers. Dans les premiers cas, il sait ce qui l'attend; il l'ignore dans les autres, et son imagination demeure tranquille sur des maux dont il ne conçoit pas l'existence. C'est donc dans les situations appropriées à son âge que ses sentimens seront plus vrais et plus forts; c'est alors que la peinture en sera plus capable d'émouvoir ceux qui pensent et sentent comme lui. C'est donc dans les intérieurs de famille que j'ai le plus souvent cherché les scènes qui m'ont servi à mettre en action les idées que j'ai pu croire utiles et intéressantes. Si la nécessité de varier m'en a fait sortir quelquefois pour me transporter dans des situations moins familières à mes jeunes lecteurs, j'ai tâché du moins d'y conserver assez la vérité des sentimens, pour qu'ils pussent s'y reconnoître et profiter des exemples qui leur étoient offerts. »

Le Conte suivant, intitulé *le But manqué*, peut donner un exemple de l'application de ces idées. Je ne l'ai choisi que parce que c'est un des plus courts.

LE BUT MANQUÉ,

Conte.

« Prends garde, Hélène, disoit madame d'Aubigny à sa fille, quand tu vas d'un côté tu regardes de l'autre, c'est le moyen de n'arriver droit nulle part. »

Et cela étoit exactement vrai. Hélène, dans la rue, à la promenade, en courant même dans les champs, songeoit beaucoup moins à regarder devant elle ou à ses pieds, qu'à examiner de côté ou d'autre les personnes dont elle pouvoit être remarquée, et à redoubler de grâces et de mines lorsqu'elle voyoit qu'on la regardoit. Souvent aux Tuileries, tout occupée de tourner la tête sur ses épaules d'une manière gracieuse, de baisser les yeux si cela lui paroissoit convenable, ou de regarder les feuilles d'un air de distraction, selon que ces différentes manières lui paroissoient plus propres à la faire remarquer avec avantage, il lui arrivoit d'aller donner du nez contre un arbre, ou contre une personne qui venoit devant elle; plusieurs fois, voulant sauter lestement un ruisseau, pour montrer sa légèreté, au lieu de le passer d'une manière sûre, elle étoit tombée le pied au milieu, et s'étoit couverte de boue. Enfin, Hélène ne faisoit rien simplement comme une autre, et pour que la chose fût faite; elle ne marchoit, ni ne mangeoit, ni ne buvoit, pour manger et boire, mais pour qu'on vît la grâce qu'elle mettoit à ses actions; et il est très certain que si on avoit pu la voir dormir, elle auroit trouvé moyen d'arranger son sommeil.

Elle ne savoit pas à quel point cet arrangement nuisoit à l'effet qu'elle vouloit produire. Il auroit été pourtant bien facile de comprendre que lorsqu'en faisant une chose elle pensoit à une autre, il étoit impossible de bien faire, et par conséquent d'être remarquée avantageusement. Si, voyant entrer dans la chambre quelqu'un à qui elle vouloit paroître aimable, elle se mettoit à causer d'une manière plus animée avec la personne qui se trouvoit à côté d'elle, si elle donnoit plus de vivacité à ses gestes, plus d'éclat à sa gaieté, comme cependant elle ne s'amusoit pas véritablement, mais qu'elle pensoit seulement à avoir l'air de s'amuser, son rire n'étoit pas celui d'une personne qui rit de bon cœur, ses gestes n'avoient rien de naturel, et sa gaieté paroissoit si forcée, que personne ne pouvoit imaginer qu'elle fût véritablement gaie, lorsqu'aucune prétention ne venoit l'occuper. A la voir donner à un pauvre, on n'auroit jamais imaginé non plus qu'elle fût bonne. Cependant Hélène donnoit aussi quand personne ne la voyoit, et donnoit de bon cœur; mais s'il y avoit là quelqu'un pour la remarquer, ce n'étoit plus au pauvre qu'elle songeoit, mais au plaisir d'être vue faisant l'aumône. Sa pitié prenoit alors un air d'exagération et d'empressement qui faisoit bien voir qu'elle avoit pour but de la montrer : elle donnoit à ses yeux l'expression de la sensibilité ; mais, au lieu de les arrêter sur le pauvre, elle les tournoit sur les personnes présentes ; en sorte qu'on auroit dit que c'étoient elles, et non le pauvre, qui causoient son attendrissement.

Madame d'Aubigny avoit continuellement repris sa fille de cette disposition qu'elle voyoit en elle depuis son enfance, et l'avoit ainsi corrigée de ses affectations les plus ridicules et les plus grossières. Hélène, en grandissant, devenoit aussi un peu plus habile à discerner celles qui pourroient paroître trop choquantes ; mais comme aussi ses prétentions augmentoient, elle ne faisoit que s'étudier un peu plus à les cacher sans pouvoir se persuader que, tant qu'elle les auroit, il faudroit bien qu'elles parussent. « Mon enfant, lui » disoit quelquefois sa mère, il n'y a qu'un moyen » d'être louée, c'est de bien faire ; et comme il » n'y a rien de louable dans une action que tu » fais pour obtenir des éloges, il est impossible » qu'on t'en loue : ainsi sois bien sûre que de » prendre les éloges et la réputation pour son but, » est la manière de n'en obtenir jamais. » Hélène sentoit bien un peu la vérité de ce que lui disoit madame d'Aubigny ; elle se promettoit de cacher mieux son amour-propre ; mais il revenoit la saisir à la première occasion ; et, d'ailleurs, quelle est la jeune fille qui croit tout-à-fait sa mère ?

Dans la même maison que madame d'Aubigny logeoit une de ses parentes, madame de Villemontier, qu'elle voyoit habituellement, et dont la fille, Cécile, étoit l'amie d'Hélène. Cécile étoit tellement pleine de bonté et de simplicité, qu'elle ne s'apercevoit même pas de l'affectation d'Hélène, et se disputoit continuellement à ce sujet avec le vieil abbé Rivière, ancien précepteur de M. de Villemontier, le père de Cécile, et qui, après avoir élevé le fils, et avoir habité avec lui le collége où il avoit achevé ses études, étoit revenu s'établir dans la maison, où on le respectoit comme un père, et où il s'occupoit de l'éducation de Cécile, qu'il aimoit comme son enfant. Ils ne se querelloient jamais qu'à propos d'Hélène, dont l'abbé Rivière trouvoit l'affectation si ridicule, qu'il ne pouvoit cesser de s'en moquer : accoutumé à dire tout ce qu'il pensoit, il ne s'en gênoit pas devant elle, et en avoit d'autant plus d'occasions, que, comme Hélène en avoit toujours entendu parler avec une grande considération chez madame de Villemontier, qu'elle avoit vu le plaisir qu'avoit causé son retour, et la déférence avec laquelle on le traitoit, elle avoit senti un grand désir de gagner son estime. Ce désir étoit encore augmenté par les éloges continuels qu'il faisoit de Cécile. Ce n'étoit pas qu'elle en fût jalouse ; malgré son amour-propre elle n'étoit pas capable d'un sentiment bas ; elle pensoit seulement qu'elle méritoit les mêmes éloges que Cécile, et les auroit mérités, en effet, si elle ne les avoit pas cherchés. Mais son attention à se faire remarquer de l'abbé Rivière gâtoit tous les moyens qu'elle auroit eus de s'en faire estimer: aussi la tourmentoit-il par des plaisanteries un peu malignes, qui ne lui donnoient que plus d'envie de parvenir à obtenir ses éloges, et la faisoient redoubler d'efforts toujours gauches et mal dirigés. L'abbé étoit un homme très instruit; Hélène n'auroit pas été assez sotte pour aller étaler devant lui le peu de science que peut posséder une jeune fille; mais elle ne laissoit pas passer un jour sans trouver quelqu'occasion détournée de rappeler son goût pour l'étude. On parloit de la promenade, elle disoit qu'elle ne l'aimoit guère qu'avec un livre; un de ses grands chagrins étoit que sa mère ne lui permît pas de lire avant de se coucher; et puis elle racontoit qu'elle s'étoit oubliée le matin à son travail, si bien qu'elle y avoit passé trois heures sans s'en apercevoir. L'abbé n'avoit pas l'air de l'entendre; c'étoit là une de ses malices; alors elle appuyoit, retournoit sa phrase. « Oui, disoit-elle, comme se parlant à elle-même, je m'y suis mise à une heure moins un quart; il étoit quatre heures quand j'ai regardé pour la première fois à la pendule, cela fait plus de trois heures de passées sans que je m'en aperçusse. »

« Il n'y a rien eu de perdu, répondoit l'abbé, car vous les avez bien remarquées ensuite. »

Hélène alors se taisoit, mais elle n'en recommençoit pas moins le lendemain.

Ce que l'abbé louoit sur-tout dans Cécile,

c'étoient ses soins pour sa mère, qui étoit d'une santé fort délicate. Il arriva qu'un soir madame d'Aubigny se trouva mal. Hélène, qui portoit ordinairement tous les soirs son ouvrage chez madame de Villemontier, n'y descendit ce jour-là qu'un moment, quand l'accident fut passé, pour en rendre compte, et avoir le plaisir de parler de l'inquiétude qu'il lui avoit donnée. Elle commença par s'étendre tellement sur la frayeur qu'elle avoit éprouvée lorsqu'elle avoit vu sa mère pâle et presque sans connoissance, que l'abbé ne put s'empêcher de dire : « Je vois bien tout ce que mademoiselle Hélène a souffert de l'accident de madame sa mère ; mais je voudrois bien savoir ce qu'a souffert madame d'Aubigny. »

Le lendemain, madame d'Aubigny, quoiqu'un peu malade encore, voulut absolument que sa fille allât passer, comme à l'ordinaire, la soirée chez madame de Villemontier. Elle y vint d'un air languissant, fatigué, disant qu'elle avoit envie de dormir, pour qu'on devinât qu'elle avoit passé une mauvaise nuit. Comme on ne lui faisoit pas les questions auxquelles elle vouloit répondre, elle parla du beau temps qu'il faisoit à cinq heures du matin, dit que sa mère avoit été agitée jusqu'à deux, mais qu'à trois elle dormoit bien paisiblement ; d'où il étoit clair qu'Hélène s'étoit levée à ces différentes heures, pour voir comment étoit sa mère. Plusieurs fois elle demanda l'heure qu'il étoit, disant que, quoique sa mère lui eût permis de rester jusqu'à dix heures, elle vouloit absolument l'aller retrouver à neuf. Elle demanda l'heure à huit heures et demie, elle la demanda à neuf heures moins un quart. Pendant ce temps-là Cécile avoit deux ou trois fois levé les yeux sur la pendule, sans que personne s'en aperçût. A neuf heures moins une minute elle alla sonner, sa mère lui demanda pourquoi. « Vous savez bien, maman, dit Cécile, que c'est l'heure à laquelle vous devez prendre votre bouillon. » Alors Hélène se leva avec un grand cri, serra son ouvrage avec une grande précipitation, dans la crainte de manquer l'heure.

« Voilà, dit quelqu'un, deux jeunes personnes bien ponctuelles et bien soigneuses. »

« Oui, reprit l'abbé entre ses dents et en regardant Hélène avec un souris malin, mademoiselle Cécile soigne à merveille sa mère, et mademoiselle Hélène sa réputation. »

Hélène rougit et se hâta de s'en aller, dans la crainte de quelque nouveau sarcasme; mais madame de Villemontier ayant prié l'abbé d'accompagner Hélène pour revenir lui dire ensuite des nouvelles de madame d'Aubigny, il prit le bougeoir, et la suivit; elle marchoit si vite qu'il ne pouvoit la joindre. « Attendez-moi donc, lui dit-il en arrivant près d'elle tout essoufflé, vous allez vous casser le cou. »

« Je suis si pressée de savoir comment se trouve maman ! »

« Que vous êtes heureuse, dit l'abbé en prenant son bras, de pouvoir, au milieu de votre inquiétude, penser à d'autres choses ! Pour moi, si quelqu'un que j'aimasse beaucoup étoit malade, je serois si occupé de sa maladie, qu'il me seroit bien impossible de remarquer ce que je fais pour lui, encore moins de penser à le faire remarquer aux autres ; mais les femmes ont la tête si forte ! »

« Mon Dieu, M. l'abbé, dit Hélène que cette remarque embarrassoit, vous ne pouvez donc passer un moment sans me tourmenter ? »

« C'est-à-dire, sans vous admirer. On admire les autres sur l'ensemble de leur vie et de leurs actions ; on les aime, on les estime, parce qu'elles se sont bien conduites long-temps de suite et en diverses occasions ; mais pour mademoiselle Hélène, c'est à chaque occasion qu'il faut l'admirer ; chacune de ses actions, de ses pensées, de ses mouvemens exige un éloge. »

Et le malin abbé, les yeux fixés sur Hélène et le bougeoir placé comme voulant lui montrer sa figure moqueuse, appuyoit sur chaque marche et sur chaque mot, et ne finissoit ni de parler ni d'arriver. Ils arrivèrent enfin, et Hélène s'échappa de son bras, bien contente d'en être quitte. Les plaisanteries de l'abbé la désoloient ; cependant elle y voyoit un fond de bonne amitié qui l'empêchoit de lui en savoir mauvais gré. Lui, de son côté, touché de la douceur avec laquelle elle les prenoit, et du désir qu'elle montroit d'obtenir son estime, auroit bien voulu la corriger, d'autant qu'il voyoit que malgré son affectation elle étoit réellement bonne et sensible.

Madame d'Aubigny avoit un vieux domestique assez brutal, quoiqu'il lût toute la journée des livres de morale et de dévotion : elle lui avoit permis de prendre avec lui un petit neveu, à qui il prétendoit donner une belle éducation. Tous les talens de cet homme pour enseigner se bornoient à battre le petit François, quand il ne savoit pas sa leçon d'histoire ou de catéchisme ; et François, à qui cette méthode ne donnoit pas le goût du travail, n'en savoit jamais un mot et étoit battu tous les jours. Un matin Hélène le vit descendre l'escalier en pleurant tout haut ; il venoit de recevoir sa correction ordinaire, et il devoit en recevoir deux fois autant s'il ne savoit pas sa leçon au retour de son oncle, qui étoit allé faire une commission. Hélène lui conseilla de se dépêcher de l'apprendre ; le petit garçon prétendit qu'il ne le pouvoit pas. « Viens, dit Hélène, nous l'apprendrons ensemble, » et elle l'emmena dans l'appartement, où elle se mit à le faire étudier et répéter avec tant d'application, que l'abbé Rivière qui venoit pour voir madame d'Aubigny, entra sans qu'elle l'entendit. « Dépêche-toi donc, disoit-elle à François, pour qu'on ne sache pas que c'est moi qui t'ai fait répéter. »

« Ah ! je vous y prends donc enfin, dit l'abbé, à faire quelque chose de bien pour vous toute seule ! »

Hélène rougit de plaisir ; c'étoit la première fois qu'elle s'entendoit louer sincèrement par lui. Mais au même instant l'amour-propre prit la place du bon sentiment qui l'avoit animée, ses manières cessèrent d'être naturelles ; et quoiqu'elle continuât absolument la même action, il étoit facile de voir qu'elle ne la faisoit plus par le même principe.

« Allons, allons, je m'en vais, dit l'abbé : redevenez bonne tout simplement, personne n'y regarde plus. »

Le soir, chez madame de Villemontier, Hélène trouva moyen de venir à parler de François; l'abbé secoua la tête, il voyoit bien ce qui alloit suivre; et Hélène, qui ne le perdoit pas de vue, le comprit et s'arrêta. Mais le caractère l'emportant, une demi-heure après elle revint au même sujet par une voie détournée. L'abbé se trouvoit près d'elle. « Tenez, lui dit-il tout bas en lui poussant le coude, je vois bien que vous voulez que je le raconte ; en effet, cela vaudra mieux, » et le voilà qui commence: « Ce matin, François......; » et cela d'un ton si emphatique et si plaisant, qu'Hélène fait tous ses efforts pour l'engager à se taire. « Laissez-moi faire, lui disoit-il tout bas ; et lorsqu'il y aura quelque chose que vous voudrez qu'on sache ou qu'on remarque, avertissez-moi seulement par un signe. » Hélène décontenancée faisoit semblant de ne pas entendre, et cependant ne pouvoit s'empêcher de rire. On juge bien que de la soirée elle n'eut pas envie de reparler de François, et dès ce moment l'abbé prit, comme il le lui avoit annoncé, le rôle de compère; dès qu'elle ouvroit la bouche pour insinuer quelque chose à son avantage, aussitôt prenant la parole, il entamoit un pompeux éloge. Si dans ces mouvemens elle laissoit apercevoir l'intention de se faire remarquer, « Regardez donc, disoit-il, quelle grâce mademoiselle Hélène met à tout ce qu'elle fait. » Lorsqu'elle éclatoit d'un rire bruyant et forcé, « je vous prie de remarquer, disoit-il à tout le monde, combien mademoiselle Hélène est gaie aujourd'hui. » Ensuite il s'approchoit d'elle, et lui demandoit tout bas : « Est-ce que je ne m'acquitte pas bien de mes fonctions ? Ce sera mieux une autre fois, ajoutoit-il; mais vous ne m'avertissez pas, je ne puis parler que de ce que j'aperçois, » et rien ne lui échappoit; mais en même temps il mêloit à tout cela quelque chose de si comique, et cependant de si bon, qu'Hélène, à-la-fois fâchée, embarrassée et obligée de rire, se corrigeoit insensiblement, et par la crainte que lui inspiroient les remarques de l'abbé, et parce qu'il lui présentoit ses manières affectées sous un jour si ridicule, qu'elle-même ne pouvoit s'empêcher de le sentir.

Elle est enfin parvenue à s'en défaire entièrement, à chercher pour son amour-propre des plaisirs plus solides et plus raisonnables que celui d'occuper d'elle à tous les instans du jour et de faire remarquer ses actions les plus insignifiantes. Elle convient qu'elle le doit à l'abbé Rivière, et dit que si toutes les jeunes personnes disposées à la minauderie et à l'affectation avoient de même à côté d'elles un abbé Rivière pour leur apprendre à chaque mine l'effet qu'elle produit sur ceux qui en sont témoins, elles ne prendroient pas long-temps la peine de se rendre si ridicules.

Il ne me reste plus rien à dire. Ceux de mes

lecteurs qui ont assez de confiance en moi pour ne pas croire que mon opinion soit suspecte, peuvent la deviner sans peine; les autres peuvent voir et juger.

F. G.

LANGAGE.

Du verbe PASSER.

BEAUCOUP de gens disent, *je suis passé chez vous ce matin*, *il est passé à ma porte*, et ils disent mal. Il n'y a guères que les gens du peuple qui disent, en parlant d'une maison, *j'y suis demeuré autrefois*; mais bien peu de ceux qui parlent le mieux songent à la raison qui les oblige de dire *j'y ai demeuré autrefois*, et *j'y suis demeuré à vous attendre*. Il me semble qu'on peut dire, qu'employés comme verbes auxiliaires, le verbe *avoir* exprime une action, et le verbe *être* un état, et qu'ainsi le premier doit être employé pour désigner l'action de faire sa demeure dans une maison, d'y *demeurer;* le second, pour désigner l'état d'une personne *demeurée* au même endroit. L'un a quelque chose de plus actif, l'autre de plus passif. On *a demeuré* dans un endroit par sa volonté; on peut y *être demeuré* par force. Le verbe *avoir* ne s'applique qu'à cette seule signification du mot *demeurer*, la seule qui exprime une action; ainsi l'on ne dit point *j'ai demeuré*, mais *je suis demeuré deux heures en route.* L'abbé d'Olivet a critiqué ce vers de Bérénice :

> . . . . Ma langue embarrassée
> Dans ma bouche vingt fois *a demeuré* glacée.

Et Louis Racine est tombé d'accord de la remarque. *Demeurer*, dans sa signification de *rester*, exprimant la permanence dans un état, exige le verbe *être*.

Passer, au contraire, exprime une action, et ne peut s'associer au verbe *être* que pour exprimer la cessation de cette action, l'état d'un homme qui l'a faite. Pour exprimer l'action même, il a besoin du verbe *avoir*. De ces deux phrases, *j'ai passé le premier*, *je suis le premier passé*, l'une exprime l'action de celui qui *a passé* le premier, l'autre l'état de celui qui se trouve le premier *passé*. *Je suis passé*, signifie *je ne suis plus à l'endroit par où j'ai passé* ; l'action de *passer* est finie pour moi. *Je suis passé chez vous*, ne pourroit donc signifier autre chose sinon, *je suis passé* chez vous pour m'y arrêter ; c'est chez vous qu'a fini pour moi l'action de *passer*, que je me suis trouvé dans l'état d'un homme qui a cessé de *passer*. — *Il est passé depuis une heure*, signifie il y a une heure qu'il ne passe plus par ici, qu'il se trouve par rapport à ce lieu-ci dans l'état d'un homme qui a fini de passer. *Il a passé il y a une heure*, signifie, il y a une heure qu'il faisoit l'action de passer. Dire qu'un homme *a passé* la rivière, désigne le moment où il a fait l'action de la passer ; dire qu'il *est passé* de l'autre côté de la rivière désigne son état lorsque la rivière est passée. *Ce temps a passé comme un éclair*, c'est-à-dire que le mouvement qu'on lui suppose a été rapide, l'imagination se porte sur le temps de sa durée. *Ce temps est bien passé*, c'est-à-dire qu'il a cessé d'être ; nous nous arrêtons sur la cessation de cette durée. L'état négatif d'une chose qui *est passée*, se trouve absolument incompatible avec une action positive ; ainsi, je crois que l'Académie se trompe dans cet exemple, *il est passé comme une chandelle qui s'éteint :* un homme qui *est passé* ne peut plus se comparer à une chandelle qui s'éteint ; c'est une chandelle éteinte ; mais c'est dans le moment où il *a passé* qu'il ressembloit à la *chandelle qui s'éteint.*

L'abbé d'Olivet relève cette expression de Boileau :

Et si leur sang tout pur, ainsi que leur noblesse,
Est passé jusqu'à vous de Lucrèce en Lucrèce.

Est passé pouvoit convenir à une action arrêtée pour celui à qui l'on s'adresse ; mais *de Lucrèce en Lucrèce* peint le mouvement, l'action de passer. Il falloit *a passé*. P. M. G.

IIe ANNÉE. — ERRATA DANS LE N°. II.
Pag. 114. Dans toute cette page, au lieu de boulon, lisez : écrou.
DANS LE N°. VII.
46, lig. 4, au, lisez : du.
31, lig. 10, après convexe, mettez un point.
DANS LE N°. VIII.
96, lig. 16, rayez : et les soleils qui les éclairent.
114, lig. 15 d'en bas, la, lisez : le.

Ce Journal, composé de quatre feuilles in-8°, paroît le 15 de chaque mois.

Le prix de l'Abonnement est de 18 fr. pour l'année, et de 10 fr. pour six mois.

On s'abonne chez LE NORMANT, Imprimeur-Libraire, rue de Seine, n°. 8, près le pont des Arts.

Les lettres et les envois doivent être adressés francs de port.

ANNALES DE L'ÉDUCATION.

MM. les Souscripteurs qui n'ont souscrit que pour six mois, sont prévenus que leur abonnement est expiré.

Sur un Dialogue du Tasse, intitulé : Il Padre di Famiglia.

(IIe Article.)

Dites à un sauvage, pour premier précepte d'éducation, qu'il doit apprendre à son fils à nager, à tirer de l'arc, à manier une fronde; le sauvage se moquera de vous. « Mon fils, répondra-t-il ; ap-
» prend ces choses-là tout seul, en voyant ce que
» je fais, ce que font mes voisins, ce que font les
» enfans plus âgés que lui : c'est ainsi que je les ai
» apprises; que les a apprises mon père. Qu'avons-
» nous affaire d'une éducation qui ne nous ensei-
» gnera que ce que nous savons sans elle? » Mais apprenez à ce sauvage, si vous le pouvez, qu'il faut savoir maîtriser sa colère, vaincre son ressentiment, ne tuer son ennemi que quand cela est absolument nécessaire, et ne pas le manger après l'avoir tué, vous lui aurez donné de véritables et utiles préceptes d'éducation. La théorie de l'éducation n'est qu'un supplément à ce que doivent nous apprendre nécessairement la pratique de la vie, la force des

choses qui nous entourent et nous pressent de tous côtés ; aussi toute espèce d'éducation me paroît-elle à peu près également bonne, pour former un homme ordinaire, destiné à suivre le monde comme il va. Ce monde saura bien en faire ce qu'il lui faut. L'intérêt, la nécessité, les habitudes d'un train de vie donné par les circonstances, le force-ront de s'élever à ce degré médiocre de raison, d'honnêteté, de capacité, dont il aura absolument besoin, et auquel peu d'éducations seront assez mauvaises pour l'empêcher d'arriver. Mais ce qu'une mauvaise éducation n'a pu gâter, une bonne éducation l'auroit peut-être beaucoup perfectionné : une mauvaise éducation n'auroit probablement pas empêché le sauvage de savoir à la fin nager et tirer de l'arc ; une bonne éducation lui auroit appris quelque chose de plus : elle auroit appris au militaire, à savoir autre chose que se battre, à l'administrateur, à s'élever au-dessus d'une routine d'affaires et de préjugés, suffisante pour se trouver toujours à peu près au niveau des affaires de son état et des préjugés de son siècle; au lieu de cet homme que son temps a formé pour son temps, son pays pour son pays, sa profession pour sa profession, et qui ne saura plus rien hors de sa place, on auroit fait un homme doué d'un carac-tère individuel, capable de se retrouver lui-même dans toutes les circonstances, et d'appliquer à toutes les occasions toute l'étendue de facultés que lui a répartie la nature.

Une bonne éducation sera donc celle qui, au

lieu de borner l'homme à une seule destination, l'embrassera tout entier, développera en lui tout ce qu'il possède de forces, tous les sentimens dont il est susceptible, toutes les idées dont il est capable. Mais, pour ne pas perdre son temps et ses peines, elle s'attachera peu à lui répéter les leçons qu'il doit recevoir de sa situation, de ses intérêts, de la force des choses, celles qui, ayant pour but son bien-être dans l'état de société où il se trouve, lui seront suffisamment enseignées par le besoin qu'il aura de les apprendre. Ses soins les plus particuliers auront pour objet la formation de ces principes qui tendent au perfectionnement moral et intellectuel de l'homme, sans se rapporter immédiatement à ses intérêts les plus ordinaires et les plus évidens. Ainsi les préceptes d'éducation, pour être utiles dans l'état de choses auquel ils s'appliqueront, auront pour point de vue principal, moins ce qu'est cet état, que ce qu'il devroit être, moins les besoins qu'il fait sentir, que ceux qu'il permet d'oublier.

Dans ce temps du Tasse(1), où un mari pouvoit, à son gré, ou *tuer sa femme infidèle*, ou *la punir autrement selon les lois*; dans ce temps où un maître de maison, armant ses domestiques, pouvoit s'en composer une garnison pour défendre son château, ou une armée pour attaquer celui de ses voisins; quand, obligé de veiller sans cesse à sa sûreté, à l'entretien de ses propriétés, le chef de famille ne pouvoit se reposer que sur lui seul de la

―――――――――――
(1) Voyez l'article du mois dernier.

subsistance de deux ou trois générations réunies sous sa sauve-garde; quand il voyoit son vieux père, son fils enfant, des parens orphelins, des parentes sans appui, préservés par lui seul des misères de tout genre où les auroit exposés sa perte, étoit-il nécessaire alors que l'éducation s'attachât à faire sentir à l'homme la nécessité de l'énergie, à le remplir de pensées fortes et sérieuses, à le pénétrer de l'idée de son importance? En ouvrant les yeux, l'héritier d'une famille étoit averti par les soins qui l'entouroient, par l'intérêt qui réunissoit tous les regards sur ses moindres mouvemens, de cette importance attachée déjà seulement aux espérances qu'il faisoit naître; presqu'avant d'avoir des volontés, il savoit qu'il étoit destiné à commander; et tandis que, dans l'intérieur de la famille, tout concouroit à l'avertir de ses droits et de sa puissance, tout, hors de sa famille, l'instruisoit des devoirs courageux qu'il avoit à remplir, des dangers qu'il avoit à craindre, du poids qu'il avoit à soutenir. Il entendoit parler de possessions envahies par le plus fort sur le plus foible; on lui racontoit la détresse d'une famille abandonnée par celui qui devoit la protéger, d'un fils privé de son père, d'une veuve sans secours; et, si déjà il savoit aimer quelque chose, il s'échauffoit à l'idée de défendre les objets de ses affections. Tout d'un coup le trouble s'élevoit dans sa famille; l'honneur avoit été outragé; la sûreté étoit menacée; il voyoit se préparer la vengeance, les ressentimens s'animer, les courages s'enflammer; le sien bouillonnoit déjà au milieu de cette fermentation ; son jeune cœur palpitoit de repousser l'insulte, de terrasser l'injustice. Peut-être, il est vrai, apprenoit-il en même temps à désirer de la commettre à son tour. Il existoit alors bien peu de digues capables d'arrêter ce torrent de passions que tout excitoit à déborder ; mais si de nombreuses vertus manquoient à ce temps de notre histoire, les vertus énergiques, les seules dont l'état de la société fit alors un besoin indispensable, étoient aussi les seules qui fussent trop généralement répandues pour qu'on pût les regarder comme un effet de l'éducation. Ses soins n'auroient pû suffire à former pour un pareil état de société celui auquel ils auroient été nécessaires. Toutes les ames étoient fortes comme, chez les Sauvages, tous les corps sont robustes, parce que tout être foible doit nécessairement périr.

L'avantage le plus précieux de la civilisation, c'est d'avoir assuré dans tous les genres l'existence des êtres foibles ; chacun a sa place à-peu près faite, que de nombreuses barrières garantissent de l'envahissement. Plus dépendans de la société, les individus vivent plus indépendans les uns des autres ; nul ne paroîtra visiblement destiné à devenir le seul appui d'un certain nombre d'êtres naturellement soumis à son autorité. Dans le peuple même, la jeune fille apprend un métier aussitôt que son frère, et peut, aussi bien que lui, pourvoir à sa subsistance. Dans les classes plus aisées, l'enfant destiné à devenir un homme pourra bien ne pas savoir, de long-temps, si on ne prend soin de le lui enseigner, en quoi ses devoirs diffèrent de ceux de sa sœur. Une éducation également soignée, des études et des jeux long-temps à peu près semblables, les mêmes idées de soumission, de bonté, d'application, de véracité, et même, à peu près, de courage et de fermeté, inculqués à tous les deux, tout lui montrera des êtres soumis à des devoirs sinon pareils, du moins égaux, et destinés à des fonctions d'une égale importance. Dans les familles unies seulement par les liens de l'affection, il verra les existences indépendantes; il ne pourra penser que jamais personne ait besoin de lui; à peine songera-t-il peut-être qu'il ait besoin de lui-même. Dans cette carrière régulièrement disposée, où une légère dose de raison et de courage, le sentiment d'honneur inhérent à une bonne éducation suffiront pour le soutenir sur la route tracée devant lui, il n'apercevra que de bien loin les occasions où son bien-être, son existence peut-être, ou du moins sa réputation, dépendront de l'énergie et de la constance de ses résolutions, de l'activité de son caractère, de la fermeté de ses principes, de l'indépendance de ses opinions; il ne saura pas, à moins qu'un instinct supérieur ne le lui fasse deviner, combien, dans toutes les circonstances, il peut par son caractère influer sur sa situation dans le monde; il ne connoîtra pas la moitié de ces facultés qu'un caractère fort découvre toujours au besoin, mais qu'il faut qu'un caractère ordinaire ait soin d'entretenir par une considération habituelle de leur importance; et ce sont surtout les caractères ordinaires que l'éducation a besoin de former.

DE L'EDUCATION.

On a regardé l'éducation publique comme le plus sûr préservatif contre cette mollesse que laisse contracter à l'ame une vie trop préparée d'avance, trop soutenue de tous les appuis que peut désirer la foiblesse. Il est certain qu'un collége ou une pension est, pour l'enfant, une sorte de petit monde proportionné à ses forces, où il apprendra à les déployer et à les exercer, où il s'instruira à mériter la place qu'il désire, à désirer la plus avantageuse qu'il puisse obtenir; il s'y accoutumera à ne compter que sur ses propres moyens et à rechercher, à mettre en usage tous ceux qu'il possède. Il évitera d'être foible pour n'être pas malheureux, et sentira son bonheur croître avec ses efforts; mais en même temps il connoîtra le degré de son importance et celui de sa vigueur; il ne s'avancera que jusqu'où il sera sûr de pouvoir se soutenir, ne réclamera de droits que ceux qu'il pourra espérer de faire reconnoître. Il fera l'apprentissage de lui-même et des autres; et sous les rapports de courage, de justice et de prudence, il acquerra probablement tout ce que l'expérience peut lui faire acquérir : mais il sera devenu le centre unique où aboutiront ses idées de raison et de vertu; capable de se former une place dans le monde, il ne songera à l'obtenir que pour lui; il aura vu trop tôt séparer son existence de celle des individus que la nature avoit destinés à en faire partie; il ne se croira chargé que de lui seul, et pensera avoir satisfait à tous ses devoirs s'il ne s'est rendu à charge à personne. L'homme honnête et raisonnable, formé, soit dans l'enfance par l'éducation publique, soit par les habitudes subséquentes d'une vie isolée et indépendante, sera, sans nul doute, l'homme sur lequel on pourra compter pour ne pas manquer à sa situation; mais celui qui aura vécu environné des siens, pourra faire entrer dans cette situation un cercle plus étendu d'affections et, par conséquent, de devoirs.

C'est à tourner ces affections vers le courage et l'énergie, que doit s'appliquer l'éducation du jeune homme élevé au milieu de sa famille; c'est pour les rendre solides qu'il faut les attacher à des vertus fortes. Tant que l'enfant n'aura vu, dans ce qui l'entoure, que des appuis de sa foiblesse, il n'y tiendra que par ses besoins; ce lien brisé, il s'en formera difficilement qui le remplacent, et l'attachement assidu d'un bon fils ou d'un bon frère, n'aura trop souvent pour base que cette mollesse de caractère qui ne lui permettroit pas de supporter l'isolement et l'activité d'une situation plus indépendante; mais que cet attachement soit fondé sur des devoirs, les devoirs ne s'effacent point pour celui qui se sent capable de les remplir. Que, dès ses premières années, l'enfant dont on veut faire un homme, apprenne qu'il est destiné à être fort; que son devoir sera de l'être non-seulement pour lui, mais pour les autres; que son honneur ne consistera pas seulement dans sa situation individuelle, mais dans celle où il aura su placer ou maintenir la famille dont il fait maintenant partie, et qui fera un jour, pour ainsi dire, une partie de lui-même. Si cette famille, dans une situation précaire, ne doit son aisance qu'aux travaux, à l'activité, aux talens de celui qui la gouverne, qu'il le sache, qu'il l'entende répéter sans cesse, afin de n'oublier jamais à quels devoirs il est réservé. Il peut avoir à marier sa sœur, à suppléer aux forces de son père, arrivé de bonne heure par le travail aux infirmités. Si une situation plus assurée éloigne de lui l'idée d'avoir à les soutenir contre le malheur, qu'il apprenne que c'est à lui à les élever à un plus haut degré de bonheur par l'existence que lui acquerra sa conduite; qu'il sache que son mérite sera leur honneur; qu'il mette son orgueil à les rendre fiers de lui, à les placer avec lui au rang qu'il se sera acquis par lui-même. Pénétré de ces idées, qu'il les mêle toujours aux plus tendres mouvemens de son affection; qu'il trouve sa récompense dans les espérances personnelles que formeront sur lui ceux qui l'environnent, dans la confiance avec laquelle ils se reposeront sur ce qu'il promet de mérite et de vertu.

Il faut avoir soin cependant que son imagination, trop vivement portée sur l'avenir, ne lui fasse pas perdre le fruit et l'avantage du présent; qu'en rêvant qu'il est homme, il n'oublie pas de le devenir. Il se pourroit que, pressé de jouir plutôt qu'occupé de mériter, il consumât en vains désirs, pour un temps qui n'est pas encore, le temps et l'activité qu'il doit employer à s'en rendre digne. Ce qui seroit encore plus à craindre, c'est que, pénétré de l'idée de sa future importance, il ne crût déjà l'avoir obtenue ; qu'il n'attribuât à sa personne ce qu'on promet à l'espoir de ses vertus ; que, dans son petit orgueil, il ne se regardât comme un de ces êtres précieux qui n'ont qu'à exister pour qu'on doive leur rendre grâce, qui n'ont qu'à vouloir pour avoir raison, tellement nécessaires par leur propre nature, qu'ils n'ont pas besoin de travailler à se rendre utiles, tellement respectables, qu'ils sont dispensés de chercher l'estime ou l'approbation de ceux qui les entourent. Pour éviter de tomber dans l'un ou l'autre de ces inconvéniens, que l'enfant apprenne à la fois et que l'importance de sa destination commence avec ses premiers mouvemens, et que cette importance, la considération qu'elle mérite, ne lui seront jamais tellement acquises, qu'il puisse les regarder comme inhérentes à sa personne et indépendantes de la nature de ses actions. Qu'il sache que l'homme le plus éminent en fortune, en dignité, en mérite, n'est important que dans les choses importantes ; que sur les choses communes il retombe dans l'égalité, et que celui qui soutiendra sa famille, ou même aura rendu service à son pays, qui aura voix dans les conseils ou un rang brillant à l'armée, n'en aura pas plus le droit de penser qu'on doive mettre un intérêt majeur à ce que son dîner ne soit pas retardé d'une minute, ou à ce que la maison de sa sœur soit distribuée comme il lui convient ; qu'il sache aussi que l'enfant le plus petit, dès qu'il est capable d'une action sérieuse et d'une volonté réfléchie, acquiert le droit de considérer comme importante la direction de cette action et de cette volonté. Qu'il comprenne que tout ce qu'il fera de bien, quelque petite qu'en soit l'occasion, méritera d'être compté comme un pas vers le grand but auquel il doit tendre, et qu'il sente que son action, sans importance relativement à l'objet auquel elle s'applique, peut être d'une grande importance relativement à lui-même et aux devoirs qu'il a à remplir : ainsi, il s'accoutumera de bonne heure à regarder sa vie comme sérieuse, sans imaginer encore qu'elle soit utile; à se sentir quelque chose relativement à lui-même, sans se croire quelque chose pour les autres ; à soigner ses actions sans exiger que les autres les remarquent. Sans prétendre que sa sœur doive le respecter parce qu'il apprend le latin, il sera capable d'attacher à sa leçon de latin l'importance due à tout ce qui doit contribuer à faire un jour de lui un homme utile; le but qui lui est proposé, il pourra le remplir tous les jours; tous les jours il pourra se dire s'il n'a manqué à rien de ce qu'il devoit et pouvoit faire ; — aujourd'hui j'ai été homme autant qu'il étoit en mon pouvoir. — Chaque instant amènera l'application de cette idée à l'exercice des vertus morales dont il doit composer son caractère. Il saura qu'aux yeux des gens raisonnables l'emportement rend indigne d'être homme celui qui ne sait pas se contenir ; qu'on ne peut espérer que celui qui ne sait pas céder aux autres sur des bagatelles parvienne jamais à la raison d'un homme; que l'impatience de ses fantaisies doit faire craindre qu'il ne sache pas se soumettre à la nécessité, ou sacrifier ses goûts à ses devoirs; la bonté, la complaisance, la modestie même, si l'on sait s'y prendre avec adresse, toutes les vertus aimables et douces, pourront trouver de nouveaux motifs, une nouvelle sûreté dans cette alliance avec la force, et l'on verra où arrive l'homme à qui on a donné la volonté d'être tout ce qu'il peut.

F. G.

LETTRE D'UN MARI A SA FEMME,

Sur un ouvrage allemand intitulé : EDUCATION ET INSTRUCTION DES FEMMES ; par Madame Betty Gleim (1).

« FORME l'homme de manière à ce qu'il se prépare pour l'éternité, sans être inhabile aux travaux et aux embarras de la vie : forme-le de telle sorte que, plus aura été longue la portion du temps qui lui aura été accordée, plus il soit digne de l'éternité ; qu'il apprenne, dans cette existence passagère, à se rapprocher de l'être immuable ; que chaque instant de sa vie mérite d'être éternel. »

---

(1) *Erziehung und Unterricht des weiblichen Geschlechts, ein buch für Œltern und Erzieher, von Betty Gleim.* Deux vol. in-12. 1810. Prix : 9 fr. A Paris, chez F. Schœll, libraire, rue des Fossés-Montmartre, n°. 14, et chez le Normant.

C'est là, mon amie, l'épigraphe d'un ouvrage *sur l'éducation des femmes*, qui vient d'obtenir en Allemagne un grand succès : c'est l'ouvrage d'une femme ; je l'ai lu pour y chercher ce qui pourroit vous intéresser ou vous servir ; j'y ai trouvé de quoi vous intéresser, et peu de choses dont vous pussiez vous servir. Les travaux des Allemands sur la partie morale de l'éducation sont rarement d'une utilité immédiate ; on n'y rencontre guère ces observations qui peignent la nature prise sur le fait, et qui, en faisant connoître la marche des idées et des dispositions de l'enfance, indiquent celle qu'il faut suivre pour les diriger. Les Allemands méditent beaucoup et observent peu ; ils savent beaucoup de grandes vérités, et ne voient pas les petites : aussi, comme la foule des petites vérités a bien quelque influence sur la nature des grandes, ils ont rarement de celles-ci une idée juste, nette et précise. Leurs combinaisons sont fortes, belles et rigoureuses ; mais ils oublient souvent une partie des élémens qui y devroient entrer. Leur amour pour le beau moral leur persuade trop aisément qu'il suffit de l'avoir conçu pour y arriver et y conduire les autres ; ils se livrent à l'enthousiasme qu'inspire ce but sublime, développent en cent manières son importance et sa beauté, mais s'inquiètent peu de la route qui y mène : leurs moralistes ont plus d'esprit et de vertu que d'expérience et de raison : aussi manquent-ils quelquefois de cet aplomb que donne à la morale une sagesse formée par l'habitude du monde et des affaires; ce qu'ils disent est si élevé, si pur, que, pour avoir le droit de le dire de ce ton calme et positif, il faut montrer en même temps que l'on connoît toutes les foiblesses du cœur, tous les détours du caractère, toutes les vicissitudes de la vie, toutes les incertitudes de l'esprit des hommes. Il y a dans leurs idées une sorte d'innocence qui diminue leur autorité auprès de ceux qui ont plus d'expérience du mal et moins d'amour pour le bien. Aussi leurs ouvrages sont-ils plus propres à inspirer cet amour qu'à devancer cette expérience; ils élèvent plus qu'ils n'éclairent, et les hommes en sont aujourd'hui à un tel point de science, que, pour leur prêcher la vertu avec succès, il faut d'abord les convaincre qu'on en sait plus qu'eux.

Je doute que le livre de madame Betty Gleim produisît en des lecteurs français cette conviction nécessaire : croyez-vous, mon amie, que des femmes de bonne foi soient de son avis, lorsqu'après avoir parlé de la finesse, de la délicatesse avec laquelle les femmes sentent et aiment tout ce qui est élégant et beau, elle ajoute : « Ce qui peut se perfectionner le plus est aussi ce qui peut le plus se corrompre : il n'y a que ce qui peut être digne d'estime qui puisse devenir un objet de mépris ?... C'est dans ce sentiment délicat de la beauté, propre aux femmes, que se trouve le principe des deux défauts les plus dangereux pour elles, la *vanité* et la *coquetterie*. Ce qui est beau a pour les femmes un invincible attrait : de là naît dans leur cœur le désir d'être belles elles-mêmes, de plaire, de charmer les pensées et les regards, etc. etc. (1) » Je vous avoue que je n'ai jamais été chercher si loin ni si haut la source de la vanité et de la coquetterie : il m'a semblé qu'elles naissoient tout naturellement des rapports des deux sexes, que c'étoient là les armes de la foiblesse et les plaisirs de la dépendance ; vous me direz si je m'étois trompé, et si madame Betty Gleim a raison.

Quoi qu'il en soit, j'espère que vous n'approuverez pas ce qu'elle dit de la corruption innée de l'homme « qui, par sa nature, ne veut pas le bien, qui veut seulement ce que veulent ses penchans, et qui a besoin de renaître à une nature plus pure. (2) » Que signifie cette distinction entre la nature de l'homme et ses penchans ? Ce sont ses penchans qui font sa nature, et s'il a en lui-même un penchant vers le bien qui peut, à la faveur d'une éducation vertueuse, l'emporter un jour sur tous les autres, il ne naît pas corrompu. J'ai connu des hommes qui certes ne méritoient pas mon estime ; je n'en ai vu aucun dont je ne pusse me dire : Dans telle ou telle situation, avec un certain degré de soins, de patience et de persévérance, on auroit pu faire de cet homme-là un homme de bien ; il y a dans le vice même plus de foiblesse, de présomption et d'ignorance que de méchanceté : et où ne trouve-t-on pas plus ou moins d'ignorance,

---
(1) Tom. I, p. 85.
(2) *Ibidem*, p. 10 et 47.

de présomption et de foiblesse? Quand on observe la nature humaine en général, il faut n'y voir que ce qui y est toujours; c'est en y mêlant des idées étrangères qu'on n'arrive jamais à la connoître.

Ce n'est pas par cette connoissance que se distingue Mad. Betty Gleim : son traité d'*éducation* ne roule point sur l'éducation des filles, mais sur les devoirs des femmes. Profondément pénétrée de l'importance, de la sainteté de la vertu, elle y revient sans cesse pour dire toujours que c'est là le but de la vie, que le perfectionnement des facultés intellectuelles et morales de l'homme constitue sa véritable destination : elle s'exprime même quelquefois sur ce sujet avec une élévation pleine de chaleur. « L'homme a en lui-même, dit-elle, une indestructible tendance vers la perfection : il ne se suffit point à lui-même; ce monde extérieur ne répond point à ses désirs : souvent, au contraire, il s'y trouve gêné et blessé dans cette soif de vertu et de bonheur, caractère de sa grandeur. Il se réfugie dans le monde des espérances et des idées. Alors un nouvel univers naît devant lui; des beautés qu'il n'a jamais vues se présentent à son imagination : son ame ravie les saisit avec joie, avec transport; il voudroit les réaliser, s'en entourer; il les anime de ce souffle divin qui repose dans son cœur (1). » C'est là une grande vérité, une vérité importante, qui, lors même qu'elle est

---

(1) Tom. 1, p. 35.

exprimée avec toute la vivacité d'une imagination fortement saisie, supporte l'examen de la raison : il est bon de la remettre souvent sous les yeux des hommes : relisez un chapitre du *Génie du Christianisme* (1); vous l'y trouverez exposée de ce ton brillant et animé qui appartient à l'auteur : mais, comme elle est éminemment du ressort de l'imagination et de la sensibilité, comme la raison n'arrive à s'en convaincre qu'après de longs détours et par une impartialité fort rare, il est à craindre qu'en s'y livrant, l'esprit ne s'en laisse préoccuper, envahir, et ne néglige ce que la raison seule peut et doit nous apprendre sur notre existence actuelle : le passage même auquel je vous renvoie, vous en offrira plus d'une preuve. Et d'ailleurs, sont-ce là de ces préceptes qu'on cherche dans un livre destiné à nous éclairer sur les enfans, ces êtres foibles et bornés pour qui ces hautes idées ont encore peu d'importance, tandis que nous aurions besoin de connoître jour par jour, heure par heure, si cela étoit possible, la marche de leur esprit et de leur caractère ?

En général les Allemands me paroissent s'occuper trop exclusivement, si je puis le dire, de la partie mystérieuse de l'existence de l'homme. L'origine, la destination ultérieure et la nature de notre ame, offrent, on n'en sauroit douter, un problème de la plus grande importance pour tous ceux qui ont senti ce qu'il y a d'insuffisant et d'in-

---

(1) Tom. 1, p. 265, liv. VI, c. 1, 5ᵉ édit. in-8°.

complet dans cette vie et dans ce monde. « Sortir de la vie, disoit Marc-Aurèle, n'est pas une chose fâcheuse s'il y a des Dieux; et s'il n'y en a point, ou s'ils ne prennent aucun soin des choses d'ici-bas, qu'ai-je affaire de vivre dans un monde sans providence et sans Dieux (1)? » Plus avancés et plus heureux que Marc-Aurèle, nous pouvons ne pas craindre le doute qui le désoloit; nous pouvons, nous devons faire entrer des espérances plus positives dans le nombre des mobiles de notre vertu et des sources de notre bonheur : *forme l'homme de manière à ce qu'il se prépare pour l'éternité; que chaque instant de sa vie mérite d'être éternel* : nul doute que cette belle idée ne doive nous être sans cesse présente, et dans notre conduite et dans l'éducation de nos enfans; nul doute qu'elle ne seconde merveilleusement la vertu et le repos des hommes : mais on auroit tort, ce me semble, de croire qu'elle puisse y suffire; cette couronne de l'immortalité placée au terme de notre carrière, ne doit nous rendre indifférens sur aucun des moyens, sur aucune des facultés qui nous ont été donnés pour régler, pour honorer sur cette terre nos rapports avec nos semblables, et pour nous y faire arriver au plus haut degré de mérite et de bonheur que nous y puissions déployer et goûter. C'est se bercer d'un espoir trompeur qu'attendre uniquement des espérances d'une autre vie, la vertu et la prospérité du genre humain :

---

(1) Pensées de Marc-Aurèle, trad. par M. de Joly, p. 94. Paris, 1796.

l'homme est trop foible, trop préoccupé des affaires présentes pour que cette perspective suffise constamment à le soutenir dans le bien, à éloigner de lui l'adversité : elle peut produire cet effet sur quelques ames : on n'y sauroit compter pour la masse générale, et il est du devoir de tout honnête homme de ne négliger aucune des ressources que nous indiquent la raison et la nature des choses, pour faire fructifier, dans ce monde même, les germes de bonheur et de vertu dont la divinité a confié à nos soins le développement. Aussi n'ai-je pu m'empêcher de sourire en voyant Mad. Betty Gleim dire, après avoir parlé de la nécessité de former l'homme pour l'éternité : « Beaucoup de gens ont cru remédier à la corruption et au malheur de leurs frères par de bons gouvernemens, par la prospérité des Etats, par une existence tranquille et heureuse; mais ils ignoroient ou ils ne pensoient pas que toute véritable amélioration, toute dignité, toute paix réelle, ont et doivent avoir leur source dans l'intérieur même de l'ame (1). » Et qui lui a dit que ces moyens qu'elle dédaigne ne sont pas les plus efficaces pour agir sur cet intérieur de l'ame, pour introduire par degrés dans la société, des habitudes d'ordre, de justice et de raison qui laissent à la moralité de tous les individus, le temps de s'asseoir et la liberté de se déployer ? connoît-elle toutes les bases sur lesquelles seules peut s'établir le caractère moral d'un peuple ?

---

(1) Tom. 1, p. 5.

c'est répéter une vérité commune que de dire que, si tous les hommes étoient formés pour l'éternité, tout iroit bien sur notre planète; ce dont il importe de les convaincre, c'est qu'on ne peut attendre cette amélioration générale que de la fixation juste et raisonnable des rapports qu'ils ont entr'eux ici-bas par leur réunion en société.

Me voilà encore bien loin de l'éducation, mon amie; c'est la faute de l'auteur et non pas la mienne: son livre roule sur deux ou trois idées générales exprimées quelquefois avec noblesse et chaleur, plus souvent d'une manière vague et emphatique: ce sont ces idées que j'ai voulu vous indiquer d'abord. Si vous me demandez plus de détails, je vous dirai qu'après avoir défini l'éducation « le développement de toutes les forces, de toutes les facultés de l'homme, tendant à en former un ensemble harmonieux et à les diriger vers un but unique, » elle distingue dans l'homme trois facultés principales, auxquelles se rattachent toutes les autres, la faculté de connoître, la faculté de sentir et la faculté de désirer: à la première se rapporte le développement intellectuel; à la seconde, le développement *œsthétique*, ce qui veut dire tout simplement la culture du goût et du sentiment du beau; à la troisième, le développement moral et religieux. Reprenant ensuite séparément ces trois branches de l'éducation, elle montre fort bien que le développement de l'esprit n'est jamais à craindre quand il n'est pas exclusif, ce qui signifie très vulgairement qu'on doit *cultiver l'esprit et le cœur*;

je ne suis cependant pas bien sûr qu'elle sache nettement ce que c'est que la culture de l'esprit; car elle dit que « ce n'est pas son étendue, mais sa force qui fait son mérite (1). » Comment un esprit réellement fort se passeroit-il d'être étendu pour être juste, et comment un esprit vraiment étendu ne seroit-il pas fort? « On voit mal, a dit un homme distingué, parce qu'on a la vue courte : la grandeur de l'esprit porte naturellement au-delà de l'erreur. » Un esprit étendu n'est pas celui qui a glissé rapidement sur la surface d'un grand nombre d'objets; c'est celui qui voit loin, parce qu'il voit de haut; l'élévation est la véritable source de l'étendue, et il en est des esprits comme de ces grands arbres, dont les racines sont d'autant plus fortes et plus profondes que leur tronc s'élève davantage.

Quant à la culture du goût, madame B. Gleim la regarde avec raison comme très utile pour soustraire l'homme à des habitudes grossières, à des penchans purement matériels; c'est un pas vers le perfectionnement de l'ame, c'est une porte ouverte aux idées les plus nobles et les plus pures que ce sentiment délicat qui nous initie à tous les secrets du génie, qui nous fait admirer, dans l'ensemble comme dans les détails, les productions de cette puissance qui prête à une matière brute, à du marbre, à de la toile, à des mots, de quoi nous émouvoir, nous élever, de quoi réveiller toutes nos

---

(1) Tom. 1, p. 13.

facultés intellectuelles et morales : c'est surtout à la vivacité, à la finesse de ce sentiment que les Grecs en général durent leur supériorité ; c'est là que Platon, en particulier, puisa ce qu'il a de plus sublime. Mais le développement du goût, lorsqu'il n'est pas uni à des principes moraux, dégénère en un raffinement de mœurs sans vertu, en une recherche d'élégance sans pureté ; il faut que la loi du devoir vienne assigner un but et une règle à tant de facultés mises en mouvement.

Ici Mad. B. Gleim passe rapidement sur l'éducation morale proprement dite, pour s'étendre sur l'éducation religieuse, idée dominante dans son cœur et dans son livre ; il y a quelque chose de noble et de touchant dans la manière dont elle commence à en faire sentir l'importance : « Un homme *moral*, dit-elle, est celui qui a soumis tous ses penchans, tous ses désirs à la loi du devoir, pour qui il n'existe aucun sacrifice impossible à faire à cette loi bien reconnue, qui, par conséquent, veille toujours et lutte courageusement contre toute foiblesse. »

« Mais il faut que les mauvais penchans même disparoissent, que la possibilité d'en être affecté s'évanouisse, que la lutte même contre le mal devienne inutile, que le cœur ne veuille, ne cherche, n'aime et ne désire plus que ce qui est vrai, beau et bon. C'est là le but sublime que présente la religion à celui qui veut fermement la perfection, qui a déjà combattu avec courage. Nous ne devons pas toujours combattre, faire toujours le bien avec effort : notre volonté doit se confondre enfin avec la voix de la vertu ; nous devons faire, avec joie et amour, tout ce que nous avons à faire. Une tendance plus élevée doit remplacer les inclinations des sens ; nos dispositions terrestres doivent se changer en dispositions célestes; unis avec Dieu, nous devons marcher, d'un pas libre et facile, vers le but de l'existence.... C'est là la sainteté ; elle ne peut sortir que du sentiment religieux (1). »

Mon amie, je ne connois aucun homme à qui j'osasse demander s'il en est là, s'il espère y arriver un jour ; mais je crois qu'on peut y tendre : seulement je trouve que cela se réduit à dire que la religion rend la vertu plus facile, et j'en suis profondément persuadé.

Après avoir ainsi établi les bases d'une bonne éducation, Mad. B. Gleim applique aux femmes ce qu'elle en a dit en général. Sa principale idée, c'est que, les femmes ayant en commun avec les hommes tout ce qui constitue la nature humaine, l'éducation des deux sexes doit avoir le même but, le développement et le perfectionnement de cette nature. Examinant ensuite les dispositions, la destination particulière des femmes, elle affirme que rien de ce qui est bon dans l'éducation des hommes ne peut être mauvais dans celle des femmes, du moins quant à ce qui concerne l'être intelligent. Elle réclame avec force le droit qu'elles ont de n'être pas moins éclairées que nous, et passe en

---

(1) Tom. 1, p. 38-39.

revue toutes les relations, toutes les situations où peut se trouver une femme pour prouver que ce genre d'éducation n'a rien d'inutile ni de dangereux. Ici j'aurois à modifier plutôt qu'à combattre, à rétablir quelques faits plutôt qu'à attaquer les idées; mais vous savez tout ce qu'on peut dire sur un sujet si rebattu, et tout ce qu'il y a de ridicule dans les préjugés des uns comme dans les prétentions des autres. Mad. Betty Gleim est fâchée qu'on regarde le mariage comme la principale destination des femmes : le développement de leur nature morale doit passer, dit-elle, avant tout ; c'est là leur première, leur vraie destination. Personne, que je sache, n'a jamais contesté cela ; je ne vois là que des phrases dont le but est vague et le résultat nul.

Je ne vous dirai rien de ce qui termine ce volume, sur tous les métiers qu'une femme peut faire, sur la nécessité de lui en faire apprendre un, en cas d'adversité, comme si l'adversité ne les apprenoit pas tous; sur les dangers d'une éducation trop complaisante, sur les inconvéniens d'une éducation trop sévère : rien de neuf dans tout cela ; l'auteur ne connoît que vaguement les raisons même qui font qu'elle a raison, et ne se doute pas de celles qui pourroient prouver quelquefois qu'elle a tort : elle n'a point cherché dans l'observation de la nature humaine, dans ce que sont les enfans, dans ce qu'ils doivent devenir, dans ce qu'ils deviennent tous les jours, la source de ses idées et les motifs de ses conseils. Tout est d'emprunt dans son livre, hors le sentiment moral et pieux qui y règne : aussi le livre ne me paroît-il bon qu'à nourrir, à fortifier ce sentiment chez les parens qui en seront déjà pénétrés : ceux-là en ont-ils besoin ?

La seconde partie est consacrée à l'instruction proprement dite : si j'y trouve quelque chose de remarquable, je pourrai bien vous en parler.

F. G.

VIIe LETTRE AU RÉDACTEUR.

DE L'EXERCICE DE LA PAROLE.

Les cinq sens nous ont fait éprouver diverses impressions, et nous ont donné l'idée des choses qui nous entourent; l'exercice musculaire nous a procuré le moyen de les imiter en partie. L'homme possède en particulier la faculté d'imiter les sons qu'il entend, et de moduler ceux qu'il produit. Plusieurs sons qu'il combine avec mélodie deviennent pour lui une langue de sentiment ; des sons articulés qu'il fixe comme signes représentatifs, deviennent pour lui, par des combinaisons différentes, les élémens d'une langue qui exprime les idées. C'est le mécanisme de l'organe qui produit les sons tant simples qu'articulés, ce sont les défauts auxquels il peut être sujet, que nous devons examiner ici.

Les parties dont est composé l'organe de la voix, consistent dans les moyens de respiration ;

celles qui sont destinées à articuler les sons, se trouvent dans la cavité de la bouche. Les poumons inspirent l'air par un tube nommé trachée-artère, qui se ramifie et se répand dans toute leur substance, dont est remplie la cavité de la poitrine ; ils font l'office de la poche dans une cornemuse. Les côtes mobiles, mues par les muscles qui entourent le thorax, et par un grand muscle nommé diaphragme, qui sépare les voies de la digestion de celles de la respiration, sont destinées à expulser cet air qu'on a inspiré. Dans l'exspiration cet air passe vers la partie supérieure du cou, à l'endroit qu'on appelle pomme d'Adam, par la fente transversale nommée glotte, où il produit un son par la vibration. Le tube qui monte le long du cou se compose d'anneaux semi-circulaires mobiles, de manière qu'il peut être un peu alongé et raccourci. L'endroit où se trouve la fente qui a dans les adultes dix à onze lignes de longueur, et deux ou trois de largeur, lorsqu'elle est écartée, offre plusieurs cartilages mobiles, ligamens et muscles, réunis dans un anneau fermé à volonté par l'épiglotte, espèce de soupape qui empêche ainsi la nourriture de tomber dans la trachée en passant le long de la langue pour entrer dans le canal conduisant à l'estomac. L'intérieur de ce tube respiratoire est couvert d'une membrane très sensible, qui sécrète un fluide pour humecter sa surface, et qui se prolonge jusques dans la bouche.

Comme les substances dont se composent les poumons et la trachée-artère, sont très hétérogènes, et que les os, les cartilages, les ligamens, les membranes, les tissus et les muscles servant à les faire mouvoir, ont divers dégrés d'élasticité avec une différence de forme, et qu'ils peuvent changer imperceptiblement de position l'un à l'égard de l'autre, il en résulte que toute comparaison que l'on voudroit en faire avec un instrument artificiel, à cordes ou à vent, seroit toujours plus ou moins imparfaite. Ni la flûte ni le violon, par exemple, ne peuvent s'alonger et se raccourcir, ou réunir les divers degrés de tension et les changemens de rapports que l'on produit plus ou moins à volonté. Un organe vivant peut seul subir, dans les petites parties qui le composent, une infinité de modifications auxquelles n'atteindra jamais aucune mécanique; aussi la voix humaine est-elle le plus parfait de tous les instrumens de musique.

L'ouverture et le resserrement de la fente, par laquelle passe l'air, produit par la tension des parois, donne le son le plus grave ou le plus aigu, avec toutes les nuances intermédiaires. Ce son résonne dans la cavité du nez et dans celle de la bouche, avec lesquelles il se trouve en contact.

La cavité du nez se compose de beaucoup de sinuosités: elle communique d'ailleurs avec la cavité maxillaire, et avec la cavité frontale, à la racine du nez, sans compter les sphénoïdales et les ethmoïdales; qui composent plus particulièrement le sens de l'odorat, et qui sont couvertes de la membrane pituitaire. L'ouverture par laquelle le son passe dans la cavité du nez, peut être plus ou moins empêchée par le jeu des muscles du fond du gosier, qui forment le voile du palais; lorsque le son y passe, il forme le son nasal.

La cavité de la bouche se compose de la voûte formée par le palais, de deux arcades dentaires, qui garnissent les gencives; des os maxillaires, soit supérieurs, soit inférieurs; et enfin des parties molles, musculaires, très mobiles, comme celles du gosier, du dessous du menton, sur lesquelles repose la langue, corps charnu, le plus mobile de tous. Cette cavité est ouverte ou fermée par des muscles aussi très actifs, qui forment les lèvres, et qui sont susceptibles de prendre des formes très différentes. Les sons qui passent par la bouche seule sont appelés par les musiciens le registre de la poitrine.

On conçoit que toutes ces parties sont diversement conformées dans des individus qui ne sont pas du même âge, du même sexe, ou de la même nature, et qu'elles doivent se modifier un peu par la croissance, par l'exercice, et par des circonstances accessoires: aussi deux voix ne sont-elles jamais rigoureusement identiques pour les sons simples ou articulés qu'elles produisent. On peut encore dire que s'il ne falloit faire entendre que des sons très purs, il n'y auroit pas de chant, et que si l'articulation des mots devoit toujours être parfaite, il n'y auroit pas beaucoup de gens en état de soutenir une conversation. L'habitude et l'exercice donnent cependant une perfection relative.

Pour faire connoître de quelle manière se pratique la modulation du son, je devrois exposer complétement l'art du chant; pour faciliter les moyens de prononcer les sons articulés, je devrois passer en revue toutes les méthodes qu'on a inventées pour enseigner à lire : mon expérience seroit en défaut. Tout ce que nous pouvons raisonnablement chercher dans ce traité, c'est l'aperçu des causes physiques qui peuvent occasionner des difficultés dans l'enseignement, avec les remèdes qu'il est possible d'y apporter; dans ce dessein nous allons examiner un peu plus particulièrement la formation des sons dans les cas ordinaires.

Nous avons vu, à l'article de l'ouïe, qu'il est des personnes dont l'oreille peu exercée entend mal les sons; sans en multiplier les exemples, nous rappellerons les Chinois qui prononcent le mot *crux*, cu-lu-su; *spiritus*, su-pi-lu-tu-se, etc., probablement faute de bien entendre. L'abbé d'Olivet cite une femme qui avoit écrit à son fils à Se-te-ra-ce-bou-re (Strasbourg). Ce défaut d'exercice de l'oreille peut fort bien exister, puisqu'il se trouve des yeux qui ne distinguent pas bien les couleurs; ainsi le défaut de ne pas entonner juste la gamme, ou de ne pas prononcer exactement, ne provient pas toujours d'une mauvaise conformation dans les organes de la voix. On a vu des personnes entendre plus juste, lorsqu'elles bouchoient l'une de leurs oreilles, par des raisons dont nous avons fait mention à l'article de l'ouïe.

La force de la voix dépend de celle des poumons, et de celle du thorax avec ses muscles qui aident à pousser l'air : veut-on forcer sa voix ? on se met ordinairement les mains sur la poitrine pour offrir plus de résistance ; et c'est probablement pour cela qu'au dire de Suétone, Néron portoit une plaque de plomb sur la poitrine lorsqu'il parloit en public. Dans l'enfant, dont les organes doivent se fortifier, c'est un moyen peu avantageux que de lui serrer la poitrine ; ce qui paroîtroit plus favorable au développement de la voix, ce seroit de le laisser crier dans ses jeux et dans ses momens de gaieté. Un excès de précautions en ce genre empêcheroit l'exercice nécessaire de la voix qui aide d'ailleurs à la digestion. L'estomac rempli soulève le diaphragme, qui le sépare de la poitrine, et raccourcit la cavité du thorax : c'est pour cela qu'il est fatigant pour une poitrine foible de chanter à la fin des repas ; c'est par la même raison qu'une conversation animée favorise la digestion, en opérant sur les parois de l'estomac. Pour rendre la digestion plus facile, et remédier à une foiblesse de poitrine, Pline conseille la lecture à haute voix. Un morceau bien *caqueté* se digère mieux, disoit Piron. Les enfans un peu forts n'éprouvent guère d'incommodités de cette espèce, et il est bon de ne prescrire aucune règle à leur égard, la poitrine se dilatant et se perfectionnant comme tout autre organe par l'exercice.

Le timbre, les sons graves ou aigus dépendent particulièrement de la résistance de la glotte : est-elle relâchée, comme dans l'enrouement ? on ne produira que des sons graves, et l'on remédie quelquefois à cet inconvénient par de légers astringens, de légers acides, par des boissons vineuses, enfin par les remèdes qui, par une légère irritation, en ôtent les glaires, comme la réglisse anisée. Dans d'autres cas, une excessive sensibilité de ces parties, et leur sécheresse, causée par une trop grande évaporation des fluides sécrétés pour les humecter, exigent des relâchans et des mucilagineux, des boissons tièdes et adoucissantes, comme le lait d'amande, l'orgeat, des émulsions gommeuses et huileuses, et des locks de différentes espèces, comme le jaune d'œuf, dont usent quelquefois les chanteurs.

Pour chanter, il n'est pas nécessaire d'aspirer trop souvent ; il faut au contraire, afin de ménager la poitrine, laisser l'air s'écouler lentement. Si l'on en aspire trop peu à la fois, la voix reste vacillante et sans force ; si l'on fait des efforts en aspirant, on se fatigue également : il y faut, pour ainsi dire, une certaine mesure qu'il s'agit de trouver. Il faut aussi ne pas vouloir embrasser, pour un intervalle, trop de sons dans le chant, ou trop de mots dans la déclamation. Nous avons vu ailleurs que les bons coureurs eux-mêmes ne prennent pas haleine trop souvent, pour ne pas être essoufflés.

Les deux moitiés du larynx, qui communique avec le nez, ne sont pas d'une parfaite égalité dans tous les individus, ce que l'on prétend être quelquefois un obstacle à la netteté de la voix : si pourtant on veut se figurer jusqu'à quel point il est possible de modifier les sons qui passent par les fosses nasales, on n'a qu'à penser au ventriloque, qui parvient à faire dépendre de sa volonté les mouvemens du voile du palais, et à fermer plus ou moins le passage ; mais il faut pour cela que les parties soient déjà formées. Dans les enfans, il est des os qui se trouvent encore dans un état de cartilages, et c'est ce qui leur rend la voix grêle ; l'âge seul, avec un exercice libre et réglé, lorsque cela est nécessaire, donne de la force et de la perfection à toutes ces parties.

C'est dans la cavité de la bouche que sont formés la plupart des sons articulés. Les os maxillaires, la langue, le palais, les dents et les lèvres y contribuent tour-à-tour : il ne sera peut-être pas inutile d'en rappeler en peu de mots le principe et le mécanisme.

L'enfant livré à lui-même est bientôt, par les impressions qu'il reçoit, excité à pousser des cris. Le degré de l'impression, dans ses variétés, lui fait ensuite modifier les sons, en les articulant, pour ainsi dire, volontairement ; et l'habitude donne de la stabilité à la manière dont il exprime ses sentimens : les cris de la douleur et du chagrin se distinguent et deviennent intelligibles pour ceux qui les entendent. Il est possible qu'il existe une sympathie entre les nerfs qui reçoivent certaines sensations, et d'autres nerfs qui contribuent aux mouvemens des organes de la voix ; en sorte que plusieurs enfans très séparés pourroient créer les mêmes signes, et former une langue primitive. En grandissant, l'homme s'exercera aussi à imiter les sons des objets qui l'entourent dans la nature : ils deviendront signes représentatifs des idées qu'il s'en est formées. Il entendra la voix de ses semblables auxquels il est lié par la sympathie du cœur, et ils s'instruiront mutuellement. L'enfant né dans la société, qui a subi de grands changemens, aura moins de difficultés à imiter les signes même en partie arbitraires, qu'il trouve établis, qu'à en créer de nouveaux; il importe de bien fixer la formation des sons articulés qu'elle a adoptés, non-seulement pour faciliter l'enseignement, mais encore pour connoître les obstacles, les éviter, les vaincre, ou s'assurer s'ils sont insurmontables.

Tout le mécanisme de la parole consiste dans la manière dont l'air passe par la glotte, où il peut rester sourd ou devenir sonore ; dans la direction qu'il prend vers les ouvertures, pouvant être poussé directement, ou refoulé vers le canal du nez, avant que d'être chassé par la bouche; et dans les modifications qu'à son passage il peut recevoir des autres organes. La langue, par exemple, peut rester aplatie, former un lit et laisser la sortie libre, ou s'élever à la racine, au milieu, à la pointe; elle ferme plus ou moins l'issue en touchant diverses parties du palais; enfin elle vibre à volonté. Les dents et les lèvres contribuent de leur côté à modifier le son, en retenant à divers degrés l'air contenu dans la cavité de la bouche.

Examinons d'abord les voyelles, dépendantes spécialement du son qui passe par une ouverture plus ou moins grande, formée par la langue et les lèvres (1). Le premier cri de l'enfant est *a*.....

a. L'air passe directement sur la langue étendue, la bouche ouverte. L'enfant et le vieillard sans dents, un individu sans lèvres, ou à bec de lièvre, le prononcent également bien. La qualité du son grave ou aigu dépend moins de la grandeur de l'ouverture que du degré de tension dans les muscles intérieurs qui agissent sur la voix.

e. L'*e* muet n'exige pas en général d'autres efforts : seulement les mâchoires sont plus rapprochées. L'*e* ouvert ou l'*ai*, et l'*e* fermé, ainsi que le son *eu*, dépendent, selon M. de Schlaberndorf, du diamètre du passage. L'*eu* exige un changement de position dans le dos de la langue ; la

---

(1) M. de Kempeln et M. de Schlaberndorf croient que c'est par la langue seule ; car on peut tenir les lèvres dans l'écartement le plus grand possible avec les doigts, sans que cela mette obstacle à la prononciation des voyelles, quoique les lèvres ajoutent à la perfection.

M. le professeur Fontaine, M. le comte de Schlaberndorf, et M. Stapfer, ci-devant ministre plénipotentiaire de Suisse à Paris, auxquels j'ai communiqué mon manuscrit, ont bien voulu m'aider de leurs conseils, le premier pour ce qui a rapport à la langue française en particulier ; le second, pour ce qui a rapport à la formation des sons, dont il s'est beaucoup occupé ; le troisième, pour ce qui a rapport à l'histoire, et à l'étude des langues en général. J'ai été bien servi par l'ouvrage de M. de Kempeln, et par ceux de M. Adelung.

position de la langue en avant produit l'*e* fermé.

i. La langue vers le milieu se rapproche du palais de manière à laisser peu d'espace, et s'élargit jusqu'à toucher de ses bords les dents canines et les maxillaires ; les lèvres ne sont que peu ouvertes. Un petit changement peut en faire le *j* des Allemands, qui se rapproche cependant d'une consonne.

o. Le canal de la langue est plus ouvert ; les lèvres un peu avancées, arrondies, et laissant moins d'ouverture, en perfectionnent la prononciation.

ou et *u.* Le son *ou* exige la plus grande ouverture du canal de la langue, et la plus petite des lèvres ; pour en former l'*u*, la langue n'a qu'à s'élever au même point où elle produit l'*i*. M. de S. trouve que la position de la langue qui prononce l'*u*, est telle qu'elle imite d'un côté l'*i*, et de l'autre l'*ou*.

En établissant que le canal de la langue et l'ouverture des lèvres contribuent ainsi à former les voyelles, on trouve que les lèvres s'ouvrent graduellement en passant de *ou* à *o, i, e* et *a*; et que le canal de la langue s'ouvre de plus en plus pour les sons *i, e, a, o* et *ou*. Il est probable, en effet, que la courbure de la langue et la direction de l'air poussé sur une ligne horizontale, ascendante ou descendante, ne sont pas sans influence ; observons aussi que dans les mouvemens que nous exécutons pour la formation de ces sons, il en est, comme ceux des lèvres, qui pourroient bien n'être qu'une suite de la correspondance des muscles, sans être par eux-mêmes essentiels. Au reste il y a des auteurs, comme M. de Kempeln, qui comptent dans les langues de l'Europe douze voyelles, nombre sur lequel il n'est pas facile de s'accorder, les uns regardant comme différens certains sons que d'autres ne prennent que pour des modifications du même son. Lambert en compte dix-sept; Morel jusqu'à vingt-trois dans la langue française, toutes représentées par cinq signes. Quant aux nasales, *an*, *in*, *on*, *un*, telles qu'on les prononce dans la langue française, ce sont bien aussi des voyelles selon plusieurs auteurs; mais, à ce qu'observe M. de S., des voyelles composées, car on n'a qu'à les prolonger pour s'apercevoir que la fin ne ressemble pas au début, et qu'on n'entend véritablement alors que le *n*.

FRIEDLANDER.

---

*Suite de l'*ESSAI

SUR L'ÉDUCATION NATIONALE

DANS LES ÉTATS-UNIS D'AMÉRIQUE,

Et de la Seconde Partie, ou des COLLÉGES.

Calculs de la Dépense et de la Répartition.

LE système d'éducation publique, dont nous venons de tracer le plan, coûtera-t-il bien cher?

Quand il devroit coûter fort cher, ce ne seroit pas une raison d'y renoncer. De toutes les choses que l'on peut acheter, les lumières sont celles qui remboursent le mieux et le plus sûrement la dépense.

Mais il est possible qu'il ne soit pas fort dispendieux pour l'Etat, et même qu'il ne coûte pas aux familles beaucoup plus que l'éducation domestique. Ce ne peuvent être que les familles aisées qui envoient leurs enfans aux colléges. Les autres auront, dans les écoles primaires, une éducation très suffisante, et supérieure à celle de tous les peuples connus. Or, les familles qui désirent que leurs enfans aient une éducation absolument lettrée, n'hésiteront point, si deux enfans au collége ne leur occasionnent pas une dépense plus forte que trois à la maison.

Sur cette base, le collége peut avoir un grand succès, et les professeurs un sort très avantageux.

Examinons les détails; ne faisons rien à l'aveugle.

L'emplacement des colléges ne coûtera rien. — Dans les *townships* (cantons) où il n'y a que de petites villes, les propriétaires, frappés du besoin d'augmenter la valeur des terrains qu'ils ont à vendre, et d'appeler la population, *donneront* volontiers l'emplacement nécessaire au collége; et l'Etat devra l'exiger assez spacieux pour que les logemens soient commodes; que les classes, les salles d'assemblée et de récréation, les cours, le jardin de promenade, le potager, les jardins des élèves aient toute l'étendue suffisante.

Dans les grandes villes, on obtiendra aisément des souscriptions pour acheter le terrain et peut-être pour une partie de la construction des bâtimens : nous indiquerons plus bas comment, sur l'épargne causée par les vacances qui seront inévitables dans les commencemens, on pourra payer la plus forte portion de la bâtisse. L'Etat devra solder le surplus.

Ce sont dix belles et très vastes maisons à élever en Virginie. Les hommes instruits qui en ont le projet sont plus à portée que personne d'en évaluer la dépense.

Quant aux frais annuels de l'instruction, nous pouvons les estimer.

Et nous proposerons de ne donner aux professeurs, en traitement fixe sur les finances publiques, qu'une somme annuelle très modique, ce qui seroit absolument nécessaire pour vivre, quand même le collége n'auroit aucun élève : à peu près ce que coûte dans le pays le plus simple ouvrier. Le surplus qui fournira l'aisance à laquelle des gens de lettres livrés à une fonction laborieuse, utile et honorable doivent prétendre, sera pris sur les élèves, et résultera de leur nombre, de la vogue que le talent et les soins des professeurs et du principal donneront à leur maison, de l'empressement des familles à y envoyer leurs enfans.

Le principal, seul, doit être un peu mieux traité.

Les domestiques, qui seroient un cuisinier, un portier, et deux serviteurs pour faire les lits, porter le bois, nettoyer les chambres, les classes, la maison, ne recevroient que la moitié ou environ de ce qu'on donneroit à un journalier. Le reste de leur sort, comme la plus forte partie de celui des maîtres, sera aux frais des élèves.

Voici quels pourroient être les traitemens, ou les dépenses fixes à payer par l'Etat :

Au principal. . . . . 500 dollars (1)
A chaque professeur, 300 dollars, et
   pour les six. 1,800
                             TOTAL...... 2,300

---

(1) Le dollar valant cinq francs trente centimes de France.

DE L'ÉDUCATION.

Ci-contre.	2,300
A chaque maître de quartier, 200 dollars, et pour les deux.......	400
Au cuisinier...............	200
Aux trois autres domestiques, 150 dollars chacun; et pour les trois....	450
Pour les prix annuels et l'entretien des bâtimens...............	150
TOTAL par an pour un collége.	3,500 dollars.

Et pour les dix colléges proposés.......	35,000 doll.
A quoi joignant la pension de cent quarante élèves de l'Etat, ou quatorze par chaque collége, sur le pied de 150 dollars chacun.....	21,000
Si l'on y ajoute les grandes écoles spéciales de l'université, qui coûteront autant que trois colléges.	10,500
Et l'entretien de cinquante élèves de l'Etat à ces écoles..........	10,000

} ... 56,000 doll.

On aura pour dépense de l'éducation nationale en Virginie......... 76,500 doll.

D'où l'on peut juger, d'après la proportion de la population, de la richesse, de la puissance des seize autres Etats comparés avec celui de Virginie, ce que coûtera l'éducation publique dans la totalité des Etats-Unis.

Mais ce sera la meilleure éducation nationale qui ait encore existé en aucun pays.

Au reste, je ne crois point que la république de Virginie doive se charger des écoles spéciales qui completteront *l'Université*. Je penserois qu'il ne doit y avoir qu'un établissement de ce genre, dans tous les Etats-Unis, qu'il doit être placé dans la capitale, à *Washington-City*, et défrayé par *l'Union*. — Chaque Etat y pourroit entretenir, sur son propre trésor, un certain nombre d'élèves : et je ne conseillerois point à celui de Virginie d'y en envoyer plus de dix par année ; ce qui, vu la durée des cours de ces grandes et spéciales écoles, feroit cinquante au total. Sauf la liberté à tous les parens qui désirent pour leurs enfans des professions lettrées lucratives, quoique long-temps attendues, de leur faire suivre les cours supérieurs de l'Université ; et aux jeunes gens qui ont l'amour des hautes sciences, d'y employer quelques années de leur vie.

Si l'on adopte cette opinion, le retranchement de la dépense des grandes écoles de l'Université réduira tout de suite les frais à la charge de l'Etat de Virginie, pour toutes les espèces d'étude, à *soixante et six mille dollars*. Sur quoi, il est à considérer qu'il y en a *trente-un mille* destinés à l'entretien de *cent quarante* jeunes gens d'élite, mais dénués de fortune, dans les colléges, et de *cinquante* autres aux grandes écoles. Si, le regardant en masse, on croit ce nombre trop considérable, ce qui seroit mon opinion, il est possible de le réduire, même à moitié, mais non plus bas. La dépense en ce cas pour la Virginie ne seroit au total que de *cinquante mille cinq cents dollars*, et l'on doit observer qu'une partie de cette dépense ne seroit que graduelle, puisque les élèves de l'Etat ne seront adoptés que d'année en année, et qu'il faudra douze ans pour en completter le nombre.

Revenons à la dépense de nos colléges, à leur organisation, aux moyens qui feront qu'avec de si foibles gages nos professeurs soient néanmoins à leur aise, attachés à leur état, disposés à y donner tous leurs soins, à y appliquer tout leur esprit. Suivons notre maxime, que si, lorsqu'il s'agit d'établissemens et d'institutions, on n'a pas tout calculé, tout prévu, et principalement tous les moyens de subsistance, on n'a rien fait. Car, comme disent les économistes, *la mesure de la subsistance est celle de la population*; et si nos professeurs et leurs adjoints n'avoient pas l'apparence, l'espérance, la certitude d'une fortune honnête, nous ne trouverions point de professeurs, ou nous n'en trouverions que de *mauvais*; ce qui rendroit notre éducation *nulle* ou *mauvaise*.

Le sort des principaux, des professeurs, des maîtres et de toutes les personnes attachées au service de nos colléges, sera composé comme nous l'avons indiqué, 1°. de leur traitement fixe; 2°. des droits qui leur seront attribués sur leurs écoliers : (droits qui seront déterminés par le réglement, mais dont le produit total sera éventuel; et qui, par son *éventualité* même, proportionnée aux succès de l'entreprise, excitera beaucoup l'activité des professeurs, et fera naître entre les colléges une très utile rivalité.)

Il y aura trois espèces d'écoliers :

Les *élèves de l'Etat*, qui paiera, pour chacun d'eux, *cent-cinquante dollars* annuellement;

Les *pensionnaires* aux frais de leurs parens, qui paieront *deux cent vingt-cinq dollars* de pension;

Et les *externes*, qui suivront à leur choix les cours qu'ils jugeront convenables, ou tous les cours s'ils le veulent, ne mangeront, ni ne coucheront dans la maison, et n'y resteront point hors de l'heure des classes, de peur que l'indiscipline ne s'introduise par eux chez les pensionnaires et les autres élèves à la faveur de la familiarité et de la liberté des récréations. Ces derniers ne donneront que *cent dollars* par année.

Nous savons que les *cent quarante* élèves de l'Etat, répartis entre dix colléges, en donneront *quatorze* à chacun ; ou que s'ils ne sont que *soixante et dix*, ce que je préfère, ils n'en fourniront que *sept*.

Nous supposons qu'il pourra y avoir *neuf* ou *dix* écoliers par classe aux frais de leurs parens. Restreignons notre hypothèse à *neuf* : ce sera *soixante et trois* pensionnaires par collége.

Ajoutons-y par aperçu douze *externes*. Le nombre de ceux-ci pourra être plus grand, ou plus petit, en raison des villes où les colléges seront placés. Nous suivons l'hypothèse qui nous paroît convenir aux villes moyennes de l'Etat de Virginie.

C'est aussi en calculant le nombre des familles riches qui peuvent vouloir donner à leurs enfans une éducation lettrée, et qui, vivant à la campagne, n'en auroient pas la facilité auprès de leurs habitations, qu'il nous a paru que l'Etat de Virginie pouvoit fournir environ *six cents* pensionnaires, lesquels, distribués entre dix colléges, feroient soixante pour chacun.

Cette distribution ne sera certainement pas aussi régulière. Un collége en vogue pourra très bien avoir *quatre-vingt-dix* pensionnaires, tandis qu'un autre moins célèbre n'en aura que *trente*. Mais ce sera une raison pour que les *principaux* cherchent d'excellens professeurs, et pour que tous les professeurs fassent les plus grands efforts afin de soutenir et d'accroître la réputation de leur collége : leur sort en dépendra. Nous nous attachons toujours à la supposition moyenne, afin de savoir quel sera l'état moyen de nos officiers d'éducation publique.

Il sera pris sur chaque pension et sur chaque traitement, depuis et compris celui du principal, jusques et compris celui des employés, cent dollars par année pour subvenir aux dépenses de la table.

Et, à la faveur des économies qui résultent de la vie en commun dans une maison de plus de quatre-vingt personnes, où il ne faut qu'une nourriture abondante et saine, non élégante, cette contribution suffira largement.

Ce sera le surplus des pensions qui, après avoir payé le blanchissage, le chauffage, les lumières, et les frais de bureau, tels que papier, plumes, encre, etc., servira, suivant de certaines règles de répartition, à augmenter tous les traitemens fixes.

Ces bases posées, nous allons offrir une idée du partage des fonds fournis par les divers élèves à qui nos colléges donneront l'instruction.

ÉLÈVES DE L'ÉTAT.

Emploi de ces fonds :

Fonds payés par l'État pour chacun de ses élèves, 150 doll.

Pour
- La table . . . . 100 dollars.
- Le blanchissage 6
- Le chauffage et les lumières. 6
- Le papier et autres menus frais 5
- Le principal 6
- Le professeur de langues anciennes qui fait deux classes. 4
- Chacun des autres professeurs *trois* dollars, et pour les cinq. 15
- Leur maître de quartier. . . 4
- Chacun des domestiques *un* dollar, et pour les quatre. . 4

TOTAL pareil. . . . 150 doll. (1)

---

(1) Nous n'avons porté aucun fonds pour l'habillement des élèves de l'État, parce qu'il nous a paru que dans les États-Unis, il n'y a point de famille assez pauvre pour ne pouvoir habiller son enfant lorsque l'État le nourrit et le fait instruire.

PENSIONNAIRES
AUX FRAIS DE LEURS PARENS.
Emploi de cette pension.

Pension annuelle, 225 doll. Pour	La table.	100 dollars.
	Le blanchissage.	6
	Le chauffage et les lumières.	6
	Le papier et autres menus frais.	8 (1)
	Le principal.	20
	Le professeur de langues anciennes.	15
	Chacun des autres professeurs dix dollars, et pour les cinq.	50
	Au premier maître de quartier neuf doll., à l'autre sept, ou entre les deux.	16
	Chacun des domestiques un, et pour les quatre.	4
	TOTAL pareil. . .	225 dollars.

Il sera permis aux *élèves pensionnaires* qui auront fini leurs sept années de cours, de rester encore deux ou trois années pour se perfectionner dans celles des sciences enseignées au collège où ils voudroient devenir plus forts, et d'assister, comme *vétérans*, à une classe ou à l'autre, selon leur volonté. Nous avons déjà vu que cette vétérance seroit exigée des élèves de l'Etat destinés aux plus hautes sciences. Elle sera également nécessaire aux autres élèves, que leur penchant ou leurs parens porteront à suivre aussi les grandes écoles spéciales, puisqu'ils n'y pourroient être reçus qu'à dix-neuf ans.

(1) Cette contribution pour les frais de bureau, plus forte de la part des pensionnaires, suppléera à ce qu'il pourroit y avoir d'insuffisant dans celle des élèves de l'Etat, destinée à cette même dépense.

DE L'ÉDUCATION.

On peut croire que sur *soixante*, il y en aura ordinairement *trois* ou *quatre* qui profiteront de cet avantage, afin de redoubler la classe d'histoire, de revisiter toutes les autres, de se rendre plus forts avant d'entrer à l'Université, ou de se donner plus de temps à réfléchir sur l'emploi ultérieur de leur vie. Ce seront les meilleurs qui pourront avoir cette pensée, *amant meminisse periti*. Les parens le désireront pour que leurs enfans ne tombent pas trop jeunes dans le monde et dans ses écueils. Et le principal, les professeurs, les maîtres, ne manqueront pas de les y encourager; car ce sera une augmentation de renommée et de richesse pour le collége. La chambre particulière donnée aux vétérans, et qui les met à leur bonne foi, en décidera plusieurs. Je n'ai pas oublié comme on pense à leur âge.

Quant aux externes, qui peuvent être admis à tout âge, et suivre toute classe, selon qu'ils y seront appelés, soit par la célébrité d'un professeur, soit par leur goût particulier pour une science ou pour une autre, ils se défrayeront de toutes les fournitures qui pourront concerner leur travail, et donneront à la maison, comme nous l'avons dit, *cent dollars* par année.

Voici quelle en sera la distribution :

Au principal.	10 dollars.
Au professeur dont l'externe suivra le cours.	50
A chacun des cinq autres professeurs *six dollars*, et pour les cinq.	30
Au premier maître de quartier cinq dollars, au second trois, et pour les deux.	8
Au portier et au balayeur de leur classe, chacun *un* dollar, et pour les deux.	2
TOTAL pareil.	100 dollars.

Il nous est à présent très facile de savoir quel sera dans un collége d'un succès moyen le traitement en argent de chacun des savans et des serviteurs que sa constitution exigera.

Outre *la table*, *le logement*, *le blanchissage*, *le chauffage et la lumière*, que tous les professeurs et autres employés du collége recevront en nature pour leur seule contribution de cent dollars chacun.

Le principal aura........
- De traitement fixe...... 500 doll.
- Sur huit élèves de l'Etat, dont sept en cours d'étude, et un vétéran....... 48 (1)
- Sur soixante-trois pensionnaires............1,260
- Sur trois vétérans à leurs propres frais, ou à ceux de leur famille....... 60
- Sur douze externes....... 120

TOTAL...... 1,988 dollars.

Ou dix mille cinq cent soixante et dix francs, en numéraire de France.

Le professeur de langues anciennes aura..
- De traitement fixe...... 300 dollars.
- Sur les huit élèves de l'Etat. 32
- Sur les soixante-trois pensionnaires........... 945
- Sur les trois vétérans..:. 45
- Sur les douze externes.... 72

TOTAL...... 1,394 doll.

Ou bien près de sept mille quatre cents francs.

---

(1) Entre les deux suppositions de quatorze, seulement de sept élèves de l'Etat en cours d'études par collége, nous prenons ici la plus foible, de peur d'exagérer, et encore parce que nous pensons que cette proportion sera préférée.

DE L'ÉDUCATION.

Chacun des cinq autres professeurs aura...	De traitement fixe............	300 doll.
	Sur les huit élèves de l'Etat.	24
	Sur les soixante-trois pensionnaires..........	630
	Sur les trois vétérans.....	30
	Sur les douze externes....	72
	TOTAL.......	1,056 doll.

Ou environ cinq mille cinq cents francs.

Un professeur à grande réputation, qui attireroit les douze externes, auroit.	De traitement fixe........	300 doll.
	Sur les huit élèves de l'Etat.	24
	Sur les soixante et trois pensionnaires..........	630
	Sur les trois vétérans.....	30
	Sur les douze externes....	600
	TOTAL......	1,584 doll.

Ou huit mille trois cents francs.

Si les externes se partagent bien également, chaque professeur de langues modernes ou de science aura. 1,144 dol.

Plus de *six mille* francs.

Et celui de langues anciennes............. 1,482 dol.

Plus de *sept mille huit cents* francs en argent, et indépendamment de toutes les choses nécessaires à la vie fournies en nature dans le collège.

On aura sans doute approuvé qu'ayant deux classes à conduire, le traitement du professeur des deux langues et deux littératures anciennes, fût plus avantageux que celui de ses collègues, qui n'auront à enseigner qu'une langue et une science. Il n'emploiera, comme eux, que tout son temps, il n'aura pas double peine; mais il aura réellement quelque peine de plus. Celle de changer régulièrement d'étude et de travail tous les soirs et tous les matins, et de ne pouvoir pas demeurer une journée entière sur la même pensée, doit avoir beaucoup de désagrément. Son métier est plus *métier*, et ne comporte pas la même liberté philosophique. Il lui en faut une indemnité.

Nous avons tâché d'être justes.

Les maîtres de quartier auront :

LE PREMIER	LE SECOND
De traitement fixe . . 200 dol.	De traitement fixe . . . 200 dol.
Sur cinq élèves de l'Etat, y compris le vétéran 20	Sur trois élèves de l'Etat 12
Sur les soixante et trois pensionnaires . 567	Sur les soixante et trois pensionnaires 441
Sur trois vétérans . . . 27	Sur les trois vétérans . 21
Sur douze externes . . 60	Sur les douze extern. 36
TOTAL . . . 874 dol.	TOTAL . . . 710 dol.
Mieux de *quatre mille six cents* francs.	Plus de *trois mille sept cents* francs.

Les domestiques seront suffisamment payés.

Le cuisinier aura 275 dollars ;

Le portier et le premier garçon, chacun 237 ;

Et le dernier de tous, 225.

Ils pourront s'attacher à la maison, où ils trouveront toujours d'ailleurs quelques bénéfices casuels, une multitude de petites gratifications de la part des maîtres, des écoliers et des parens, qu'il est impossible de prévoir, et qu'on ne pourroit ni empêcher, ni calculer.

Mais ce n'est pas d'eux qu'il s'agit.

Le point étoit, en ne chargeant l'Etat que d'une très foible dépense, de procurer néanmoins à nos professeurs un traitement assez avantageux pour que des gens de lettres et des savans très distingués d'Amérique et même

DE L'ÉDUCATION.

d'Europe, puissent ambitionner cette carrière, et y passer leur vie sans regret.

Nous voyons que, selon ce plan, un savant qui consacreroit son travail à l'enseignement public, doit s'attendre à *mille dollars* au moins de revenu, et peut en espérer deux mille ou plus, car nous n'avons calculé que les circonstances qui doivent être ordinaires, et supposé qu'un succès moyen.

La constitution même de la maison obligeant nos professeurs d'avoir une table peu coûteuse, quoique suffisamment abondante, ils en seront beaucoup plus riches pour leurs autres besoins, et pourront aisément, en quinze ou vingt années de travail, économiser un capital plus que suffisant pour une honorable retraite.

Je désirerois qu'ils fussent célibataires, et ne songeassent au mariage que lorsqu'ils auroient ainsi assuré leur fortune, et pourroient quitter le collége.

Je n'en ferois cependant pas une loi positive. Ne contrarions jamais celles de la nature.

Mais quand un professeur, fût-ce même le principal, sera marié ou se mariera, nous exigerons que sa femme n'habite pas dans la maison. Il n'est à désirer, ni pour les professeurs, ni pour les élèves, qu'il y ait aucune femme dans une grande maison d'éducation.

D. P. de N.

HISTOIRES DE LA BIBLE,

OU RÉCITS TIRÉS DES SAINTES ÉCRITURES ;

A l'usage de la jeunesse chrétienne; par *G. D. F. Boissard*, l'un des pasteurs de l'Eglise chrétienne de la Confession d'Augsbourg.

Un vol. in-12. Prix : 2 fr., et 3 fr. 50 c. par la poste. — A Paris, chez l'Auteur, rue des Billettes, n°. 16, près le marché Saint-Jean ; chez MM. Treutlel et Würtz, libraires, rue de Lille, n°. 17, et chez le Normant.

On a souvent répété dans ce Journal que l'instruction religieuse devoit commencer de bonne heure, et qu'elle devoit commencer par l'étude de l'Histoire-Sainte. Il faut des faits à l'enfance; les idées ne peuvent être pour elle que des résultats de faits; c'est à des faits qu'elle a besoin de les rattacher; on enveloppe pour elle les vérités morales dans des contes : la religion ne prendra à ses yeux un caractère positif et simple que lorsqu'elle la verra dans l'histoire. Cependant on ne sauroit mettre la Bible toute entière entre les mains des enfans : elle contient un grand nombre de choses hors de leur portée, qui pourroient même leur paroître étranges : elle a besoin de modifications, de retranchemens, d'explications; il faut l'arranger pour eux, comme on arrange à leur usage toutes les histoires, toutes les sciences profanes.

Ce travail a été souvent entrepris et presque toujours manqué; tantôt on y a laissé trop de choses peu propres à l'enfance ; tantôt on en a retranché tout ce qui pouvoit intéresser, frapper son imagination, graver profondément dans sa mémoire les récits placés sous ses yeux. La Bible peint l'enfance des peuples : elle est pleine d'images simples, vives, claires, que l'homme enfant saisit promptement et n'oublie jamais. C'est là, je crois, le défaut qu'on peut reprocher à l'ouvrage de M. Boissard. Pourquoi, en parlant de la création de diverses espèces d'animaux, a-t-il substitué cette phrase froide : « Dieu les bénit et établit la loi en vertu de la-« quelle chaque espèce d'animaux doit se conser-« ver et se perpétuer, » à ces paroles simples et vives du texte : *Dieu les bénit en disant : Croissez et multipliez, remplissez la mer, et que les oiseaux se multiplient sur la terre.* Pourquoi, en racontant la mort d'Abel, n'a-t-il pas conservé cette apostrophe de Dieu à Caïn : *Qu'as-tu fait de ton frère ?* Il n'y a pas d'enfant qui n'en soit beaucoup plus frappé qu'il ne le sera de cette phrase : *Dieu déclara à Caïn qu'il connoissoit ce forfait.* Pourquoi encore, en rapportant la sortie de l'arche après le déluge, en a-t-il retranché ces circonstances si naïves, si propres à frapper les enfans : *Noé ouvrit la fenêtre qu'il avoit faite à l'arche : il lâcha un corbeau qui alloit et revenoit jusqu'à ce que les eaux eussent abandonné la plaine. Il lâcha aussi une colombe..., mais la colombe ne put trouver un lieu où elle pût poser le pied...., elle revint vers l'arche; Noé avança la main, la prit et la remit dans l'arche.* Ce sont ces détails qui donnent aux récits de la Bible la vie et la couleur ; c'est là ce qui les rend si intéressans pour l'enfance; elle croit voir ce qu'on lui raconte; elle s'en représente les circonstances, et sa curiosité excitée, son attention fixée rendent sa mémoire fidèle. Loin de rien gagner à des retranchemens de ce genre, on y perd et beaucoup d'intérêt, et les idées simples, nettes que font naître de tels détails sur les mœurs des premiers peuples.

En revanche, on rencontre dans l'ouvrage de M. Boissard des explications très propres à faire comprendre ces mœurs, et les événemens qui nous les peignent : ainsi, en parlant de la jalousie de Caïn contre Abel, il dit : « Caïn exerça la profession de » cultivateur, et Abel, celle de berger. Ils étoient » obligés d'inventer diverses choses pour alléger » leur travail ; car ils n'avoient aucun des instru- » mens dont nous sommes pourvus aujourd'hui. Il » arrivoit sans doute souvent que leurs tentatives » ne réussissoient pas comme ils l'auroient désiré. » Malgré ce peu de succès, Abel ne se découra- » geoit jamais ; son caractère doux et constant, le » faisoit triompher à la fois des plus grandes diffi- » cultés ; c'est ce que nous permet de présumer » l'idée que l'Histoire-Sainte nous donne de lui. » Elle nous peint au contraire Caïn comme un » homme fier et impatient.... ; probablement lors- » qu'il ne réussissoit pas dès sa première tentative, » il se dépitoit, prenoit de l'humeur, et avoit en- » core moins de succès, etc. etc. » Cette conjecture est simple, raisonnable : elle peut aider à expliquer aux enfans le caractère et la haine de Caïn.

En tout, ce petit ouvrage me paroît utile ; les intentions en sont bonnes, le style en est clair, le ton convenable. Il est particulièrement destiné aux communions réformées : on y trouve en effet quelques explications qui ne sauroient convenir aux catholiques.

P. M. G.

LES VOYAGES D'ADOLPHE.

(*Continuation.*)

En quittant la rue des Ecrivains, Adolphe et son père avoient pris à gauche; ils se trouvèrent bientôt devant l'église de Saint-Jacques-de-la-Boucherie. M. de Vauréal la fit remarquer à son fils, et lui dit que c'étoit une des églises qui jouissoient autrefois du droit d'asile. Adolphe ayant demandé à son père ce que c'étoit que le droit d'asile, « c'étoit, lui dit M. de Vauréal, le droit qu'avoient certaines églises d'accorder un asile aux criminels sans que la justice pût les y poursuivre. Ne te souviens-tu pas qu'il y eut à Paris, pendant la prison du roi Jean en Angleterre, un des séditieux, qui, après avoir assassiné Jean Boissat, un des ministres du dauphin Charles V, se réfugia dans l'église Saint-Jacques-de-la-Boucherie ? »

Adolphe. Ah oui ; et comme le dauphin l'en fit arracher pour le faire exécuter, l'évêque de Paris voulut qu'on lui rendît le corps, et le fit enterrer avec de grands honneurs, comme si ç'avoit été un honnête homme. C'étoit bien ridicule.

M. de Vauréal. Assurément, mais l'évêque de Paris avoit plus d'une raison pour se conduire de cette manière. D'abord il vouloit défendre les priviléges de l'Eglise ; et ensuite, comme il étoit du parti des séditieux, il vouloit faire regarder le crime de cet homme comme une bonne action ; ce qui étoit bien plus coupable que de vouloir soutenir un privilége absurde. Mais de pareilles scènes se sont renouvelées souvent, sans autre motif que celui de soutenir ce privilége.

Adolphe. Qu'est-ce qui a donc pû le faire établir?

M. de Vauréal. Il est extrêmement ancien. Il y a à parier qu'il date des premiers temps où les hommes se sont réunis en société, et qu'il se sera établi comme toutes les autres choses que nous voyons subsister à présent, naturellement, avant que l'on eût songé à en faire une loi.

Adolphe. Oui, il se sera trouvé qu'un homme, poursuivi pour un meurtre ou quelque autre chose, aura imaginé de se réfugier auprès d'un autel, ou dans un bois consacré; on n'aura pas osé l'en arracher, et alors les autres auront fait de même.

M. de Vauréal. Certainement : mais comme il se sera trouvé quelques hommes plus violens ou moins religieux, qui n'auront pas respecté cet asile, on aura fait des lois pour empêcher de pareils sacriléges. Tu te souviens bien que Dieu avoit ordonné à Moïse d'établir dans la terre de Canaan, trois villes de refuge où pouvoient se sauver les meurtriers.

Adolphe. C'étoit bien différent, mon papa; elles n'étoient que pour ceux qui avoient tué par mégarde. Tenez, je me rappelle bien le passage. « Si » quelqu'un allant avec un autre homme dans une » forêt pour couper du bois, le fer de sa cognée » se détache du manche, et que, frappant ainsi son » compagnon, il cause sa mort, il se réfugiera dans

» une de ces villes. » Il est dit ensuite que s'il l'a tué exprès, on l'en tirera pour le faire mourir.

M. de Vauréal. Il falloit donc qu'avant de l'en tirer on examinât s'il avoit tué exprès ou par mégarde, et que pendant ce temps il fût à l'abri de la colère des parens du mort qui n'auroient rien examiné; car tu dois te souvenir aussi que dans le même passage il est dit que le meurtrier se réfugiera dans une de ces villes, « de peur que *le vengeur* » *du sang* (c'est-à-dire celui qui devoit venger le » mort), dans l'ardeur de sa colère, le poursuivant, » ne lui ôtât la vie. » La plupart des asiles de la Grèce étoient établis dans le même esprit; cependant il y en avoit quelques uns où l'on pouvoit éviter le châtiment même des véritables crimes.

Adolphe. Voilà ce qui n'avoit pas de raison.

M. de Vauréal. Sans doute. Mais il faut penser que dans ces premiers temps, où on ne connoissoit pas encore bien la morale, il étoit très difficile de distinguer les véritables crimes. Ce qui étoit un crime aux yeux de quelques personnes, ne l'étoit pas aux yeux des autres. Ainsi, par exemple, pour revenir à notre histoire, dans ces premiers temps de barbarie où chacun se faisoit justice soi-même, un homme à qui un autre auroit dit une injure, auroit bien pu sur-le-champ lui passer son épée à travers du corps. Beaucoup de gens auroient trouvé cette action punissable, tandis que d'autres ne l'auroient trouvée que naturelle et légitime. D'un autre côté, un paysan, ou, comme on disoit alors, un *vilain*, qui en se défendant contre quelque violence de son seigneur, auroit eu le malheur de le tuer, auroit sûrement été regardé comme un très grand criminel. Des gens puissans pouvoient en poursuivre un plus foible, pour des choses qu'eux-mêmes auroient autorisées par leur exemple. Le désordre étoit tel, que, dans l'impossibilité de bien démêler qui avoit tort ou raison, il étoit presque nécessaire que les asiles fussent pour tout le monde.

Adolphe. Cela n'étoit pas si nécessaire au temps du roi Jean et de Charles V, où il y avoit déjà des lois établies.

M. de Vauréal. Tu as raison ; mais les choses s'établissent d'abord, parce qu'elles sont nécessaires ; ensuite elles subsistent, parce qu'elles ont commencé, et alors, précisément parce qu'on n'en voit plus la nécessité, on oublie ce qui les a fait établir, et on en abuse pour d'autres choses. Ceux qui étoient chargés de faire respecter le droit d'asile comme les prêtres des églises, finirent par s'imaginer que ce droit étoit une chose qui leur appartenoit, et que c'étoit à eux qu'on faisoit tort lorsqu'on les en privoit, quoiqu'assurément il n'eût pas été institué pour eux. Sous les empereurs payens, comme on les assimiloit aux Dieux, on établit que le criminel qui se réfugieroit au pied de leur statue y seroit en sûreté ; en sorte que celui qui l'en auroit arraché auroit offensé personnellement l'empereur, et auroit commis un crime de *lèse-majesté.* La flatterie alla au point que, sous Tibère, on dénonça un homme comme coupable de *lèse-majesté,* pour avoir osé maltraiter son esclave pendant que celui-ci tenoit dans sa main une pièce de monnoie, sur laquelle étoit la figure de l'empereur, comme si cette figure avoit dû le garantir.

Adolphe. Ah, que cela est singulier ! Au reste, il auroit été bien heureux qu'on trouvât ce moyen pour empêcher les maîtres de maltraiter leurs pauvres esclaves.

M. de Vauréal. Oui, si on avoit pu empêcher les empereurs d'en abuser pour faire mourir les maîtres. Quand on remédie au mal par un moyen déraisonnable, il en résulte presque toujours un mal encore plus grand.

Adolphe demanda à son père si le droit d'asile n'étoit pas aboli.

M. de Vauréal. Il a été aboli en France par Louis XII ; mais il y a bien peu de temps qu'il subsistoit encore à Rome dans toute son étendue. Chaque église, chaque couvent, et il y en avoit beaucoup, étoit un asile inviolable. Aussi cette habitude de voir les criminels protégés, pour ainsi dire, par les lois religieuses, avoit-elle accoutumé à trouver les crimes moins horribles. Il y a quelques années qu'un voyageur français, passant à Rome, vit un homme qui s'enfuyoit, et le peuple qui s'écartoit pour lui laisser passage. Il demanda ce que c'étoit, on lui répondit : *Il poverino ha ammazzato un uomo.* « Ce pauvre diable vient de tuer un homme. »

Adolphe. Comment ! on plaignoit l'assassin au lieu de plaindre celui qui avoit été assassiné ?

M. de Vauréal alloit répondre à son fils, lorsque

leur conversation fut interrompue par un grand bruit qui venoit derrière eux. Ils se retournèrent, et virent un gros chien qui s'enfuyoit, emportant dans sa gueule un gigot de mouton, qu'il venoit de voler sur l'étau d'un boucher ; des hommes et des petits garçons couroient après lui en criant et en lui jetant des pierres. Il en avoit reçu une sur le dos, qui lui avoit fait une plaie. Il couroit la queue serrée, les oreilles basses ; et comme les coups qu'il avoit reçus lui faisoient mal, il gémissoit sourdement tout en courant sans pourtant ouvrir la gueule et sans lâcher prise ; enfin, le bâton d'un garçon boucher lui attrapa si fort le museau, que le gigot tomba ; il voulut le reprendre ; mais on arriva sur lui, on l'entoura, on le battit ; et après avoir inutilement tâché de se défendre, il s'enfuit sans sa proie, tout saignant, et en poussant de grands cris tout le long de la rue.

« Pauvre chien ! » dit Adolphe. Son père se mit à rire, en disant : *Il poverino*..... — « Ah papa, reprit vivement Adolphe qui l'avoit compris, il n'a tué personne, cela est bien différent. »

M. de Vauréal. Oui ; mais le crime d'avoir volé un gigot méritoit bien le châtiment qu'il a reçu ; et il y a à parier que si, au lieu de voir le chien dans sa détresse, tu avois vu le boucher dans sa colère, et son chagrin de ce qu'on lui avoit pris un gigot, au lieu de dire *pauvre chien !* tu te serois mis, comme les autres, à poursuivre le voleur, et à lui jeter des pierres ; il en étoit de même de ces Italiens dont je te parlois tout à l'heure ; ils voyoient la peur qu'avoit le meurtrier d'être arrêté, et ils en avoient plus de pitié que de l'homme assassiné, qu'ils n'avoient pas vu. Cette pitié irréfléchie est encore une des causes qui ont pu contribuer à étendre le droit d'asile à tous les malheureux, quels qu'ils fussent. Il est probable, au reste, que, dans les derniers temps du moins, il n'aura guères sauvé que des criminels.

Adolphe. Pourquoi, mon papa?

M. de Vauréal. Parce qu'il n'étoit respecté que des hommes accoutumés à obéir aux lois et aux usages reçus, des magistrats qui, n'ayant pas de haine contre un criminel, ne vouloient pas, pour le saisir, faire une action qu'ils jugeoient répréhensible ou dangereuse, au lieu qu'un homme en colère, méchant, un ennemi qui poursuivoit son ennemi, trouvoit tout légitime pour satisfaire sa passion. Quand on n'osoit pas employer la force, on tiroit le malheureux de son asile en lui faisant serment d'épargner sa vie; et quand on le tenoit, on éludoit le serment par quelque restriction qu'il n'avoit pas prévue. Ainsi, par exemple, on auroit pu promettre de ne pas verser son sang, et pour tenir parole on l'étrangloit; ou bien on violoit le serment tout bonnement sans aucun prétexte, comme fit Honorius quand il voulut faire assassiner Stilicon. Tu trouveras de cela mille exemples dans l'histoire.

Adolphe. Cela est bien horrible; mais comment aussi se fioit-on aux sermens dans ce temps-là?

M. de Vauréal. On s'y fioit si peu qu'on inventoit tous les jours de nouvelles précautions pour obliger ceux qui les faisoient à les tenir. Ils s'engageoient, sous les peines les plus terribles, la damnation, l'excommunication, etc. Sous les empereurs, on avoit inventé un serment d'une espèce singulière : on juroit sur la tête de l'empereur, et pour ce serment-là il falloit bien le tenir, du moins tant que l'empereur vivoit ; car celui qui y auroit manqué auroit été coupable de *lèse-majesté*. Mais c'est surtout parmi les Barbares, et ensuite dans tout ce qu'on appelle le *moyen âge*, c'est-à-dire, jusque vers le quinzième siècle, que la légèreté à violer les sermens a été une chose inconcevable. Il n'y avoit que la superstition la plus grossière qui pût leur donner quelque solidité ; car la religion n'y faisoit rien. Louis XI, par exemple, qui, malgré sa dévotion, se moquoit de tous les sermens, évitoit cependant, le plus qu'il lui étoit possible, de jurer par *la croix de saint Lo*, relique très révérée dans ce temps-là, parce qu'il étoit persuadé que ceux qui violoient cette espèce de serment, mouroient infailliblement dans l'année.

Adolphe. Ainsi, quand il avoit juré par la croix de saint Lo, il tenoit son serment ?

M. de Vauréal. Je t'en réponds ; il avoit une telle peur de mourir, qu'il ne s'occupoit jamais de demander à Dieu autre chose que la vie et la santé. Il faisoit un jour réciter pour lui une oraison à saint Eutrope; cette oraison avoit pour objet de demander la santé de l'âme et du corps. Il dit au prêtre qui la récitoit de passer ce qui regardoit l'âme, parce que, disoit-il, *il ne falloit pas importuner le Saint de tant de choses à la fois.*

Adolphe. C'étoit une plaisante dévotion que celle de ces temps-là.

M. de Vauréal. Elle étoit comme tout le reste. Aucune vertu n'étoit bien entendue, n'étoit complette, parce que les hommes qui ne sont pas instruits et accoutumés à réfléchir, ne voient jamais que la moitié des choses. Cela me rappelle une chose que j'ai lue l'autre jour, et qu'on citoit comme un trait de générosité. Il ne se rapporte pas à l'histoire de France.

Adolphe. Oh, c'est égal, papa; racontez-le moi.

M. de Vauréal. On raconte qu'un Arabe aveugle, nommé *Arabah*, et qui passoit pour un des hommes les plus généreux de la Mecque, marchoit un jour dans la rue appuyé sur deux esclaves; un homme l'arrêta pour lui demander l'aumône. « Il ne me » reste plus d'argent, dit Arabah; mais prenez » ces deux esclaves, et vendez-les; quand vous les » refuseriez, je ne les reprendrois pas. » Alors il repoussa les deux esclaves, et se mit à marcher tout seul en tâtant avec son bâton.

Adolphe. Cela étoit en effet bien généreux.

M. de Vauréal. Sans doute, Arabah faisoit un grand sacrifice et donnoit par conséquent une grande preuve de générosité; mais il ne songeoit pas que s'il faisoit du bien à un homme, c'étoit aux dépens de deux autres.

Adolphe. Il ne les faisoit pas esclaves, ils l'étoient déjà.

M. de Vauréal. Oui; mais, puisqu'il étoit assez généreux pour se priver de ses esclaves, il auroit été aussi généreux et plus juste de leur rendre la liberté que d'en faire présent. Il faut être juste avant d'avoir le droit d'être généreux ; mais Arabah ne songeoit pas à cette espèce de justice, il ne la connoissoit même pas. C'est ainsi que sont les gens sans instruction ; c'est ainsi qu'étoient probablement dans ces temps dont nous parlons, les gens mêmes qui possédoient des vertus : cependant il ne faut pas croire que les bonnes choses, même quand elles ne sont pas aussi bonnes qu'elles pourroient l'être, cessent jamais d'être utiles. Ainsi, par exemple, les sentimens religieux qui, dans ces temps d'ignorance, ont si rarement empêché le mal, qui même ont pu exciter quelques hommes à en faire beaucoup, comme dans les temps de persécution, sont cependant presque l'unique source du bien qui a pu se faire alors.

Adolphe et son père, tout en causant et en s'arrêtant quelquefois, avoient remonté la rue Saint-Denis, et se trouvoient au coin de la rue des Lombards, en face d'un grand magasin de toile, à l'enseigne de Sainte-Catherine. « Cette maison que tu vois, dit M. de Vauréal à son fils, étoit autrefois un hôpital fondé, à ce qu'on croit, dans le onzième siècle. La règle des religieuses de cet hôpital les obligeoit à nourrir et à loger les femmes et les filles pauvres qui cherchoient à entrer en condition, et qui, en attendant, auroient pu mourir de misère. Elles recevoient aussi les personnes de province qui venoient à Paris pour affaire, et qui n'avoient pas les moyens de s'y procurer un asile.

C'étoient elles aussi qui se chargeoient de faire enterrer les personnes noyées, mortes dans les rues et dans les prisons. »

Adolphe. La singulière institution !

M. de Vauréal. Elle étoit très simple dans un temps où l'argent étoit si rare, qu'il y avoit très peu de moyens d'en gagner ; où comme il y avoit très peu de commerce, très peu d'industrie, tout le monde faisoit ou faisoit faire chez soi la plupart des choses dont on avoit besoin, où chacun avoit par conséquent trop d'occupation pour qu'il pût y avoir beaucoup de société et de communications ; ainsi on savoit très peu ce qui se passoit non-seulement de ville à ville, mais d'un bout de rue à l'autre, et une foule de malheureux pouvoient périr de misère sans que personne s'en doutât, sans que l'on sût même à qui s'adresser pour leur faire rendre les derniers devoirs. Ces désordres, ces malheurs excitoient la sensibilité des personnes vraiment pieuses, au point qu'elles dévouoient leur existence, leur fortune, à remédier tantôt à un genre de misère, tantôt à un autre, selon qu'elles en avoient été plus frappées ; et il n'y avoit que la religion qui pût produire alors cet effet, parce que comme on n'étoit pas généralement bon et humain, que très peu de gens aidoient ceux qui l'étoient, le bien étoit si difficile à faire, exigeoit tant de soins et de sacrifices, qu'il falloit, pour donner un pareil courage, l'espérance des récompenses éternelles. Ceux qui en étoient pénétrés pouvoient seuls se détacher, comme il le falloit, des biens de la terre et des commodités de la vie. Tous les établissemens de bienfaisance jusqu'aux derniers temps de notre histoire, sont dus à la religion.

Adolphe. C'étoient au moins de bonnes gens que ceux qui fondoient des hôpitaux ; on est bien aise d'en trouver dans ces vilains temps-là.

M. de Vauréal. Il ne faut pas croire, mon ami, qu'il y ait jamais des temps assez mauvais pour qu'il ne s'y trouve pas des hommes capables de faire du bien autour d'eux, de remédier aux maux qu'ils voient. Mais le malheur des temps où il n'y a pas de raison et de lumières, c'est que le bien s'y fait en petit, en détail, et le mal en grand, parce qu'avec de la bonté on fait du bien à ce qu'on voit ; mais ce qu'on voit est bien peu de chose ; il faut beaucoup de raison, comme nous le disions tout à l'heure pour songer à ne pas faire de mal à ce qu'on ne voit pas, et ce qu'on ne voit pas est bien considérable.

Adolphe et son père avoient fini de parcourir la première enceinte de Paris. Ils terminèrent leur promenade par le Musée, où M. de Vauréal fit voir à son fils les tableaux qu'il lui avoit promis de lui montrer.

P. M. G.

Ce Journal, composé de quatre feuilles *in*-8°, paroît le 15 de chaque mois.

Le prix de l'Abonnement est de 18 fr. pour l'année, et de 10 fr. pour six mois.

On s'abonne chez LE NORMANT, Imprimeur-Libraire, rue de Seine, n°. 8, près le pont des Arts.

Les lettres et les envois doivent être adressés francs de port.

ANNALES DE L'ÉDUCATION.

MM. les Souscripteurs sont prévenus que leur abonnement expire le 15 mars prochain.

DE L'AUTORITÉ DES PARENS,

TRADUIT DE L'ANGLAIS DE LORD KAIMS.

La raison a été donnée à l'homme pour lui servir à combattre ses désirs et ses passions, ou à les diriger convenablement. Nous sommes doués, en naissant, de cette faculté ; mais comme durant l'enfance, elle est foible et inhabile, ainsi que les facultés corporelles, c'est l'autorité paternelle qui gouverne à sa place pendant cette période de la vie. Aucune des œuvres de Dieu n'est incomplète ; aussi les enfans ont-ils un instinct qui les porte à se soumettre à leurs parens, et qui, s'ils sont traités avec douceur, rend leur obéissance non-seulement volontaire, mais pleine de tendresse. Ceci n'est point imaginaire ; quiconque a examiné l'enfance et ses dispositions, sait que l'enfant s'attache à sa mère, et la préfère au monde entier. Par cette admirable combinaison, les enfans qui n'ont point de raison, sont ordinairement mieux gouvernés que les adultes qui en ont beaucoup ;

ceux-là se soumettent à la raison d'un autre; tandis que ceux-ci n'écoutent pas toujours la leur.

Il est évident que l'autorité paternelle doit être absolue; par la nature même des choses, elle ne peut être sujette à contestation. Il est également évident qu'elle doit passer toute entière au maître lorsque les parens sont morts ou éloignés. Mais l'exercice de cette autorité exige beaucoup de précaution et d'adresse. Je condamne absolument la sévérité qui ne tend qu'à rendre l'enfant timide, et à lui donner la plus mauvaise des habitudes, une habitude de dissimulation. Si cette sévérité va au point d'aliéner les affections de l'enfant, il n'y a plus d'éducation; le père ou le maître n'est plus qu'un tyran cruel qui règne sur un esclave tremblant. Prenez garde, d'autre part, de laisser voir quelque impatience, en refusant à un enfant une demande déraisonnable; s'il l'aperçoit, il renouvellera sa tentative, dans l'espoir de vous trouver de meilleure humeur en quelqu'autre moment. Les petits enfans eux-mêmes, quelquefois du moins, sont capables de cet artifice. Si donc un petit enfant demande par signes ce qu'il peut raisonnablement obtenir, montrez-lui un air gracieux et doux; s'il veut ce qu'il ne sauroit avoir, que votre refus soit tranquille, mais ferme : ne tenez point compte de ses cris, ils redoubleront si vous les écoutez. La tâche est plus facile avec un enfant assez âgé pour comprendre ce qu'on lui dit; répondez-lui d'un ton ferme qu'il ne peut avoir ce qu'il désire, mais sans montrer ni pitié, ni humeur; il croira que la chose est impossible, et cessera de la désirer. Certains enfans sont disposés à avoir de l'aigreur sur ce qui touche à leurs fantaisies; réprimez cette aigreur sans grossièreté ni rudesse, mais en faisant sentir à l'enfant qu'elle n'est pas convenable. S'il a été formé à la soumission dès le berceau, il se soumettra sans peine. Les avantages de cette méthode ne sont pas bornés à la durée de l'enfance; elle nous prépare à supporter les contrariétés et les désappointemens de tous les âges. Les gens du peuple traitent leurs enfans bien autrement : l'un d'eux crie-t-il sans raison? sa mère se fâche et le bat; alors il a raison de crier, et il crie de telle sorte que son petit cœur semble près d'éclater. La mère, toujours emportée par sa passion, bien que ce soit par une passion d'une autre espèce, s'abandonne à la pitié, cajole, flatte, caresse, tout cela pour apaiser le pauvre enfant. Que peut-il y avoir de plus nuisible? L'enfant découvre bientôt qu'en s'impatientant et en criant, il obtient ce qu'il demande. Si peu de gens, dans les classes inférieures de la société, songent à accoutumer leurs enfans à l'obéissance, il n'est pas étonnant de trouver parmi eux tant de déraison et d'opiniâtreté.

La dépendance absolue dans laquelle la nature a placé les enfans à l'égard de leurs parens, produit deux effets très salutaires. Le premier est de faire naître une habitude de soumission à l'autorité qui est une excellente préparation à la vie sociale. L'autorité du magistrat succède à celle du père, et l'on transporte aisément à l'un l'obéissance que l'on avoit pour l'autre. Le vaste empire de la Chine en fournit un exemple frappant : le respect pour les parens est la pierre angulaire de ce grand édifice ; on l'encourage comme la plus belle des vertus, et celui qui y manque est sévèrement puni (1). Le second effet d'une habitude de soumission à l'autorité paternelle, est de rendre plus facile dans la suite, la soumission à cette autorité par laquelle l'homme doit se gouverner lui-même, celle de la conscience. La jeunesse est exposée à l'entraînement des passions, et c'est un âge bien dangereux pour ceux dont l'enfance a été négligée. Mais un jeune homme accoutumé, dès les premières années, à obéir à ses parens, obéit avec moins de peine aux ordres de sa propre conscience ; et si, en entrant dans le monde, il échappe une fois aux périls qui l'y assiégent, l'habitude d'y résister un jour, augmente pour le jour suivant son courage et sa force.

Quoique l'autorité paternelle, sagement employée, n'ait ainsi que d'heureux résultats et pour le bonheur particulier et pour la société, Rousseau,

---

(1) L'exemple est mal choisi ; il va beaucoup plus loin que les principes mêmes de lord Kaims. A la Chine, dans les relations de famille, comme dans toutes les autres relations sociales, l'obéissance des enfans pour leurs parens n'est pas une obéissance respectueuse, loi de la nature, imposée d'abord par la nécessité, ensuite par la reconnoissance ; c'est une obéissance servile, une loi civile qui fait des esclaves, et non de bons fils. (F. G.)

méconnoissant cette loi de la nature, veut que l'on exempte les enfans de toute sujétion, et que l'on se conforme à toutes leurs fantaisies, tant qu'elles ne font de mal à personne. Je ne puis deviner quel principe imaginaire il a trouvé dans la nature humaine, qui dût le conduire à ce résultat. Un enfant est incapable de juger par lui-même et pour lui-même, et il n'auroit pas besoin d'être dirigé par ses parens! C'est là une étrange idée. Quel mal y a-t-il donc à dire à un enfant qu'il a tort de désirer ce qu'il désire, ou qu'en faisant ce qu'il veut faire, il seroit haï ou méprisé? Si l'enfant n'est pas assez avancé pour comprendre ce langage, il n'y a de ressource que l'autorité, et il s'y soumet sans peine. Rousseau affirme que vous ne pouvez prétendre à aucune autorité sur votre élève, que vous n'avez que le droit du plus fort, et que ce n'est que par ce droit que vous pouvez le soumettre. N'est-ce pas là lui enseigner que le droit est fondé sur la force, et qu'il pourra légitimement soumettre quiconque sera plus foible que lui? Rousseau vouloit-il faire de son élève un tyran et un oppresseur? Il ne pouvoit s'y prendre mieux pour y réussir.

C'est un moyen infaillible de rendre un enfant malheureux, que de se prêter à toutes ses fantaisies. Ses désirs, à mesure qu'ils sont remplis, se multiplient sans être jamais satisfaits; les parens sont bien heureux s'il ne leur demande pas la lune pour en faire un joujou. On ne peut tout accorder, et un refus, après une longue complaisance, désole beaucoup plus la petite créature que si l'on avoit commencé par là. Un enfant affligé a de grands droits à l'indulgence, mais plus on cédera à ses caprices, plus il deviendra volontaire et impatient quand il ne pourra tout obtenir.

Je connois un mari et une femme, excellentes gens, exclusivement imbus des principes de Rousseau, plus je crois par goût que par conviction. Ils ont rarement employé, pour diriger leurs enfans, d'autres moyens que des prières et des promesses. Comme le père jouoit un jour aux échecs avec l'un de ses amis, un de ses enfans, petit garçon d'environ quatre ans, prit un pion sur l'échiquier, et l'emporta pour s'en amuser. « Harry, dit le père, rends-nous ce pion, je te donnerai une pomme. » L'enfant rendit le pion, eut bientôt mangé la pomme, et vint prendre un autre pion; on fut obligé de suspendre la partie, jusqu'à ce que l'enfant, ayant faim, s'en allât souper. Je voudrois que ces parens examinassent bien s'ils ne se trompent pas eux-mêmes; ils croient n'avoir d'autre motif d'agir de la sorte, que leur tendresse pour leurs pauvres petits; leur vrai motif, c'est leur propre foiblesse et la complaisance qu'ils ont pour elle aux dépens de leurs enfans. N'est-il pas évident que satisfaire tous les caprices de petits êtres dépourvus de raison, c'est donner aux fantaisies une autorité absolue et détrôner la vertu? On dira peut-être que le fait que je viens de rapporter sort de la règle générale, puisque, dans ce cas, l'enfant, par sa pétulance, nuisoit à d'autres personnes. Cette règle générale doit donc être fort resserrée : mais laissant ce premier exemple, que dira-t-on de celui-ci ? Un homme qui alloit voir un de ses amis, entendit crier, sur l'escalier, le petit maître de la maison; on rapporta à la mère alarmée, que son fils vouloit monter sur la table, et se mettre à cheval sur le *roast-beef*, mais que le cuisinier s'y opposoit; la mère vouloit que Dick fît sa volonté; mais le père s'avisa de penser que le rôti pouvoit fort bien être un siège beaucoup trop chaud pour l'enfant. Rousseau auroit encore été obligé de faire ici une exception, car il ne pouvoit vouloir que les parens laissassent leurs enfans se faire eux-mêmes un mal grave. Sa doctrine ainsi réformée, consiste donc simplement à laisser aux enfans pleine liberté dans les choses indifférentes, où ils ne peuvent nuire ni à eux-mêmes ni aux autres, et j'y souscris volontiers. C'est ainsi qu'un principe solennellement énoncé d'abord comme d'une importance extrême et presque exclusive en fait d'éducation, perd, lorsqu'on l'examine de plus près, la plus grande partie de son domaine, et s'évanouit en fumée (1).

---

(1) Lord Kaims auroit dû peut-être mieux distinguer ici le principe de son exagération : c'est ce qu'il faut faire en lisant Rousseau. Otez l'exagération qui est l'enveloppe, arrivez au noyau qui est le principe, vous le trouverez presque toujours sain.

(F. G.)

JOURNAL

ADRESSÉ PAR UNE FEMME A SON MARI, SUR
L'ÉDUCATION DE SES DEUX FILLES.

Numéro XXII.

J'AI été obligée de faire ces jours-ci, mon ami, une consultation pour Sophie qui grandit beaucoup, et dont la taille est très délicate : le médecin m'a tout-à-fait rassurée, et je crois pouvoir être parfaitement tranquille pour le présent et pour l'avenir. Mais cette pauvre Sophie est à peine remise de l'agitation que lui a causée la visite du médecin. Il a fallu qu'on la déshabillât au moins à moitié, pour qu'il examinât ses épaules et ses hanches. Je ne lui en avois rien dit d'avance, parce que je savois que le chagrin et l'agitation que lui causeroit cette idée s'augmenteroient par la réflexion ; et, comme un étranger impose toujours aux enfans, j'étois sûre, en présence du médecin, de n'éprouver aucune résistance. Seulement, lorsque la pauvre petite a vu de quoi il s'agissoit, elle m'a regardé d'un air effrayé ; elle a pâli, rougi, et ses yeux se sont remplis de larmes. Cependant elle s'est laissé faire, et je n'ai eu à surmonter que quelques légers mouvemens d'opposition, presque involontaires, toujours accompagnés d'un regard jeté sur moi, et que faisoient cesser un signe et une caresse. Enfin elle a pris son parti de fermer les yeux pour ne pas se voir et ne pas voir ceux qui l'entouroient. Mais sa bonne, que j'avois fait entrer pour expliquer au médecin quelques mauvaises habitudes de maintien, étant sortie sans fermer tout-à-fait la porte, Sophie, qui a entendu dans l'antichambre une voix étrangère, a cru qu'on alloit entrer; elle s'est jetée dans mes jupons en poussant des cris d'effroi; elle avoit réellement perdu la tête. La consultation finie, je l'ai calmée, je lui ai fait entendre raison beaucoup mieux qu'elle ne l'auroit entendue avant, lorsqu'il pouvoit y avoir quelque utilité à s'y refuser. Je suis sûre qu'à présent elle consentiroit à une seconde visite; mais je lui ai promis qu'elle ne seroit pas nécessaire, parce qu'en effet je le crois. Cependant d'ici à quelque temps elle ne verra pas le médecin sans quelque peine, et son nom même lui causera une impression désagréable. Sa grande frayeur étoit qu'il ne parlât de cette malheureuse visite. Je l'ai assurée que les médecins ne parloient à personne de ce qui avoit rapport à la santé des personnes qui les consultoient; elle m'a fait promettre que je n'en dirois rien. Elle a cru hier que sa bonne vouloit en parler, elle lui a sauté sur la bouche pour la faire taire, et je suis sûre qu'elle n'en a pas dit un mot même à sa sœur.

Je suis bien aise que ce soit fini. Si cette consultation n'avoit pas porté toutes mes idées sur un objet d'un très grand intérêt pour moi, j'aurois, je vous l'avoue, partagé à un certain point les enfantillages de ma pauvre Sophie. Il m'est impossible de ne pas voir dans une petite fille l'individu qui sera un jour une femme, sur qui non seulement les regards, mais les pensées, ne devront se porter qu'avec retenue, destinée à rougir péniblement du simple soupçon d'une idée qui attenteroit à sa personne. Mon ami, cette personne, c'est la même, rien n'en interrompra les souvenirs. Tout ce qu'on lui dira d'elle, tout ce qu'on se rappellera d'elle, quelle que soit la différence et la distance des âges, portera toujours sur elle.

Il seroit certainement très désagréable à une femme de vingt ans qu'un homme pût lui dire qu'il l'a vue, fût-ce à quatre ans, dans une situation contraire aux idées de décence qu'elle portera alors sur toutes les époques de sa vie, sur tout ce qui appartient à sa personne; et moi, pour qui existe déjà par anticipation cet avenir qu'une enfant ne connoît pas encore, je lie d'avance les idées comme elle les liera elle-même; et j'ai déjà besoin pour elle de ce respect qui lui deviendra un jour si nécessaire. Aussi ne puis-je souffrir cette liberté avec laquelle on traite quelquefois les petites filles encore enfans. Vous avez ménagé mes manies sur ce point, et vous savez, mon ami, si j'en ai été reconnoissante. Mes filles presque toujours avec moi, et généralement peu familières avec les étrangers, n'ont jamais été exposées à ces jeux qui me choquent; mais je n'ai pas toujours pu éviter les plaisanteries. Il n'y a pas de petite fille à qui, par exemple, on n'ait souvent demandé en riant combien de fois elle avoit eu le fouet dans la journée ou dans la semaine, ou quelque chose de pareil.

C'est une plaisanterie à laquelle ne manquent guère les hommes qui causent avec des enfans, car je ne me souviens pas de l'avoir entendu faire par des femmes. Je n'ai jamais osé la repousser qu'indirectement : en ce genre on regarde comme pruderie tout ce qu'on n'entend pas ; et les hommes attachent quelquefois tant d'importance à une femme, par cela seul qu'elle est femme, qu'ils n'imaginent guère ce qu'on en peut mettre à celle qui ne l'est pas encore. Il m'a semblé d'ailleurs qu'une pareille discussion auroit devant mes filles beaucoup plus d'inconvéniens que la plaisanterie même, et peut-être me suis-je un peu laissée aller à la foiblesse qui me l'auroit rendue désagréable, même en leur absence. Heureusement Sophie commence à être trop grande pour qu'on lui adresse de pareilles gentillesses. Louise l'est déjà bien assez pour s'en fâcher, mais non pas de la même manière que moi. Un enfant qui n'a jamais subi cette sorte de punition, tout en sachant ce que c'est, n'y attache aucune image positive ; il ne s'en indigne que comme d'une supposition injurieuse à sa sagesse, et de l'idée d'un châtiment qu'il ne peut pas mériter. Ainsi, l'impression n'est réellement désagréable et fâcheuse que pour moi.

Je crois de même pouvoir me rassurer sur l'effet de beaucoup de discours qu'il est impossible que n'entende pas la petite fille la mieux surveillée. On n'imagine pas combien dans la conversation la plus décente, il peut se trouver de choses capables d'alarmer une mère, si elle ne savoit combien est peu entendu d'ordinaire ce qui lui paroît beaucoup trop clair, combien est peu remarqué ce dont elle pourroit craindre qu'on ne tirât matière à réflexion.

Les enfans ont long-temps, pour se défendre des impressions qui pourroient leur être dangereuses, une incohérence naturelle d'idées qui ne leur laisse arriver du dehors rien d'entier, rien de complet : les choses ne se lient dans leur tête que lorsqu'ils les ont vues eux-mêmes se tenir naturellement, ou lorsque, par un raisonnement à leur portée, on leur en fait suivre la conséquence; mais entre deux idées qu'ils auront reçues isolément, la place reste vide, et il ne leur est pas nécessaire de la remplir. Le besoin de comprendre est borné pour eux comme la faculté; ils consentent, sans nulle peine, à ignorer le comment et le pourquoi des choses; leur curiosité, si facilement excitée, est facilement satisfaite, et encore plus facilement découragée; et sur les choses que vous ne voulez pas leur expliquer, le besoin de savoir et de comprendre s'arrête sur-le-champ devant la fatigue et la difficulté d'un raisonnement qu'ils seroient obligés de faire eux-mêmes.

Voilà ce qui supplée à des soins de prudence que nous ne saurions jamais rendre suffisans; voilà ce qui maintient nos filles dans l'ignorance qu'il est nécessaire de leur conserver sur certains objets, autant et aussi long-temps qu'il sera possible.

Cette ignorance est une grâce : elle peut être un avantage, non qu'on doive craindre, je crois, pour les jeunes filles les effets d'une imagination toujours tardive, et si on la laisse à sa pente naturelle, rarement disposée à une grande activité, mais il faut éviter de jeter dans l'oisiveté de la tête des enfans des idées dont ils ne peuvent encore deviner l'importance, dont la place n'est pas encore réglée par les sentimens destinés à en déterminer l'emploi. Ce sont ces sentimens qu'il est, je crois, aussi aisé qu'important de faire naître de très bonne heure chez les petites filles. Il n'est pas besoin de la réflexion ; leur effet même est de l'écarter ; la pudeur, ce respect religieux pour soi-même, qui couvre la personne d'une femme d'un voile mystérieux et impénétrable à sa propre pensée, ne s'est jamais demandé compte de ses motifs ; leur explication l'arrêteroit trop long-temps sur les objets dont elle doit s'écarter, et la pudeur a souffert plus d'une fois des conseils raisonnés de la vertu : aussi n'est-ce point la vertu qu'il s'agit d'apprendre aux jeunes filles, elle a besoin de trop de lumières sur le vice. La pudeur marche les yeux fermés, chérit les ténèbres, tremblera au premier pas par lequel il faudra un jour la faire sortir de l'ignorance. Qu'une jeune fille, avant de pouvoir songer à en demander la raison, sache recevoir de certaines actions le sentiment de la honte ; que la répugnance qu'on lui montrera pour certains mots aussitôt qu'ils pourroient sortir de sa bouche, lui apprenne à ne les entendre même qu'avec dégoût ; que pour paroître aux yeux des autres, elle accumule les précautions de la décence, et que ses précautions de décence, quand elle se trouvera seule, soient telles qu'elles pussent, à la rigueur, suffire contre les regards des autres. Je ne voudrois pas que, portes et verroux fermés, une jeune fille, déjà capable de se former quelques habitudes, seule avec sa bonne et sa sœur, se crût suffisamment vêtue de sa simple chemise; je ne voudrois pas qu'elle pût être si facilement rassurée contre la crainte, que sais-je? d'un regard qui pourroit passer par la serrure. Je ne voudrois pas qu'elle-même pût se voir, tranquillement et sans aucune gêne, dans un état si peu convenable. Cette réserve augmentera naturellement à mesure qu'elle grandira, sans qu'il soit nécessaire d'y ajouter de nouveaux motifs que ceux de l'habitude, qui se fortifie toujours à mesure qu'elle se prolonge.

Il ne sera guère plus difficile d'augmenter graduellement sa retenue dans ses rapports avec les hommes; un air de désapprobation, plus grave et plus réservé qu'à l'ordinaire, sur certaines familiarités devenues peu convenables; une leçon qu'on aura soin de ne donner jamais en présence de témoins, imprimeront dans son esprit un sentiment de crainte d'autant plus puissant, que, comme les terreurs de la nuit, fondé non sur des motifs, mais sur des impressions, il n'offrira pas à la raison une base qu'elle puisse ébranler. D'ailleurs il sera entouré de tous les appuis que peut fournir la raison à un sentiment qu'elle ne s'est point chargée d'expliquer; il aura pour lui l'assentiment général, l'usage, l'opinion de ceux qu'on est accoutumé à respecter : il n'en faut pas davantage pour maintenir souvent en nous, jusqu'à la fin de notre vie, des opinions dont nous ne nous sommes jamais demandé compte. Armée de ces utiles préjugés, une jeune fille marchera long-temps en sûreté contre elle-même et contre les autres. La curiosité ne troublera que rarement et passagèrement un repos d'esprit dont ses plus longues habitudes lui auront appris qu'elle ne doit pas chercher à sortir; les premières idées même qu'éveilleront en elle l'âge qui s'avance, ses yeux qui commencent à s'ouvrir sur ce qui se passe autour d'elle et par rapport à elle, écarteront d'une imagination qu'elles commencent à occuper ces mouvemens d'une curiosité encore vaine et oisive, parce qu'elle ne se rapporte à aucun mouvement qui lui soit encore personnel. Quelle jeune fille, occupée du soin de plaire et de se parer, enivrée du premier effet de ses agrémens, livrée à l'agitation de ses premiers succès, trouvera dans sa tête de la place pour d'autres idées? Comment, dans ses rapports avec les hommes, dont les soins ou seulement l'attention commencent à l'instruire de son importance, verroit-elle, désireroit-elle autre chose que l'exercice et la preuve de cette importance, plaisir si nouveau pour elle, conquête tout-à-fait inattendue? S'avisera-t-elle de chercher quel est le but de ces soins, de ces attentions? Ira-t-elle réfléchir sur les raisons de cette déférence qu'on commence à lui rendre? Il suffira qu'on la lui ait rendue pour qu'elle lui paroisse naturelle,

Il y a dans toute distinction, petite ou grande, un pouvoir secret qui vous persuade immédiatement que vous la méritez; et celui ou celle à qui on obéit, non plus que celui ou celle qu'on salue avec un peu plus de respect qu'à l'ordinaire, n'imaginera guère de se demander pourquoi.

Mon ami, il y a un pourquoi que les honnêtes femmes, même arrivées en âge de raison et de connoissance, ne se demandent presque jamais. Cette femme décente, délicate, attachée à ses devoirs, que vous voyez cependant recevoir, je ne dis pas sans colère, mais même avec une sorte de complaisance, les soins d'un homme qu'elle n'aime point, qu'elle ne veut point aimer, et dont elle ne peut douter que toutes les démarches ne tendent à se faire aimer d'elle, croyez-vous qu'elle ait arrêté sa pensée sur le but où se portent ces espérances qu'encourage sa douceur à les souffrir? Croyez-vous qu'elle se soit bien dit, bien représenté ce que veut d'elle cet amour où elle ne semble voir qu'un divertissement? Soyez-en bien certain; si cette idée s'étoit montrée à elle dans toute sa vérité, dans toute sa force, la colère et le dégoût, premiers mouvemens si naturels à toute femme que défend la pudeur et que n'a pas séduite l'amour, lui auroient sur-le-champ rendu insupportables ces soins insultans que toutes ont la foiblesse de prendre pour des hommages. Mais toutes, entièrement occupées du moment présent, se gardent d'aller plus loin. Qu'une femme voie un homme la suivre de ses regards, la chercher en tout lieu, saisir toutes les occasions de s'approcher d'elle, eh bien! il a du plaisir à la voir, à l'entendre; elle lui plaît: est-ce à elle d'en être surprise? Mais qu'est-ce que c'est que plaire? C'est être celle qu'on aime à voir et à entendre, qu'on est heureux d'approcher. Voilà l'idée générale dont elle se sent frappée, dont elle ne cherche pas à se rendre compte, dans laquelle elle ne cherche à démêler ni cause ni conséquence. Dans un regard tendre elle ne verra que de la tendresse, et dans la joie qu'elle causera par un mot bienveillant, elle n'aura garde d'apercevoir toute la chaîne d'espérances qu'elle a fait naître. A la vanité qui la préoccupe, à l'irréflexion qui l'entraîne, se joint cette habitude de son imagination d'éviter certains objets, ou plutôt de ne les point rencontrer. Il est une foule d'idées familières à l'imagination d'un homme, qui passent à peine et de loin devant celle d'une femme modeste et retenue. Celles qui, dans leurs mœurs, se sont permis plus de ressemblance avec les hommes, bien plus franches à cet égard avec elles-mêmes, et par conséquent avec les autres, repousseront bien plus décidément l'homme qui ne leur plaît pas, parce que, bien plus intelligible pour elles, il leur déplaira bien davantage. Mais, à l'égard d'une femme honnête, le langage de l'amour a bien rarement la même signification pour celui qui le parle et celle qui l'écoute.

Je n'ignore pas les inconvéniens d'une pareille disposition: je sais par combien d'imprudences peut s'engager, sans le vouloir, une femme qui répond à ce qu'elle n'entend pas par des paroles qu'on interprète dans un sens tout différent de celui qu'elle leur a donné ; je sais aussi combien ce silence de son imagination donne de temps à la séduction pour arriver jusqu'à son cœur : c'est à des soins, à des conseils de prudence, destinés à un âge plus avancé, à en prévenir, s'il se peut, les dangers. Mais, quels que soient ceux qui peuvent résulter pour une femme de l'innocence de l'ame, de la pudeur de l'imagination, jamais ils ne se pourront comparer à ceux qu'elles lui évitent. Combien de momens gagnés, combien d'occasions dangereuses épargnées à celle que l'ennemi n'osera jamais approcher qu'avec de longs détours, qu'effaroucheroit une galanterie, qu'indigneroit le soupçon d'une espérance hardie, dont l'imagination enfin avertie ne s'éveilleroit d'abord qu'à l'effroi, et chez qui la pureté des pensées survivroit encore long-temps au courage du cœur! Mon ami, ne croyez-vous pas que la patience pourra souvent manquer à l'assaillant peut-être au moment de la victoire? Le seul à craindre seroit celui qui aimeroit véritablement ; et si peu de femmes se sont trouvées exposées au danger d'être véritablement aimées!

P. M. G.

VIIe LETTRE AU RÉDACTEUR.

DE L'EXERCICE DE LA PAROLE.

(*Continuation.*)

Si l'on examine ce qui contribue à la formation des consonnes, on trouve que c'est l'obstacle qu'opposent la glotte, la cavité du nez, et surtout la langue avec le palais ou les dents, et les lèvres.

b. Pour prononcer la lettre *b*, le nez est fermé par le voile du palais, la langue reste étendue et tranquille, les lèvres fermées poussent et laissent échapper l'air contenu dans la cavité de la bouche. Cet air ne produiroit aucun effet sensible sur notre oreille, à ce qu'observe M. de Schl..., si préalablement il n'avoit été comprimé pour devenir plus dense que l'air atmosphérique : c'est là une condition indispensable, selon lui, pour toutes les lettres nommées explosives, *b* ou *p*, *d* ou *t*, *g* ou *k*. — Le *b* se distingue du *p*, selon M. de Kempeln, en ce qu'il n'y a pour le dernier aucun mouvement sensible de la glotte, et qu'il n'est entendu qu'avec la voyelle qui suit, sans être précédé comme l'autre d'un son perceptible. M. de Kempeln combat d'ailleurs l'idée que le *p* ne soit qu'un *b* plus fort, quoique les lèvres me semblent, en effet, plus tendues et plus élastiques en prononçant le *p*. Il m'a paru que les personnes qui avoient les lèvres très molles et grosses ne caractérisoient pas très bien ces deux labiales; je n'ai cependant pas assez d'expérience pour généraliser cette idée. Ces lettres se prononcent assez facilement: *pa-pa*, *ba-ba*, sont les premiers mots de l'enfance. Il y a néanmoins, en Allemagne, des provinces où, faute d'exercice, on emploie le *b* et le *p* l'un pour l'autre. Plusieurs langues orientales n'ont pas de *p*; les Chinois n'ont pas le *b*; les Espagnols sont encore sujets à confondre le *b* et le *v*, malgré les efforts de l'Académie de Madrid pour corriger cet abus. Dans le *b* on barre tout le passage à l'air, afin de le comprimer, comme dans toutes les explosives; dans le *v* le passage n'est jamais fermé, il n'est que rétréci par le rapprochement de la lèvre inférieure et des dents incisives supérieures, afin que l'air, forcé de franchir le défilé, produise une espèce de sifflement. Nous verrons, en parlant de l'*m*, comment cette lettre se change quelquefois en *b*.

L'exercice peut remédier à ces défauts dans l'enfance; et pour bien faire prononcer le *b* à ceux qui auroient de la difficulté, on a conseillé de le faire précéder de *m*, et en français d'un son nasal, comme *ombre*, *sombre*, où la disposition des muscles est à peu près la même. On dit que les Hurons prononcent mal les labiales, parce qu'ils se percent les lèvres pour y mettre des ornemens.

c. Le *c* a tantôt le son de *s*, tantôt celui de *k*, et nous n'en parlerons que dans ces articles. On placera *ch* à la suite de *s*.

d. Pour le *d*, l'air est intercepté par la langue,

dont la pointe s'élève et touche aux dents ou au palais. *D* est à *t* ce que *b* est à *p* : le premier, selon M. de Kempeln, exige toujours le mouvement de la glotte; il est le seul que le peu de tension des muscles permette de faire précéder d'un son, qui s'échappe avant que de le prononcer. Le nez est fermé par le voile du palais; la langue, un peu élargie, peut s'appuyer contre le palais, derrière les incisives supérieures, sans que les dents y contribuent spécialement, puisque les enfans le font entendre même avant qu'elles soient nées. On apprend mieux à prononcer le *d* en le faisant aussi précéder d'un son nasal; et les enfans disent plutôt *bande* que *bade*. Il y a des hommes qui, par mauvaise habitude, changent le *d* en *g* et le *t* en *k*, ce qui est pourtant fort rare. Il en est d'autres, comme les Saxons, qui changent le *d* en *t* ; et l'on a entendu chanter, sur un théâtre de société, *blaignons, blaignons la bauvreddé*.... M. de Schl... donne la méthode suivante, pour corriger l'habitude vicieuse qui substitue les consonnes fortes aux foibles : il faudroit commencer par prononcer les sifflantes, par ex. l'*s*, et choisir les mots à finale tantôt douce, tantôt forte, p. ex., *base* et *basse*, *baise* et *baisse*; *lise* et *lisse*, *rose* et *rosse*, *ruse* et *russe*, *épouse* et *pousse*. L'écolier doit chanter après sur toute finale donnée p. ex. *baze*..... *z*.... *z*... *z*.... Après avoir assez exercé sa glotte à vibrer pendant que la langue prononce l'*s*, on parviendra à ne pas laisser entendre le *z* plus long-temps qu'il ne faut dans la conversation, et même à prononcer alternativement *base*, *basse*, *base*, etc. Après avoir marché ainsi de sifflante en sifflante, on finira par les trois explosives. Quelques peuples de l'Amérique n'ont pas le *d* dans leur langue : les Moxes du Pérou, manquent en outre de *f* et de *l*, à quoi faisoient allusion les Missionnaires, en disant que l'on y étoit *sine Deo*, *sine lege et sine fide*, sans Dieu, sans loi et sans foi.

f. Le son *f* se produit sans une action particulière de la glotte ; le nez est fermé, la langue en repos : mais la lèvre inférieure est contractée de manière que la marge interne s'approche des incisives supérieures, en laissant cependant une petite ouverture pour laisser échapper l'air contenu dans la bouche. Lorsqu'on veut produire ce sifflement avec un instrument, il faut qu'une marge de l'ouverture soit arrondie tandis que l'autre est tranchante ; la flûte en donne, en partie, un exemple. On voit que les incisives supérieures sont nécessaires pour produire le *f*, puisque les enfans et les vieillards qui n'en ont pas, ne le prononcent pas bien ; ils forment seulement avec les lèvres le son que l'on fait entendre en soufflant sur quelque chose de chaud afin de le refroidir. Les personnes qui, pour cette lettre, se servent des incisives inférieures avec les dents supérieures, ont toujours un air d'affectation. Les enfans qui ont le menton et la lèvre inférieure un peu trop avancés, sont plus sujets à ce défaut. Ceux qui perdent les incisives supérieures avant que d'avoir les dents de sept ans, peuvent aussi le contracter; mais on peut y remédier en leur montrant le mécanisme de la formation de ce son. Les incisives se trouvent quelquefois écartées, et alors on est disposé à faire servir les canines pour prononcer le *f*, ce qui fait grimacer les traits du visage et ne produit jamais le même effet. On conçoit que le seul remède à cet inconvénient seroit de boucher l'ouverture qui sépare les incisives. Les orateurs se font quelquefois mettre des dents artificielles. Le *f* est rarement changé en *v*. En français, le *f* s'adoucit surtout dans le féminin des adjectifs *vif*, *vive*; *bref*, *brève*. Plusieurs langues ont le *pf* et le *ph*, qui ne diffèrent pas, pour la prononciation, du *f*.

g. Le *g*, prononcé comme au commencement du mot *garde*, a besoin de l'entremise de la glotte, le nez étant fermé par le voile du palais. La langue est posée à plat derrière les incisives inférieures, et sa racine touche à la partie molle du palais. Les lèvres sont plus ou moins ouvertes, mais les dents n'ont aucune part à la formation du son. C'est par sa réunion avec une voyelle qu'on l'entend le mieux.

Le *k* ou le *c*, devant *a*, *o*, *u* et les consonnes, n'en diffère que par l'inactivité de la glotte et par une plus grande impulsion de l'air sonore qui perce dès que l'obstacle qu'oppose la racine de la langue est levé.

A la fin du mot, après *n*, le *g* participe au son nasal; en français, il est nul, comme dans le mot *long*.

Le *g* et le *k* ne sont pas très difficiles à prononcer, mais on les remplace souvent l'un par l'autre; et les enfans disent aussi *ta* au lieu de *ka*. On aura soin de leur faire remarquer qu'il faut fermer le passage de l'air par la racine de la langue, et non par la pointe.

Dans la langue allemande, le *g* conserve à peu près toujours le même son, tandis que, dans la française, il change devant *e* et *i*, où il prend celui du *j*.

h. *h* annonce naturellement l'aspiration d'une grande quantité d'air poussée par la glotte. Il est quelquefois difficile à prononcer pour des Français, qui aspirent peu de voyelles. Je ne saurois mieux faire concevoir le caractère de l'*h*, qu'en copiant ce qu'a bien voulu me communiquer à ce sujet M. de S. : « Si, pendant que l'*h* se fait entendre, la glotte devenoit active, ses vibrations produiroient le chant. Si, dans la cavité de la bouche, les parois mobiles s'approchoient des parois fixes au point de faire éprouver une répercussion, un résonnement, des échos à l'air vibré par la glotte, on entendroit une voyelle quelconque. Si quelque organe s'approchoit de si près d'un autre que l'*h* ne pût sortir par une si petite ouverture sans se frotter contre ses bords, on entendroit une consonne sifflante. Si, au contraire, les organes se joignoient tout-à-fait, l'air, par l'action des poumons, se comprimeroit jusqu'à ce qu'il y eût équilibre de densité entre les cavités de la bouche et celle des poumons; et si cet air, d'abord comprimé, mais ensuite devenu libre par la séparation subite des organes qui lui avoient barré le chemin, recherchoit son équilibre avec l'air atmosphérique, on entendroit une consonne explosive : selon que l'*h* est modifiée en voyelle, de nouveaux mouvemens artificiels en feront des demi-voyelles ; tantôt nous aurons des consonnes sifflantes ou explosives qui seront chantables, ou non, selon que la glotte prêtera son jeu ou restera tranquille. Voilà le cercle de toutes les articulations qui composent nos langues. » Plus familière aux Allemands et aux Anglais, l'aspiration est inconnue aux Espagnols et aux Italiens.

k et *qu*. *k* et *qu* sont parfaitement identiques pour le son, et nous en avons indiqué le mécanisme en parlant du *g*. Observons seulement qu'en général l'*u* de *qu*, presque toujours nul en français, se prononce séparément dans les autres langues ; il ne se fait pourtant pas entendre non plus en espagnol devant l'*e* et l'*i*.

l. Le son de *l* exige que le conduit du nez soit fermé ; la pointe de la langue est appuyée contre le devant du palais, derrière les incisives. Les dents ne participent pas à la formation, mais la bouche est entr'ouverte, et l'air passe aux deux côtés de la langue, qui en fend pour ainsi dire la colonne en deux parties.

On prétend ordinairement que *l* mouillé diffère du précédent en ce que l'obstacle est produit par la partie moyenne de la langue, qui devient arquée en touchant le palais, la pointe étant inclinée vers les incisives inférieures. M. de S. est de l'opinion de quelques grammairiens français qui croient que l'*l* dite mouillée est un son compliqué, parce qu'il ne peut pas être prolongé à volonté comme les voyelles simples, les demi-voyelles, et les consonnes sifflantes. On prolonge une *l* ordinaire tant qu'on veut ; si on prolonge une *l* mouillée, on finit par entendre tout autre chose qu'une *l*; par ex. dans les mots *orgueil* ou *deuil* prononcés emphatiquement par un orateur dans une tirade, on entend le jota des Allemands. Quand une *l* mouillée se trouve entre deux voyelles, la deuxième syllabe devient diphthongue moyennant un *i* brévissime et très sourd, p. e. *Veiller*, *veille*, se prononcent en deux syllabes, *vè-lie*, *vè-lia*. Le jota allemand qu'on entend à la fin du mot *veille* se trouve dans un petit nombre de mots, tout seul, après quelque voyelle ; et c'est ce que les grammairiens ont exprimé par le terme assez bizarre de *mouillé*, *foible*, ce qui semble contenir l'aveu que tout *l* peut être prononcé séparément. En effet, le dernier son du mot *paye* est le même que celui du mot *veille*. Qu'on prononce plusieurs fois de suite, tantôt rapidement, tantôt avec le degré de lenteur qu'on croira convenable, les trois mots *veille*, *paye*, *abeille*, et qu'on se demande si le dernier son que l'oreille peut saisir dans ces trois mots, n'est pas constamment le même. Les Parisiens ont assez l'habitude d'y substituer un *j* allemand, prononçant la dernière syllabe de *brouillé* comme la première du mot *jena*.

DE L'ÉDUCATION.

l. Ne permet pas une autre consonne immédiatement après lui dans la même syllabe. Quelques personnes disent Chidléric pour Childéric, en transportant *l* après *d;* cela tient à une certaine pesanteur de la langue. On voit des enfans prononcer *l* au lieu de *r*, faute qui est facile à corriger. Les Hottentots n'ont pas de *l*, et les nations américaines emploient un *tl*, qu'on rencontre souvent, comme dans *tletli*, feu, etc.

FRIEDLANDER.

(*La suite au prochain Numéro.*)

---

*Suite de l'*ESSAI

SUR L'ÉDUCATION NATIONALE

DANS LES ÉTATS-UNIS D'AMÉRIQUE,

Et fin de la Seconde Partie, qui concerne les COLLÉGES.

Marche progressive à suivre pour l'établissement des Colléges.

Nous voici presque au bout de notre tâche relativement aux *Colléges*. Nous avons suivi le cours, les embranchemens, les retours de leurs études, calculé leurs dépenses, indiqué leur police; nous avons essayé de faire voir comment on pourroit trouver pour eux de bons professeurs, et développer les dispositions des enfans, former leur esprit, leur procurer un assez grand nombre de connoissances réelles, sans altérer leur caractère par le malheur ou par l'ennui ; cultiver à la fois leur tête et leur cœur, leur jugement et leur morale.

Mais nous avons décrit ces colléges tels qu'ils seront dans leur pleine marche, et lorsqu'ils auront des élèves pour toutes leurs classes.—Il est temps d'observer qu'ils ne peuvent pas commencer ainsi ; et qu'il y aurait de l'inconvénient à établir tous les professeurs avant qu'on pût leur donner à tous des élèves, et des élèves préparés comme il convient pour leur classe, par l'instruction préliminaire que demande notre plan d'études.

Ou les professeurs des classes supérieures seroient plusieurs années sans travail, ou ils seraient obligés d'admettre des écoliers qui n'auroient point suivi les classes inférieures ; alors les classes supérieures ne seraient plus des parties intégrantes d'un système général d'enseignement. Elles ne deviendroient, pour leurs écoliers, que des *écoles spéciales*; à peu près comme nous avons pensé qu'elles pourroient l'être par la suite et dans les grandes villes, pour quelques écoliers vétérans ou externes, qui, ayant terminé leur éducation, voudroient néanmoins revenir, et s'appliquer particulièrement à une science ou à une autre.

— Les professeurs s'accoutumeroient au plaisir exclusif de tenir des *écoles spéciales*. Ils deviendroient *rivaux* quand ils ne doivent être qu'*émules*. Ils mettroient leur art à faire prévaloir chacun leur classe : peut-être même et très vraisemblablement, en décriant d'une manière plus ou moins ouverte les sciences qu'enseigneroient leurs collègues, ou la méthode dont ces collègues feroient usage. Les animosités et la haine s'introduiroient dans la maison. Le fruit seroit piqué du ver, il tomberoit avant d'avoir eu sa maturité. Nous risquerions de n'avoir jamais le collége estimable que nous avons désiré, et dont l'espérance nous a donné quelque plaisir.

Avoir corrompu nos maîtres par de grandes tentations d'intérêt et d'amour-propre, seroit une très mauvaise route pour les conduire à nous donner de bons élèves.

Nous ne pourrions que difficilement ensuite ramener dans la maison l'esprit public et fraternel. Chaque professeur jaloux de ses écoliers résisteroit aux retours vers les classes antérieures, si nécessaires pour que l'éducation entière profite, et place, dans la tête des élèves, un corps de doctrine sagement pondéré.

Craignons donc de gâter nous-mêmes notre ouvrage, en voulant trop le hâter. Allons pas à pas : laissons nos institutions naître l'une de l'autre, selon leur ordre naturel. Prenons, pour former nos colléges, les six années que demandent les six premiers cours qu'on y suivra, et la préparation du septième, en y ajoutant chaque année une classe nouvelle, à l'usage de ceux qui sortiront de la classe précédente.

Il nous sera plus aisé de trouver successivement, et en six années, les professeurs dont nous avons besoin, que de les rencontrer tous à la fois; et, n'arrivant que les uns après les autres, ils se raccorderont naturellement à l'esprit de l'institution et aux habitudes qui seront prises. L'intention du législateur sera suivie constamment et sans peine.

Je proposerois de ne mettre en fonction, pendant les deux premières années, que le principal, le professeur de langues anciennes, et un domestique.

On me demandera, pourquoi mettre *un principal* dans un collége qui n'aura encore qu'un seul professeur ?

Je répondrai que c'est afin que *le principal* puisse

exister par la suite sans choquer et dégoûter le professeur.

Si, dans les deux premières années où il n'y aura d'autre professeur que celui de langues anciennes, nous lui laissions tout diriger, il ne voudroit plus reconnoître de supérieur quand le collége se completteroit, et l'on seroit obligé, ou de le nommer lui-même *principal* (ce qui seroit incompatible avec le service déjà très laborieux de ses deux classes, et, ce qui subordonneroit trop les sciences aux langues), ou de recevoir sa démission, qu'il donneroit plutôt que de devenir subalterne, après avoir exercé l'autorité suprême. Le cœur humain est ainsi fait.

Il faut donc, dès le premier moment, placer en chef celui qui doit conserver la direction générale. Les enfans naissent par la tête, et les arbres par la cime. N'inversons pas.

Le gouvernement ou les commissaires qu'il chargera de diriger l'instruction publique ne doivent choisir de chaque collége que *le principal*, et ce sera sur sa présentation qu'ils nommeront ensuite les professeurs, se réservant seulement de refuser leur agrément à ceux qu'ils n'en croiroient pas dignes, ou de le retirer à ceux qui se seroient mal conduits.

Le principal n'aura d'autorité respectée qu'autant que le droit de présenter les professeurs et les maîtres, et de nommer les domestiques lui sera conféré.

Ce sera ainsi que l'esprit d'ordre se contractera dès l'origine, et que la subordination s'établira sans difficulté, pour être toujours maintenue. Un collége, et surtout un collége qui doit recevoir des élèves en pension, est une famille artificielle; il faut absolument un *père*, et ce *père* ne peut être que le PRINCIPAL. Les professeurs ne doivent être entre eux que des *frères*, et, par rapport aux élèves, que des *oncles*.

Le collége naissant, et n'ayant encore que peu de pensionnaires, pourra loger dans une maison ordinaire, pendant que l'on construira les bâtimens qu'il devra occuper dans la suite. Ainsi, l'on ne sera point obligé d'attendre, pour les mettre en activité, que ces bâtimens soient construits.

On prendra la maison la plus grande et la plus commode que l'on pourra trouver, près du lieu où l'on élèvera ces bâtimens.

Le principal en surveillera la construction; il donnera aux élèves les *instructions de morale* : car il ne doit jamais y avoir un moment dans l'éducation où l'étude de la morale soit abandonnée ; et quand elle n'a point encore de professeur spécial, il y a de l'utilité à charger *le principal* de son enseignement; il conservera pour elle de la prédilection lorsqu'elle formera ensuite une classe particulière; et les élèves s'accoutumeront à la regarder comme la plus importante des connoissances humaines. Mettons à cet égard l'habitude et le préjugé à l'appui de la raison, et n'augmentons jamais les lumières qu'en les subordonnant aux vertus ; il en résultera toute la vie consolation pour les foibles, qui pourront se dire : *je n'ai pas pu devenir aussi grand homme* qu'un tel ou un tel, *mais il dépend de moi d'être encore plus homme de bien, et par conséquent de valoir mieux devant* DIEU, *ainsi qu'aux yeux de mes frères.*

Comme dans ces premiers momens, il y aura peu de pensionnaires, et comme il en résultera que la portion éventuelle du traitement tant du *principal* que du *professeur de langues anciennes* sera foible, on pourra leur allouer outre le traitement fixe de leur place, celui des places dont ils rempliront provisoirement les fonctions auprès du petit nombre d'élèves qu'ils auront à conduire.

Ainsi, pendant les deux premières années, le principal aura de fixe son traitement de principal, cinq cents dollars, et celui de professeur de morale, trois cents dollars, en total *huit cents dollars*, quatre mille deux cent quarante francs.

Et le professeur de langues anciennes aura, outre son traitement de professeur, trois cents dollars, un traitement de maître de quartier, deux cents dollars, en tout *cinq cents dollars*, deux mille six cent vingt-cinq francs.

Outre ce que chacun d'eux recevra du produit de ses droits éventuels.

Lorsqu'ensuite le professeur de morale et le premier maître de quartier seront nommés, si le nombre des pensionnaires n'est pas encore suffisant pour que les droits éventuels procurent au *principal* et au *professeur de langues anciennes* un traitement au-dessus de celui que ce supplément leur aura fait atteindre dans les premières années, le *comité de l'éducation* continuera de leur allouer une gratification plus ou moins forte, pour qu'ils ne se trouvent pas en perte, et cette gratification ne leur sera retirée qu'après qu'elle aura été excédée par le produit des droits éventuels. — En se consacrant à l'enseignement public dans un de nos nouveaux *colléges*, il faut qu'un savant soit assuré que d'année en année son sort s'améliorera, du moins jusqu'à ce que l'établissement de la maison et des divers cours d'instruction soit complet. Ce seront les progrès ultérieurs qu'on abandonnera aux effets de la concurrence et de l'émulation entre les différens colléges.

Durant les deux premières années on n'aura donc en

fonction que le principal et le professeur de langues anciennes, qui rempliront de plus entre eux deux le service de *professeur de morale*, et celui de *maître de quartier*, et en toucheront le traitement.

Un seul domestique suffira certainement pour la première année. Le nombre des pensionnaires décidera s'il en faudra un de plus l'année suivante.

La dépense de la première année sera de *quinze cents dollars*, non compris le loyer de la maison. Celle de la seconde pourra s'élever à *seize cent cinquante dollars*, outre le loyer.

Nous proposerons de décréter, dès le premier moment, la dépense annuelle du collège, comme s'il étoit complet, et d'autoriser *le comité de l'instruction publique* à employer, pour construire les bâtimens, les fonds qui demeureront libres par la vacance qui aura lieu dans les chaires pendant les premières années.

Si le loyer de la première maison coûte *cinq cents dollars*, il y aura la première année *quinze cents* dollars, et la seconde *mille trois cent cinquante dollars* qui demeureront libres, ou pour les deux années, *deux mille huit cent cinquante dollars*, et il est vraisemblable qu'avec cette somme on pourra en deux ans construire assez de logement pour les trois classes qui seront en activité à la fin de la seconde année.

Ce sera dans le cours de cette seconde année, que le principal cherchera un homme digne d'être présenté au comité d'instruction, pour remplir la *chaire de morale et de langue française*.

Pendant cette troisième année, le nouveau professeur, dont les fonctions sont, par leur nature, moins laborieuses que celles du principal et du professeur de langues anciennes, remplira celles de maître de quartier, et le traitement de cette place, joint à ce qui sera nécessaire en gratification pour que chacun d'eux y ait quelque avantage, sera partagé entre les deux professeurs et le principal.

Il sera possible que l'on commence à éprouver le besoin de trois domestiques, puisque trois classes étant en activité, il pourra y avoir jusques à trente ou trente-six pensionnaires; cependant la dépense n'excédera pas même, selon cette hypothèse, *dix-huit cents dollars*, parce que l'on n'aura plus de loyer à payer, et que l'on habitera dans la portion du collège qui aura été élevée. Il restera donc cette année encore *mille sept cents dollars* pour en continuer les bâtimens.

A la fin de la troisième année, et pour la quatrième, on établira, sur la présentation du principal, et avec l'agrément du comité de l'instruction, le professeur de logique, de science des sensations et des idées, et de langue allemande, et un maître de quartier. Les pensionnaires, qui, en quatre classes de pleine activité, pourront être alors au nombre de quarante ou quarante-huit, suffiront pour élever par les rétributions qu'ils donneront aux professeurs le traitement de ceux-ci à une somme suffisante pour que l'Etat n'ait plus de gratification extraordinaire à leur donner. La dépense ne sera donc pas au-dessus de *deux mille cent dollars*, et l'on aura encore *quatorze cents dollars* à employer pour l'augmentation des bâtimens.

L'expiration de la quatrième année amènera l'avènement du *professeur de géométrie* et *de sciences physico-mathématiques*, et l'existence de cinq classes pourra rendre nécessaire le secours du second maître de quartier. La dépense montera jusqu'à *deux mille six cents dollars*. Il ne demeurera, dans la cinquième année, que *neuf cents dollars* à consacrer aux bâtimens.

Avec la sixième année arrivera l'installation du *professeur de chimie*, et des autres branches de *l'histoire naturelle*, et, selon l'apparence, le besoin du quatrième domestique, pour le service d'une maison qui pourra être alors de soixante ou quatre-vingts personnes. La dépense sera portée jusqu'à *trois mille cinquante dollars*. On n'aura plus que *quatre cent cinquante dollars*, pour parfaire les bâtimens, qui auront coûté en tout *sept mille trois cents dollars*.

Si l'on ne croit pas cette somme suffisante pour la construction des édifices nécessaires à un collége, il faudra ou donner en fonds primitifs le surplus, ou porter la dépense annuelle au-dessus de *trois mille cinq cents dollars*.

Il nous suffit d'avoir montré qu'en nous conformant à la sage lenteur que paroissent exiger la meilleure combinaison des études, et le bon esprit qu'il est si important d'établir dans la maison, on trouvera, sur l'économie qui résultera du soin de ne mettre les diverses classes en activité, qu'à mesure qu'elles deviendront nécessaires, le tout, ou la plus forte partie des fonds à dépenser pour les bâtimens.

Epoque de l'ouverture des Colléges.

Je n'ai plus qu'un mot à dire, relativement à nos colléges.

Quoique nous ayons combiné leur plan d'études pour qu'il fît suite aux études des écoles primaires, dans toutes leurs parties morales, physiques, géométriques et grammaticales; et quoiqu'il soit impossible de se procurer avant quatre ans les livres classiques, dont les écoles primaires ont besoin, qui seront le fondement de l'éducation nationale, et rendront le peuple qui les emploiera le premier si supérieur à tous les autres peuples passés et présens, je ne pense point du tout qu'il faille attendre cette époque pour fonder les colléges, et commencer à les mettre en activité.

Il vaudroit mieux sans doute, si cela étoit possible, que les enfans y arrivassent avec l'excellente instruction préliminaire que leur donneront dans la suite nos *écoles*. Cependant il ne faut pas que ce *mieux*, que nous avons en vue pour les petits qui sont à la mamelle, nous empêche de faire *le bien* pour ceux qui bondissent autour de nous, et qui, dans dix ans, seront des hommes, presque au moment de prendre notre place, instruits ou non.

La constitution de nos colléges demande six années pour leur organisation complette ; nous ne pouvons trop nous hâter d'en arrêter le plan, d'en faire les lois, d'ouvrir leur première classe. Il faudroit que cela fût fait l'année prochaine.

Nos enfans y entreront, il est vrai, médiocrement préparés..., comme ont fait leurs pères.—Mais puisque nous sommes sortis des colléges qu'on avoit de notre temps, et qui ne valoient pas ceux que nous voulons fonder ; puisque cependant nous ne nous croyons pas les derniers des humains, espérons que la jeunesse, qui a présentement besoin d'instruction, en sortira meilleure que nous ne sommes ; surtout puisqu'elle sortira en effet de colléges plus sagement combinés que ceux où l'on nous a fait occuper ou perdre une belle partie de nos premiers ans.

Voyons avec plaisir que nous serons surpassés par nos

fils, qui le seront eux-mêmes par leurs enfans. Faisons la progression inverse de celle qui affligeoit *Horace*, lorsqu'il dit : *Ætas parentum*, et mettons la main à l'œuvre dès demain.

Il faut aussitôt que possible faire les grandes écoles de l'Université, qui seront moins utiles que les colléges ;

Et les colléges qui ne feront pas tant de bien que les écoles primaires ;

Et les écoles primaires qui seront la riche source des lumières, des vertus, et du bonheur de la nation.

Ces trois degrés d'instruction se supposent mutuellement ; et parce qu'ils existeront à la fois, ils en seront tous trois beaucoup meilleurs.

Les hommes d'Etat qui établiront les écoles supérieures dans l'université, recueilleront la gloire dont les savans distingués sont de très bons dispensateurs.

Les fondateurs des colléges jouiront de la reconnoissance des élèves et des parens.

Les bénédictions du ciel, la vénération de la postérité, les délices de la conscience heureuse, seront pour les créateurs des bonnes écoles primaires.

Ambitionnons tous ces bonheurs, et menons-les de front : *oportet hæc facere et illa non omittere*. Ne laissons, si nous le pouvons, à nos successeurs que des grâces à nous rendre.

Obtenons, dès la prochaine session de la législature, qu'elle décrète en même temps la confection des livres classiques pour les petites écoles, les programmes et les prix, dont cette confection devra résulter, les principes de l'organisation de l'enseignement dans ces écoles ;

Et l'institution des colléges, pour que l'exécution en commence dès l'année courante.

Et celle des grandes écoles spéciales qui completteront

l'*Université*, pour qu'elles existent l'année prochaine au plus tard.

Mais sur ce dernier point, comme nous l'avons fait pour les deux autres, tâchons d'avoir une idée nette de ce que nous voulons.

D. P. de N.

FIN DE LA SECONDE PARTIE.

LETTRES
SUR LA PHYSIQUE ET LA CHIMIE,

Adressées au Rédacteur.

Cinquième Lettre.

JE vous ai promis de vous apprendre à faire un bon baromètre. La première condition pour y réussir, c'est d'exclure exactement l'air de l'intérieur du tube de verre où le mercure doit rester suspendu. Or, c'est une chose qui demande quelques précautions. Pour exposer le procédé dans sa plus grande simplicité, je me suis d'abord contenté de supposer que l'on versoit du mercure dans ce tube, et qu'on le renversoit ensuite en posant le doigt sur l'extrémité ouverte, pour empêcher le mercure de tomber; mais si l'on bornoit là ses soins, on n'auroit jamais qu'un baromètre fort imparfait. Le mercure, comme tous les autres liquides, absorbe de l'air, s'en pénètre, le mêle avec sa propre substance, et même s'y combine : cet air s'y trouve donc engagé par deux causes, l'attraction du mercure pour lui, et la pression de l'atmosphère qui le comprime, et s'oppose au développement de son élasticité; mais, une fois placé dans le vide barométrique, la pression de l'atmosphère étant supprimée, cet air fait les plus grands efforts pour se dégager, et il s'échappe en effet en bulles qui traversent le mercure et viennent crever à sa surface; la même chose arrive, par une cause semblable, quand on met un verre plein d'eau sous une cloche vide d'où l'on a pompé l'air. Or, cet air, dégagé de nouveau, se répandant à l'intérieur du tube barométrique, s'oppose à la pression exercée par l'air du dehors; la contrebalance en partie en vertu de sa propre élasticité, et par conséquent oblige la colonne de mercure à descendre plus bas qu'elle ne descendroit si l'intérieur du tube étoit parfaitement vide : de sorte que la hauteur observée de cette colonne n'exprime plus la véritable pression de l'atmosphère, mais seulement l'excès de la pression du dehors sur celle du dedans. On voit donc que, pour connoître la pression véritable, il faut commencer par chasser cet air qui est engagé entre les particules du mercure; on y parvient en chauffant le mercure jusqu'à le faire bouillir; la chaleur, accroissant l'élasticité de cet air, le force à se séparer, et une fois dégagé des liens de l'affinité qui le retenoient, il s'échappe en bulles à travers le liquide; on ferme alors avec soin le vase qui contient celui-ci, on le laisse refroidir, et on le garde pour s'en servir au besoin.

Ce n'est pas tout; l'expérience prouve que les molécules de l'eau et de l'air adhèrent très fortement à la surface du verre; et, comme il y a toujours de l'eau en vapeur répandue dans l'atmosphère, il arrive qu'une petite couche d'eau et d'air s'attache aux parois intérieures des tubes de verre, et y adhère très fortement. Si donc on emploie un pareil tube pour faire un baromètre, et qu'on y verse du mercure, lorsqu'on aura rempli ce tube, qu'on l'aura renversé, et que la colonne de mercure sera descendue comme à l'ordinaire, la petite couche d'eau et d'air qui adhéroit aux parois du tube ne se trouvera plus comprimée par l'atmosphère qui pesoit auparavant sur elle : il lui arrivera donc la même chose qu'aux particules d'air qui étoient combinées avec le mercure avant qu'on l'eût fait bouillir ; c'est-à-dire qu'une portion de cette couche échappera à l'attraction du verre, se réduira en vapeur élastique dans l'intérieur du tube, et contrebalancera, en partie, par son élasticité, la pression de l'atmosphère extérieure : de sorte que par l'action de cette seconde cause, la colonne de mercure du baromètre se tiendra encore trop bas.

La seule ressource que l'on ait pour chasser cette petite couche d'humidité, c'est de chauffer si fortement le tube, qu'on l'oblige à se dégager ; et même il faut que cette opération se fasse après que le mercure a été introduit dans le tube ; car, sans cela, l'eau et l'air y rentreroient pendant qu'on s'occuperoit de le remplir, et s'attacheroient de nouveau à ses parois. Le meilleur moyen, le plus sûr pour dissiper toutes ces causes d'erreur, c'est de verser peu à peu le mercure dans le tube, et de chauffer à chaque fois celui-ci assez fortement pour l'y faire bouillir.

Il est vrai que cette opération paroît très difficile au premier abord ; car, le verre étant une substance si fragile, qui se casse si vite par l'effet subit de la chaleur, on doit craindre que les tubes ne se brisent dans cette tentative, et qu'il n'arrive perpétuellement des accidens : cependant la chose devient très facile en s'y prenant avec précaution, et surtout en se conduisant d'après ce que la physique nous enseigne sur la dilatation des corps. En effet, ce qui fait qu'un corps se brise quand on le chauffe, ce n'est pas l'action seule de la chaleur ; car cette action devroit fondre le corps et non le briser : sa rupture ne vient que de l'action inégale de la chaleur qui, s'exerçant différemment sur ses diverses parties, les dilate ainsi d'une manière inégale; si la dilatation est lente et graduelle, le corps cédant peu à peu, éprouve l'effet du feu sans se briser; mais si des parties voisines sont subitement dilatées dans des proportions très différentes, elles ne peuvent plus obéir ensemble à des forces aussi inégales; si l'effort qu'elles font est assez énergique pour vaincre la force de cohésion qui les retenoit unies les unes aux autres, elles se séparent, et le corps se brise : ainsi, pour éviter sa rupture, il ne faut que le chauffer graduellement; c'est ce que l'expérience confirme : en s'y prenant avec précaution et d'une manière convenable, on peut aisément faire bouillir de l'eau et du mercure dans des vaisseaux de verre; la chose est même d'autant plus facile, que ces vaisseaux sont plus minces, parce qu'alors la chaleur s'y répand plus aisément et pénètre toute leur masse avec plus de facilité.

Cela posé, voici comment on opère : on prend un petit fourneau de terre échancré par un bord, on y met du charbon que l'on allume de manière cependant à ne pas former de flamme, car la flamme briseroit infailliblement le tube si elle le touchoit immédiatement; alors on présente le tube vide sur ce feu, de loin d'abord, puis d'un peu plus près, puis de plus près encore, jusqu'à ce qu'enfin on l'échauffe très fortement; en même temps on le fait tourner sur lui-même entre les doigts pour qu'il s'échauffe de tous les côtés, et on le promène sur le feu dans toute sa longueur. Cette première opération a pour objet de chasser les petites gouttes d'eau qui pourroient se trouver par hasard dans le tube; car si on attendoit pour cela qu'on eût versé le mercure, la vapeur qu'elles produiroient le chasseroit dehors par son expansion, ou du moins elle occasionneroit des secousses qui pourroient briser l'appareil. Le tube étant ainsi bien séché, on y verse du mercure déjà bouilli, non pas assez pour le remplir tout entier, mais seulement assez pour y occuper une longueur de deux ou trois pouces; alors on présente de nouveau le tube sur le feu, mais encore avec plus de précaution qu'auparavant : on le chauffe graduellement de plus en plus jusqu'à ce que le mercure se mette à bouillir; alors on retire le tube, on le ferme avec un bouchon de peur que l'humidité ne s'y introduise, et on le laisse refroidir : cette opération doit se faire dans une chambre dont les fenêtres soient ouvertes, ou du moins dont l'étendue soit assez grande pour que les vapeurs qui s'exhalent du mercure bouillant n'incommodent pas; quand le tube est refroidi, on le reprend, on y verse une nouvelle quantité de mercure à peu près égale à la première, on le fait de nouveau bouillir, et l'on répète ainsi l'expérience jusqu'à ce que le tube soit presque tout plein; on ajoute alors la petite portion de mercure qui manque, mais on ne la fait pas bouillir, parce que l'ébullition la chasseroit dehors. Cela fait, on pose le doigt sur l'orifice ouvert du tube, on le renverse, et on le pose dans sa cuvette comme à l'ordinaire; la colonne s'abaisse, et, comme il n'y a pas du tout d'air ni de vapeur élastique dans le tube, sa longueur mesure exactement le poids de l'atmosphère : quant à la manière de mesurer cette longueur par une division et de fixer le point inférieur de niveau, à partir duquel on compte la hauteur de la colonne, cela regarde l'artiste qui construit le baromètre, et l'on peut employer pour cela divers procédés : mon but n'est point de les décrire; je me suis seulement proposé de dire comment on peut réparer un baromètre lorsqu'on en a brisé le tube, ce qui arrive fort souvent.

En observant pendant long-temps dans un même lieu la longueur de la colonne barométrique, ou ce qu'on appelle ordinairement la hauteur du baromètre, on s'aperçoit qu'elle ne reste pas constamment la même. Dans les premiers temps qui suivirent l'invention du baromètre, on croyoit que le mercure doit se tenir plus haut quand le temps est à la pluie, et qu'au contraire, par le beau temps il doit baisser : car, disoit-on, lorsqu'il doit pleuvoir, l'air est chargé d'eau ; par conséquent le poids de l'atmosphère est plus considérable ; et au contraire, ce poids doit être moindre dans les beaux temps, parce qu'alors l'atmosphère s'est déchargée de l'humidité qu'elle contenoit. Malheureusement, on a trouvé depuis par l'expérience que la quantité d'eau que l'air peut contenir augmente à mesure qu'on l'échauffe ; de sorte qu'en été, par exemple, il contient généralement beaucoup plus d'eau qu'en hiver, quoique cependant il fasse moins beau en hiver qu'en été : on a trouvé aussi que la vapeur d'eau est plus légère que l'air à volume égal, lorsqu'elle devient capable de produire une égale pression ; c'est-à-dire, par exemple, que, si l'on remplaçoit un pied cube d'air pris à une certaine hauteur dans l'atmosphère par un pied cube de vapeur d'eau à la même température, cette vapeur pèseroit moins que le volume d'air qu'elle remplaceroit, et cependant elle produiroit sur le baromètre la même pression : de là on a conclu le contraire de ce qu'on avoit pensé d'abord, c'est-à-dire, que, lorsque le baromètre s'élève, il doit faire beau temps, et qu'au contraire lorsqu'il s'abaisse, il doit pleuvoir. C'est en effet ce que l'expérience indique dans les cas les plus ordinaires ; mais, à dire vrai, la raison que l'on en donne ne vaut guère mieux que celle que l'on a abandonnée : le parti le plus sage est de considérer ces faits comme des résultats d'observation dont on ne peut jusqu'à présent donner aucune explication satisfaisante. La hauteur du baromètre éprouve des élévations et des abaissemens qui paroissent tenir aux modifications de l'atmosphère, mais dont la cause est encore inconnue : l'étendue de ces variations n'est pas partout la même ; elles sont presque nulles sur les hautes montagnes et dans les pays où l'état de l'air n'éprouve que de légers changemens : en général elles ne sont jamais très considérables dans les temps calmes ; mais presque toujours le baromètre descend rapidement avant les tempêtes, et il éprouve de grandes oscillations en quelques heures quand elles ont lieu : ce qui en fait un instrument très utile à la mer pour les navigateurs instruits. La hauteur moyenne du mercure dans le baromètre, au niveau des mers, est partout, à fort peu près, la même ; cependant on croit y avoir reconnu de légères différences : au niveau de l'Océan, cette hauteur moyenne est de 0 m. 7629 (28 pouces 2 l. $\frac{1}{2}$) la température étant à 112°,8 du thermomètre centigrade; à Paris, au niveau de la Seine, elle est de 0 m. 76 (28 p. 0 l. $\frac{2}{2}$), et varie entre 0 m. 73 et 0 m. 78 ; la température moyenne est de 12°.

Le tracé graphique est la manière la plus commode pour rassembler comparativement de longues suites d'observations barométriques ; on se sert pour cela d'une longue bande de papier, au milieu de laquelle on trace une ligne droite qui la traverse d'un bout à l'autre ; cette ligne est destinée à représenter la hauteur moyenne du baromètre dans le lieu de l'observation ; on la divise en un certain nombre de parties égales, qui sont destinées à représenter des jours ; puis, parallèlement à cette ligne, et tant au-dessus d'elle qu'au dessous, on en trace plusieurs autres à des distances égales, comme, par exemple, d'une demi-ligne : cela fait, lorsqu'on a observé le baromètre un tel jour, si sa hauteur est la moyenne, on marque d'un trait le point de la ligne principale qui correspond à ce jour-là ; s'il est plus haut d'une demi-ligne, on porte l'observation sur la première parallèle, au-dessus de la ligne moyenne; si la hauteur observée est moindre que la hauteur moyenne, on porte l'observation au-dessous de la ligne, sur la parallèle qui lui correspond : on porte ainsi successivement les observations de tous les jours chacune au rang et à la hauteur qui leur convient ; on peut même, et cela est plus exact, répéter les observations plusieurs fois par jour, et les porter de même chacune à leur place, en divisant en parties égales l'intervalle qui correspond à un jour; et si, par tous les points ainsi déterminés, on fait passer une ligne qui les unisse, et qui en suive toutes les irrégularités, cette ligne, par ses ondulations, représentera fidèlement l'état du baromètre dans les époques successives où on l'aura observé.

Je connois en Suisse un propriétaire fort instruit, qui tient ainsi, depuis plusieurs années, un tableau exact d'observations barométriques, faites trois fois par jour avec un très bon baromètre : il a eu soin de noter l'état de l'atmosphère, près de chaque observation : or, à l'inspection de ce tableau, on voit que dans le très grand nombre des cas, lorsque le baromètre a baissé, il est tombé de la pluie ; et au contraire, lorsqu'il s'est élevé, le temps est devenu serein. On aperçoit par intervalles des exceptions à cette règle, mais elles sont beaucoup moins nombreuses que les cas dans lesquels elle se vérifie : cette connoissance peut être fort utile à l'agriculture ; et la personne dont je parle en tiroit elle-même un très grand parti.

Les baromètres à cadran, que l'on voit quelquefois

dans les appartemens, et qui sont devenus presque un meuble de luxe dans quelques provinces, sont construits de manière à rendre très sensibles les variations accidentelles du baromètre et leurs rapports avec les changemens de temps; dans ces baromètres, le tube de verre n'est pas plongé dans une cuvette par l'extrémité inférieure, il est seulement recourbé sur lui-même à cette extrémité comme un siphon, dont une des branches est plus courte que l'autre; la colonne de mercure se trouve dans la branche la plus longue : si l'atmosphère n'existoit pas, elle tomberoit par son poids et s'écouleroit par la branche la plus courte; mais le poids de l'atmosphère la retient, et ainsi elle ne monte dans la petite branche que jusqu'à un certain terme, jusqu'à ce que la différence de niveau dans les deux branches fasse équilibre à la pression de l'atmosphère. Pour voir cette construction à découvert, il suffit de regarder derrière un de ces baromètres à cadran, car c'est derrière le cadran qu'est placé le tube recourbé, qui est réellement la partie essentielle de l'instrument; ainsi donc, lorsque le poids de l'atmosphère diminue, le mercure s'abaisse dans la longue branche du siphon, et, par compensation, il s'élève dans la petite: le contraire arrive lorsque la pression de l'atmosphère augmente. Pour marquer ces mouvemens, on place dans la branche la plus courte un petit corps qui flotte à la surface du mercure; ce flotteur est attaché à un fil de soie, le fil de soie passe sur une poulie, et cette poulie fait marcher l'aiguille du cadran; quand le baromètre baisse, le petit flotteur s'élève; le fil de soie, qui est toujours tendu par un contre-poids, glisse sur la poulie, la fait tourner, et l'aiguille marche vers le mauvais temps : c'est le contraire quand le baromètre monte, le petit flotteur descend; il tire à lui le fil de soie et le contre-poids; ce mouvement fait tourner la poulie en sens opposé, et l'aiguille marche vers le beau temps. On conçoit que cette machine doit être très imparfaite à cause de l'inertie et du frottement de la poulie et du fil de soie; car il faut que la force qui fait monter ou descendre le mercure dans la petite branche, surmonte d'abord toutes ces résistances avant que l'aiguille se mette en mouvement : c'est pourquoi, lorsqu'on veut consulter ces baromètres, il est bon de les frapper doucement à petits coups pour vaincre tous les frottemens qui empêchent l'aiguille de marcher; encore, avec cette précaution, ne peuvent-ils servir que pour des observations qui n'exigent aucune exactitude; par exemple, pour savoir si on prendra son parapluie ou non.

En transportant un même baromètre à diverses hauteurs au-dessus du niveau des mers, on voit le mercure s'abaisser dans le tube à mesure qu'on s'élève; ainsi, la longueur moyenne de la colonne barométrique, que nous avons vu être de 76 centimètres, ou de 28 pouces au niveau de la mer, n'est plus guère que de 38 centimètres, ou 14 pouces, au sommet du Grand-Saint-Bernard; elle est plus petite au sommet du Mont-Blanc, parce qu'il est plus élevé, et on l'observe moindre encore quand on s'élève à des hauteurs plus grandes dans les voyages aériens; cela vient de ce que, à mesure qu'on s'élève, le baromètre se trouve déchargé du poids des couches d'air inférieures; la surface libre du mercure de la cuvette ne supporte plus que le poids des couches d'air qui sont au-dessus d'elle; cette surface se trouve donc moins pressée qu'auparavant; par conséquent le mercure, qui contre-balance cette pression dans le tube vide du baromètre, doit s'y élever à une moindre hauteur. Si la densité de l'air étoit la même à toutes les élévations, c'est-à-dire, si l'air contenoit toujours sous le même volume la même quantité de matière pesante, il seroit facile de calculer la loi suivant laquelle la colonne de mercure devroit diminuer à mesure qu'on s'élève. En effet, en pesant avec beaucoup de soin des ballons de verre successivement pleins et vides d'air, on a connu le poids de ce fluide sous un volume donné lorsqu'il est pris à une hauteur déterminée, par exemple au niveau de la mer; on a comparé ce poids à celui d'un volume égal de mercure, et l'on a trouvé que, s'il étoit représenté par 1; celui du mercure devoit l'être par 10478, c'est-à-dire qu'un millimètre cube de mercure pèse autant que 10478 millimètres cubes d'air; cela suppose les pesées faites à la température de la glace fondante et au niveau de la mer où la pression de l'atmosphère soutient le mercure dans le baromètre à une hauteur de 760 millimètres : ainsi, dans ces circonstances, en s'élevant de 10,478 millimètres dans l'air, ou, ce qui est la même chose, de 10 mètres et 478 millimètres au-dessus du niveau de la mer, le mercure baissera dans le tube barométrique de 1 millimètre; cela est parfaitement conforme à l'observation. D'après cela, si la densité de l'air étoit la même à toutes les hauteurs, c'est-à-dire s'il contenoit partout sous le même volume la même quantité de matière pesante, il seroit facile de calculer l'épaisseur totale de l'atmosphère; car si un millimètre de mercure répond à 10 mètres et 478 millimètres de hauteur, 760 millimètres donneront 760 fois 10 mètres et 478 millimètres, ou 7963 mètres (environ 4000 toises); mais cette évaluation est fort au-dessous de la réalité, car il y a sur la terre des montagnes presque aussi hautes que cette limite, tel est, par exemple, le Chimboraço, en Amérique, et il s'en faut bien que ces montagnes atteignent les confins de l'atmosphère, puisque l'on voit souvent flotter des nuages bien au-dessus de leurs sommets. L'erreur de notre calcul vient de ce que nous n'avons point eu égard à une des propriétés physiques de l'air, qui est sa *compressibilité;* l'air est compressible, c'est-à-dire qu'en pressant une masse d'air, on lui fait occuper des espaces successivement moindres ; de plus, il est élastique, c'est-à-dire qu'il tend à reprendre son volume primitif lorsqu'il a été comprimé : la constitution de l'atmosphère est un résultat nécessaire de ces propriétés physiques, et il est aisé de l'en conclure. Puisque l'air est pesant, les couches inférieures sont plus comprimées que les supérieures dont elles supportent le poids; mais en vertu de leur élasticité, elles doivent résister à cette pression et faire effort pour s'étendre ; de là il résulte que la densité des couches inférieures de l'atmosphère doit surpasser de beaucoup celle des couches supérieures; cela devient sensible sur les hautes montagnes, et lorsqu'on s'élève en aérostat à de grandes hauteurs : l'air devient si rare, que l'on a beaucoup de peine à respirer ; aussi, pour faire baisser le mercure d'un millimètre, il ne suffit plus alors de s'élever de 10 m. 5., il faut une différence de hauteur bien plus considérable. On démontre par le calcul qu'en supposant la température partout la même, les hauteurs du mercure dans le baromètre diminuent en progression géométrique, lorsque les élévations, au-dessus du niveau des mers, croissent en progression arithmétique. Ce résultat est modifié par le froid qui règne dans les hautes régions de l'air, et qui augmente leur densité, car l'air se resserre par le froid et se dilate par la chaleur ; mais, en faisant à la règle générale les modifications nécessitées par ces circonstances, on est parvenu à calculer la hauteur d'un lieu au-dessus du niveau de la mer, ou, en général, au-dessus d'un autre lieu, d'après la seule observation du baromètre, résultat très utile à la géographie. Mais l'application de ces méthodes exige des calculs mathématiques que vous devez chercher dans les traités d'astronomie et de physique : ce que j'en pourrois dire ici ne vous en donneroit que des idées fausses ou incomplètes ; il vaut mieux ne rien savoir que d'avoir de ces idées-là.

C.

QUESTIONS DE MORALE
PROPOSÉES PAR UN PÈRE A SES ENFANS.

M. de Flaumont, Henri, Gustave et *Clémentine*, ses enfans.

M. de Flaumont. Voulez-vous, mes enfans, que je vous raconte deux histoires de voleurs que je viens de lire dans un journal étranger ?

Les Enfans. Oh, oui, papa. Sont-elles bien longues ?

M. de Flaumont. Non ; mais vous serez peut-être bien embarrassés de m'en dire votre avis.

Les Enfans. Comment, papa ?

M. de Flaumont. Vous allez voir. Voici la première (1) :

---

(1) Ces deux faits sont tirés d'un ouvrage allemand, intitulé : *Matériaux pour exciter et exercer l'esprit et le jugement des enfans* (*Materialien zur erweckung und uebung des Verstandes und der urtheilskraft der Kinder*); par J. A. C. Lœhr. — Leipzig, 1799. On n'y trouve que les faits : l'auteur a laissé aux parens le soin de les développer et de les expliquer à leurs enfans. J'ai essayé de donner ici un exemple de la marche qu'on pouvoit suivre.

DE L'ÉDUCATION.

Une diligence anglaise, pleine de voyageurs, se rendoit à une grande ville. On parla beaucoup des voleurs de grand chemin qui, sur cette route, arrêtoient et dépouilloient souvent les voyageurs; on se demanda comment on pouvoit sauver de leurs mains son argent. Chacun se vanta d'avoir pris ses mesures et d'être en sûreté, mais sans donner plus de détails.

Une jeune femme imprudente, qui vouloit sans doute faire admirer son adresse, et qui ne songeoit pas que la franchise étoit là fort déplacée, dit : « Quant à moi, je porte avec moi tout ce que je possède : c'est un billet de deux cents livres sterling (environ deux cents louis); je l'ai si bien caché, que certainement les voleurs ne le trouveront pas; il est dans mon soulier, sous mon bas. »

Peu d'instans après survinrent des voleurs, qui demandèrent aux voyageurs leur bourse : ils y trouvèrent si peu de chose, qu'ils ne voulurent pas s'en contenter, et qu'ils déclarèrent, d'un ton menaçant, qu'ils fouilleroient et maltraiteroient rudement les voyageurs, si on ne leur donnoit pas sur-le-champ cent livres sterling. Ils paroissoient prêts à exécuter leur menace.

« Vous trouverez aisément le double de ce que vous demandez, » leur dit un vieil homme assis dans le fond de la voiture, et qui, pendant toute la route, n'avoit rien dit ou n'avoit parlé que par monosyllabes. « Faites seulement quitter à madame ses bas et ses souliers. »

Les voleurs suivirent ce conseil, prirent le billet, et partirent.

Que dites-vous du vieil homme?

Clémentine. Ah, papa, quelle méchanceté!

M. de Flaumont. Tous les voyageurs le pensèrent comme vous. Ils l'accablèrent de reproches et d'injures, et le menacèrent de le jeter par la portière. Le chagrin de la jeune femme étoit au-delà de tout ce qu'on peut dire. Le vieil homme fut insensible aux injures, aux menaces, et s'excusa une seule fois en disant que chacun devoit d'abord penser à soi.

Quand la diligence arriva le soir dans la ville, le vieillard s'éloigna avant que personne eût pu lui faire sentir son mécontentement. La jeune femme passa une nuit affreuse. Quelle fut sa surprise lorsque, le lendemain matin, on vint lui remettre quatre cents livres sterling, un fort beau peigne, et la lettre que voici:

Madame,

« L'homme que vous détestiez hier, avec raison,
» vous envoie la somme que vous avez perdue, des
» intérêts qui la doublent et un peigne d'une valeur
» à peu près égale. Je suis désolé de la peine que
» j'ai été obligé de vous faire. Quelques mots vous
» expliqueront ma conduite. J'arrive des Indes,
» où j'ai passé dix années fort pénibles: ce que j'y
» ai gagné, par mon travail, se monte à trente
» mille livres sterling, que j'avois hier en billets
» dans ma poche; si j'eusse été fouillé avec la
» sévérité dont on nous menaçoit, je perdois tout.
» Que devois-je faire? Je ne pouvois m'exposer à
» être obligé de retourner aux Indes les mains

» vides. Votre franchise m'a fourni le moyen de
» me tirer d'embarras : aussi je vous prie de ne
» faire aucune attention à ce petit présent, et de
» me croire à l'avenir tout dévoué à vous. »

Gustave. Ah, papa, la jeune femme n'avoit plus aucune raison de se plaindre, et le vieil homme n'avoit pas tort, puisqu'il lui a rendu bien plus qu'on ne lui avoit pris.

Clémentine. Oui, mais à sa place j'aurois beaucoup mieux aimé n'avoir pas le peigne, et n'avoir pas été obligée de quitter mes souliers et mes bas devant des voleurs.

Gustave. Oh, cela ne lui a pas fait grand mal.

Henri. Mais, papa, si les voleurs, malgré leur promesse, avoient sévèrement fouillé tout le monde, et qu'ils eussent pris au vieux homme ses trente mille livres sterling, il n'auroit pas pu rendre à la jeune femme ses deux cents livres, et ç'auroit pourtant bien été lui qui les lui auroit fait perdre.

M. de Flaumont. Henri a raison : le vieux homme faisoit un mal certain sans avoir la même certitude qu'il pourroit le réparer.

Henri. Certainement; on ne peut pas se fier à la parole des voleurs.

Gustave. Mais aussi il étoit sûr que s'il ne faisoit pas cela, on lui prendroit ses trente mille livres sterling.

M. de Flaumont. Il est vrai; mais crois-tu, mon cher Gustave, qu'il soit permis, pour se sauver d'un grand malheur, de causer à un autre un malheur aussi grand? Car, enfin, la perte de deux cents livres sterling étoit pour la jeune femme une aussi grande perte que l'auroit été pour le vieux homme celle de ses trente mille, puisque c'étoit là aussi toute sa fortune.

Gustave. Oui, papa; mais il savoit bien qu'il les lui rendroit.

M. de Flaumont. Il le vouloit, sans doute; mais Henri t'a montré comment il étoit possible qu'il ne pût pas faire ce qu'il vouloit. D'autres accidens pouvoient encore l'en empêcher; s'il avoit perdu son portefeuille en route, s'il étoit mort subitement, etc. etc.

Clémentine. Mon Dieu, oui, et la jeune femme n'auroit eu ni ses deux cents livres sterling, ni les deux cents livres de plus, ni son beau peigne.

M. de Flaumont. Il livroit ainsi sa probité et le sort de sa compagne de voyage aux chances d'un avenir toujours incertain, le tout pour s'épargner un malheur, très grand à la vérité, mais dont la certitude ne lui donnoit pas le droit de faire le malheur d'un autre. C'est là la différence qu'il y a entre la prudence et la vertu : la prudence commence par songer à se tirer d'affaire, et croit avoir assez fait quand elle s'est promis de réparer le mal qu'elle a fait à autrui; la vertu ne se contente pas de l'espérance de réparer un jour ce mal; elle ne le fait pas et se trouve ainsi souvent plus malheureuse, mais toujours plus tranquille : aussi la vertu peut seule ne pas redouter l'avenir; c'est en faisant le mal, même dans l'idée qu'il pourra devenir un bien, ou avec la ferme volonté de le réparer, que les hommes se jettent dans des embarras et souvent dans des fautes dont ensuite rien ne peut les tirer. On ne peut se flatter, quelque prudent que l'on soit, d'avoir prévu toutes les chances et de s'être arrangé de manière à ce qu'aucune ne soit fâcheuse; tandis qu'en s'imposant la loi d'être d'abord vertueux, on acquiert la certitude qu'on ne fera jamais à personne un tort qu'on doive se reprocher ensuite comme en ayant été la cause volontaire.

Gustave. Mais, papa, que falloit-il donc faire?

M. de Flaumont. Je n'en sais rien : tout ce dont je suis sûr, c'est qu'il ne falloit pas commencer par faire ce qu'a fait notre vieillard. Tu verras un jour par toi-même combien il arrive de malheurs dans ce monde par la fausse idée qu'ont si souvent les hommes qu'ils pourront arranger et diriger les événemens au gré de leurs desseins; ils règlent leur conduite dans cette espérance; et ensuite les événemens se multiplient, s'embarrassent tellement, arrivent d'une manière si imprévue, qu'ils voient échouer fort souvent leurs projets et toujours leur vertu qu'alors ils ne peuvent plus rattraper. Il faut, au contraire, assurer d'abord sa vertu, et après tirer, aussi-bien qu'on peut, parti des circonstances. Qui sait, d'ailleurs, toutes les ressources que peut trouver un homme fermement décidé à ne rien faire contre sa conscience? Il est fort commode, sans doute, de prendre le premier moyen qui s'offre à l'esprit, mais est-on bien sûr que ce soit là le seul, et qu'en se donnant un peu plus de peine, on n'en trouveroit pas un autre aussi efficace et plus honnête? Qu'après être resté vertueux, on soit ingénieux et actif, on sortira presque toujours d'embarras. Si tous les gens ruinés se faisoient voleurs, ce seroit, sans contredit, la voie la plus facile et la plus prompte pour refaire fortune : c'est cependant un parti que ne prennent pas les honnêtes gens, et, dans la nécessité de chercher d'autres ressources, ils manquent rarement d'en découvrir. Je ne vois pas trop, dans ce moment-ci, de quoi notre vieux homme auroit pu s'aviser pour sauver ses trente mille livres sterling; mais peut-être, s'il ne se fût pas arrêté tout de suite à l'idée de dénoncer la jeune femme, lui seroit-il venu dans l'esprit quelque autre expédient, et cela auroit beaucoup mieux valu.

Gustave. J'en conviens, papa ; mais vous nous avez promis une seconde histoire.

M. de Flaumont. La voici. Vous allez voir que s'il ne faut pas faire un mal qu'on n'est jamais sûr de pouvoir réparer, on ne doit pas non plus faire le mal, même dans une bonne intention.

Un grand seigneur anglais se rendoit de Londres dans une de ses terres, lorsqu'il fut arrêté dans un petit bois par six voleurs. Deux d'entr'eux saisirent le cocher; deux autres s'emparèrent de son laquais, et les deux derniers, se plaçant aux deux portières de la voiture, mirent au lord le pistolet sur la gorge.

« Votre portefeuille, milord, » lui dit un des voleurs, qui avoit une figure épouvantable.

Le lord tira de sa poche une bourse assez pesante, et la donna au voleur ; celui-ci examina le poids de la bourse, et n'en parut pas satisfait : « De grace, votre portefeuille, milord ! » et il arma son pistolet.

Le lord lui remit tranquillement son portefeuille. Le voleur l'ouvrit, et, pendant ce temps, le lord examina sa figure : il n'avoit jamais vu des yeux si petits et si perçans, un nez si long, des joues si creuses, une bouche si large, un menton si avancé.

Le voleur prit quelques papiers dans le portefeuille et le lui rendit ensuite. « Bon voyage, milord, » et il s'éloigna rapidement avec ses compagnons.

Le lord, arrivé chez lui, examina son portefeuille pour voir ce qu'on y avoit pris, et trouva qu'on en avoit ôté des billets pour deux mille cinq cents livres sterling (environ soixante mille francs), et qu'on y avoit laissé cinq cents livres sterling. Il s'en félicita, et dit à ses amis qu'il donneroit encore volontiers cent livres pour qu'ils eussent vu le drôle. Jamais voleur de grand chemin n'avoit eu une figure si bien appropriée à son métier.

Le lord oublia bientôt cette perte, et ne pensoit plus du tout à cet accident, lorsque, quelques années après, il reçut la lettre suivante :

« Milord,

» Je suis un pauvre juif. Le prince, dans les États
» duquel je vivois, nous dépouilla de tout. Je me
» rendis, avec cinq autres juifs, en Angleterre pour
» sauver du moins ma vie. Je fus malade sur mer,

» et le bâtiment qui nous passoit fit naufrage près
» de la côte.

» Un homme que je ne connoissois point étoit
» sur le rivage ; il se jeta à la mer et me sauva au
» péril de sa vie. Ce n'est pas tout; il m'amena
» dans sa maison, appela un médecin, me fit soi-
» gner jusqu'à ce que je fusse guéri, et ne me
» demanda rien. Cet homme étoit un fabricant en
» laine, qui avoit douze enfans.

» Quelque temps après, je le trouvai fort triste.
» Les troubles d'Amérique avoient éclaté, et les
» négocians américains avec qui il faisoit des af-
» faires avoient été d'assez mauvaise foi pour pro-
» fiter des circonstances, et ne pas le payer. Dans
» un mois, me dit-il, je serai complètement ruiné,
» parce qu'il doit m'arriver des traites que je suis
» hors d'état d'acquitter.

» Son chagrin me désespéra : je pris un parti
» violent. Je lui dois la vie, me dis-je, je la lui
» sacrifierai. Avec les cinq juifs qui m'avoient
» suivi en Angleterre, je me plaçai sur la grande
» route : vous savez ce qui vous est arrivé. J'en-
» voyai à l'homme dont je vous ai parlé l'argent
» que je vous avois pris, et je le sauvai pour cette
» fois. Mais ses créanciers ne le payèrent pas dans
» la suite : il est mort, il y a huit jours, sans avoir
» acquitté toutes ses dettes.

» Le même jour, je gagnai à la loterie quatre
» mille livres sterling. Je vous renvoie ce que je
» vous ai volé, avec les intérêts. Faites passer les
» mille livres qui restent à la malheureuse famille

» du fabricant (il avoit indiqué, au bas de sa
» lettre, l'endroit où elle demeuroit); et informez-
» vous auprès d'elle d'un pauvre juif qui a été si
» généreusement sauvé et reçu par elle.

» Je vous jure que, lorsque nous vous atta-
» quâmes, aucun de nos pistolets n'étoit chargé,
» et qu'aucun de nos coutelas ne devoit sortir du
» fourreau.

» Epargnez-vous toute recherche. Quand cette
» lettre vous arrivera, je serai de nouveau sur mer.
» Que Dieu vous conserve ! »

Le lord prit des informations, et trouva que le juif avoit dit vrai en tout. Il prit soin, dès-lors, de la famille du fabricant. « Je donne cent livres, répétoit-il souvent, à celui qui m'apprendra la mort de mon épouvantable juif, et mille livres à celui qui me l'amènera vivant. »

Henri. Pourquoi donc désiroit-il sa mort, papa ?

M. de Flaumont. C'est que ce juif étoit vérita-blement un homme dangereux pour la société. Un homme capable de se porter à de telles actions, même par des motifs généreux, est toujours un homme à craindre. La sûreté et le bonheur de la société reposent sur la soumission et le respect dus aux lois, qui y maintiennent l'ordre en garantissant la personne et la propriété de tous. Les lois ne peuvent entrer dans l'examen des motifs qui en-gagent un individu à attenter à la personne et à la propriété d'un autre. En pareil cas, elles ne jugent et ne punissent que le fait. Si le lord avoit été juge et qu'on eût amené le juif devant son tribunal, il n'auroit pu, quand il auroit su toute l'histoire, se dispenser de le condamner à la peine prescrite par la loi, sauf à tâcher ensuite d'obtenir sa grâce du souverain.

Gustave. Le juif n'avoit cependant pas chargé ses pistolets ; il ne vouloit pas tuer.

M. de Flaumont. Aussi auroit-on dû le condamner à une peine moins grave que celle qu'on inflige aux assassins : mais il n'en avoit pas moins volé.

Clementine. Oui, mais c'étoit pour sauver la vie à son bienfaiteur ; il exposoit la sienne par reconnoissance ; c'étoit assurément un grand sacrifice : il n'auroit pas volé pour autre chose.

M. de Flaumont. Aussi ce juif étoit-il, sans doute, un homme susceptible de sentimens très généreux et d'un beau dévouement : cela doit entrer pour beaucoup dans l'opinion que nous nous formons de lui ; cela lui auroit probablement fait obtenir sa grâce ; on auroit du moins fort adouci sa peine. Mais, en morale et pour l'intérêt de la société, la justesse et la fermeté des principes sont encore plus nécessaires que la générosité des sentimens. On ne sauroit laisser à chacun la liberté de prendre tous les moyens qui lui plaisent pour satisfaire ses sentimens et déployer sa générosité. La vertu même est soumise, dans le monde, à des lois dont la sagesse reconnue, l'avantage incontestable lui marquent la route dans laquelle elle doit s'exercer, et les barrières qu'elle ne doit pas franchir. Ainsi, dans la conduite de notre juif, tout ce qui a précédé et suivi son action, quelques-unes des circonstances de cette action même étoient louables; il ne vouloit que sauver son bienfaiteur, il ne prit que ce qu'il avoit strictement besoin de prendre, il ne garda rien pour lui; il remboursa scrupuleusement la somme et les intérêts; il ne se réserva même rien sur ce qu'il avoit gagné à la loterie, puisqu'après avoir rendu au lord ses deux mille cinq cents livres sterling, il donna le reste aux enfans du fabricant; tout cela est fort bien, fort désintéressé, mais tout cela n'empêche pas que l'action même ne fût blâmable, et c'est ce qui arrive souvent quand on se laisse gouverner par ses sentimens, fussent-ils toujours bons, au lieu de régler sa conduite d'après des principes inébranlables qui gênent quelquefois les sentimens, mais qui assurent toujours la vertu.

Henri. Cependant, papa, le lord promettoit davantage à celui qui lui ameneroit le juif vivant qu'à celui qui lui annonceroit sa mort.

M. de Flaumont. C'est qu'il savoit bien qu'un homme capable de sentimens si forts et si dévoués, étoit un homme à qui il ne manquoit, pour être tout-à-fait vertueux et d'une vertu très distinguée, que des principes plus fermes et une situation moins embarrassante. Il se promettoit, sans doute, de lui faire sentir que, s'il est beau de sacrifier sa vie à la reconnoissance, ce sacrifice ne doit jamais coûter celui de l'honnêteté: il vouloit peut-être aussi se l'attacher, lui donner de l'aisance, le mettre enfin à l'abri de ces positions difficiles où la générosité des sentimens trompe si aisément sur la nature des devoirs. La générosité peut faire aller plus loin que le devoir; mais il faut que ce soit toujours en droite ligne, et elle ne doit jamais en faire écarter ou négliger aucun.

F. G.

LA NUIT DU JOUR DE L'AN.

(TRADUIT DE L'ALLEMAND DE JEAN PAUL.)

Pendant la nuit du premier jour de l'année 1797, un homme de soixante ans étoit à la fenêtre : il élevoit ses regards désolés vers la voûte azurée du ciel, où nageoient et brilloient les étoiles, comme les blanches fleurs du nénuphar sur une nappe d'eau tranquille; il les rabaissoit ensuite sur la terre, où personne n'étoit aussi dépourvu que lui de joie et de repos, car sa tombe n'étoit pas loin de lui; il avoit déjà descendu soixante des marches qui devoient l'y conduire, et il n'y emportoit, du beau temps de sa jeunesse, que des fautes et des remords. Sa santé étoit détruite, son ame vide et abattue, son cœur navré de repentir, et sa vieillesse pleine de chagrin. Les jours de sa jeunesse reparoissoient devant lui, et lui rappeloient ce moment solennel où son père l'avoit placé à l'entrée de ces deux routes, dont l'une conduit dans un pays tranquille et heureux, couvert de moissons fertiles, éclairé par un soleil toujours pur et retentissant d'une douce harmonie, tandis que l'autre mène dans un séjour de ténèbres, dans un antre sans issue, peuplé de serpens et rempli de poisons.

Hélas! les serpens s'attachoient à son cœur; les poisons souilloient ses lèvres, et il savoit maintenant où il étoit.

Il reporta ses regards vers le ciel, et s'écria avec une angoisse inexprimable: « Ô jeunesse! reviens. Ô mon père! place-moi de nouveau à l'entrée de la vie, afin que je choisisse autrement. »

Mais sa jeunesse et son père n'étoient plus. Il vit des feux follets s'élever au-dessus des marécages, et disparoître; et il se dit: Voilà ce que sont mes jours de folie. — Il vit une étoile tombante parcourir le ciel, vaciller et s'évanouir. — C'est là ce que je suis, s'écria-t-il, et les pointes aiguës du repentir s'enfoncèrent encore plus avant dans son cœur.

Alors il se retraça dans sa pensée tous les hommes de son âge, ceux qu'il avoit connus et ceux qu'il ne connoissoit point, qui avoient été jeunes avec lui, qui, maintenant répandus sur la terre, s'y conduisoient en bons pères de famille, en amis de la vérité, de la vertu, et qui passoient doucement, et sans verser de larmes, cette première nuit de l'année. Le son de la cloche qui célèbre ce nouveau pas du temps, vint, du haut de la tour de l'église, retentir à son oreille comme un chant pieux; ce son lui rappela ses parens, les vœux qu'ils formoient pour lui dans ce jour solennel, les leçons qu'ils lui répétoient; vœux que leur malheureux fils n'avoit jamais accomplis, leçons dont il n'avoit jamais profité. Accablé de douleur et de honte, il ne put regarder plus long-temps ce ciel où demeuroit son père; il rabaissa sur la terre ses yeux abattus; des larmes amères coulèrent de ses yeux et tombèrent sur la neige qui couvroit le sol; il soupira, et ne voyant rien qui le pût consoler : « Ah! reviens, jeunesse, s'écria-t-il encore, reviens. »

Et sa jeunesse revint, car tout cela n'étoit qu'un rêve qui avoit agité pour lui la première nuit de l'année; il étoit jeune encore; ses fautes seules étoient réelles. Il remercia Dieu de ce que sa jeunesse n'étoit point passée, et de ce qu'il pouvoit quitter la route du vice pour reprendre celle de la vertu, pour rentrer dans le pays tranquille, couvert d'abondantes moissons.

Revenez avec lui, mes jeunes lecteurs, si, comme lui, vous vous êtes égarés : ce songe terrible sera désormais votre juge. Si, un jour, accablés de douleur, vous êtes forcés de vous écrier : Reviens, belle jeunesse! la jeunesse ne reviendra point.

Ce Journal, composé de quatre feuilles *in-8°*, paroît le 15 de chaque mois.

Le prix de l'Abonnement est de 18 fr. pour l'année, et de 10 fr. pour six mois.

On s'abonne chez LE NORMANT, Imprimeur-Libraire, rue de Seine, n°. 8, près le pont des Arts.

Les lettres et les envois doivent être adressés francs de port.

ANNALES DE L'ÉDUCATION.

MM. les Souscripteurs sont prévenus que leur abonnement est expiré.

ON NE FAIT NI TOUT CE QU'ON VEUT,
NI TOUT CE QU'ON PEUT.

LA grande cause de la mésintelligence qui règne entre ceux qui donnent des préceptes et ceux à qui ils les adressent, c'est que les uns s'imaginent qu'on fait toujours tout ce qu'on veut, tandis que les autres ne s'avouent pas qu'on ne fait jamais tout ce qu'on peut. Qui n'a entendu dire cent fois, au moment où se présentoit une tâche un peu longue, un peu difficile, *si je pouvois !* et qui n'a entendu s'écrier cent fois, lorsque l'occasion est manquée, lorsqu'il n'y a plus à revenir sur ce qui est fait, *si j'avois voulu !* Avant l'action, quand elle doit coûter des efforts, les hommes ne croient pas à leur puissance ; quand il n'y a plus qu'à regretter, qu'à se repentir, ils s'en prennent à leur volonté : là, c'est la paresse ou la foiblesse qu'on écoute ; ici, c'est quelquefois l'amour-propre qui ramène une confiance devenue inutile. Ainsi se passe, ou plutôt ainsi se perd la vie : cependant, comme il faut tâcher de ne pas perdre ce qui passe sans retour, il seroit bon que les uns sussent nettement ce qu'ils peuvent exiger, et les autres ce qu'ils peuvent faire. C'est surtout en éducation que cette limite seroit utile à tracer : il n'est rien sur quoi les philosophes se montrent plus impérieux, et leurs lecteurs plus paresseux. Rousseau, en écrivant un livre sur l'éducation, commence par dire, ou à peu près, qu'une bonne éducation est impossible. Ce n'est pas qu'il le pensât ; c'est que toujours porté à exagérer, et toujours de bonne foi dans ses exagérations, il énonçoit toujours l'idée qui le frappoit dans le moment, sans restriction, sans la rapprocher des autres idées avec lesquelles elle auroit dû nécessairement se combiner, et par conséquent sans lui donner ce degré de vérité relative, partage modeste de la plupart des vérités, dans ce monde où tout se tient, se lie et se modifie réciproquement. Lui dit-on qu'un homme a des affaires, des fonctions, des devoirs? « Des affaires, des fonctions, des devoirs ! s'écrie-t-il ; ah ! sans doute le dernier est celui de père ? » Non, certainement ; mais quand ce seroit le premier, cela n'empêcheroit pas qu'un père n'eût encore des devoirs, des fonctions et des affaires. Songez-vous à donner à votre fils un gouverneur? Il vous appellera *ame vénale*, et fera ensuite un livre pour enseigner au gouverneur l'art de se bien conduire avec son élève. A quoi bon accroître ainsi des difficultés déjà assez grandes, et jeter de nouvelles pierres dans une route déjà assez embarrassée? C'est ainsi, dira-t-on, et seulement ainsi, qu'on peut exciter l'attention des hommes sur des devoirs et des difficultés qu'ils méconnoissent ; il importe plus de frapper fort que de frapper juste : tant pis pour le pays où de pareils moyens sont nécessaires; on ne frappe jamais juste en frappant trop fort; et la vérité toute entière est déjà assez dure à entendre sans qu'on lui grossisse ainsi le ton. Qu'on lui laisse parler son langage, sans lui prêter celui de l'exagération et de l'humeur; elle entraînera moins peut-être, mais elle persuadera mieux; en entraînant toujours, on égare quelquefois; en ne cherchant qu'à persuader, on ne rebute personne. La vérité n'est point arrogante, point impérieuse; quoiqu'elle soit inflexible, elle s'accommode à toutes les circonstances, à toutes les situations; elle sait revêtir mille formes différentes pour pénétrer et s'appliquer partout; elle a des ressources pour toutes les occasions : en dépit des hommes qui la méconnoissent ou la dénaturent, elle avance et étend par degrés son empire : elle sait, comme le dit de Dieu un proverbe portugais, *écrire droit sur les lignes de travers*. Elle n'oublie rien, fait tout entrer en ligne de compte, et paroîtroit constamment applicable, si on savoit la voir toujours telle qu'elle est réellement.

Que les philosophes qui écrivent sur l'éducation n'exigent donc pas, d'un ton tranchant, qu'on suive exactement leurs conseils, qu'on fasse ce qu'ils disent et comme ils le disent; qu'ils ne prescrivent pas, jour par jour, la manière dont la sagesse du maître doit arranger la vie de l'enfant. On n'arrange point une vie, on n'arrange point une journée; on ne reproduit point des scènes et des aventures consignées dans un livre; on ne fait point d'un enfant, d'une famille, de cette infinité de circonstances qui environnent une éducation, tout ce qu'on a prévu, tout ce qu'on en veut faire. On a beau crier contre la médecine, quand l'enfant est malade, le médecin est appelé : en vain le père ou le gouverneur seroit un homme parfait, d'une raison sans défaut, il n'empêchera point que l'enfant n'ait souvent autour de lui des parens foibles ou déraisonnables, des gens peu éclairés : si le succès de sa méthode et de ses principes dépend de la réalisation entière et absolue des événemens et des circonstances qu'il crée et qu'il combine, il y faut renoncer ; car l'homme n'a pas le pouvoir de créer à son gré les événemens, de combiner d'avance toutes les circonstances. Heureusement que la vérité n'est pas resserrée dans l'étroite enceinte d'un plan écrit. Autant il seroit absurde à l'écrivain de prétendre à prévoir tous les intérêts, toutes les situations qui doivent en modifier l'application, et à donner des règles pour chacune de ces situations diverses, autant il est peu philosophique de la présenter comme inapplicable hors d'une certaine situation et sans le concours de tous les détails qu'il plaît à l'auteur de rassembler pour rendre son ouvrage plus complet ou plus facile. Rousseau a prévu cette objection dans sa préface, et, à mon avis, il n'y a point répondu. On ne cesse, dit-il, de me répéter : « Proposez ce qui est faisable ; c'est comme si l'on disoit : Proposez de faire ce qu'on fait. » Ce n'est pas cela ; c'est comme si l'on disoit : Ne proposez pas ce qui n'est pas faisable ; montrez-nous la vérité de manière à ce qu'on puisse

DE L'ÉDUCATION.

toujours la suivre, l'appliquer; de manière à ce que, dans toutes les situations, elle puisse exercer sa salutaire influence. « J'aimerois mieux, ajoute-t-il, suivre en tout la pratique établie que d'en prendre une bonne à demi; il y auroit moins de contradiction dans l'homme; il ne peut tendre à la fois à deux buts opposés. » Ce n'est pas encore cela; ce qui est bon n'est point bon à demi, même quand ce n'est pas le bon tout entier. Il ne s'agit pas de tendre à la fois à deux buts opposés; il n'en faut avoir qu'un seul; mais il faut prendre, pour y marcher, la route par laquelle on peut espérer de l'atteindre. C'est avec les hommes qu'on fait du mal, c'est avec les mêmes hommes qu'on fait du bien : quand de mauvaises institutions, de mauvaises habitudes et des préjugés ont établi le mal dans le monde, il ne faut pas, pour l'en bannir, prétendre à faire un autre monde; il faut se servir du bien qui se trouve dans celui qui est, pour attaquer le mal tantôt par un bout, tantôt par un autre. Cela n'empêche point de concevoir la perfection, l'ensemble heureux de toutes les circonstances les plus favorables au succès de la vérité; cela n'empêche point de chérir cette perfection et d'y tendre : cela apprend seulement l'art de rendre ces idées de perfection applicables dans tous les cas. « Il me suffit, dit Rousseau, que partout où naîtront des hommes, on puisse en faire ce que je propose; et qu'ayant fait d'eux ce que je propose, on ait fait ce qu'il y a de meilleur et pour eux-mêmes et pour autrui. Si je ne remplis pas cet engagement, j'ai tort sans doute; mais si je le remplis, on auroit tort aussi d'exiger de moi davantage, car je ne promets que cela. » Je doute que Rousseau ait tenu tout ce qu'il avoit promis : nul homme n'a dit en éducation plus de vérités, et de vérités importantes; nul homme ne les a mises plus rapidement et plus vivement en circulation; mais je ne crois pas qu'il les ait dites de la manière la plus utile et la plus sûre.

 Si l'on réduisoit à un petit nombre de principes simples toutes les idées contenues dans l'*Emile*; si on les débarrassoit de tous les accessoires qu'y a joints l'auteur, de ces scènes, de ces combinaisons qu'il présente comme de rigueur, et qui ne sont pas plus nécessaires que possibles à reproduire; de ces prétendues conditions qu'il veut attacher à l'exécution de son plan, on verroit qu'il n'y a rien là d'impraticable, ni même de très difficile. Les parens qui opposent au ton absolu de ses préceptes cette réponse, souvent très fondée, *on ne fait pas tout ce qu'on veut*, se convaincroient bientôt qu'en ne voulant que ce qu'il faut, que ce qu'il est toujours raisonnable de vouloir, on peut le faire sans trop de peine : mais c'est là ce que la plupart des écrivains, et Rousseau surtout, ont presque toujours négligé de montrer : portés à s'exagérer l'importance de leurs moindres idées, pleins d'une sorte d'amour paternel pour les moindres détails de leurs projets, ils semblent répéter sans cesse : « Si vous ne faites pas tout ce que nous vous disons, tout est perdu; » et c'est là ce qui n'est jamais vrai, parce qu'il y a nécessairement dans un livre beaucoup de paroles perdues, inutiles à un grand nombre de lecteurs. C'est le principe lui-même, ce sont les vérités fondamentales qu'il faut prouver jusqu'à l'évidence, dont il faut remplir les esprits, qu'il faut rendre inattaquables : cette conviction une fois produite, qu'on laisse aux parens le soin de les adapter aux circonstances dans lesquelles ils se trouvent, et la liberté de choisir le mode d'application qui leur convient.

Il faut, quand on écrit pour servir véritablement les hommes, plus de désintéressement qu'on ne pense. La plupart des écrivains semblent vouloir exercer sur leurs lecteurs un despotisme réel; le plaisir d'être obéis paroît être ce qu'ils désirent le plus vivement, et le despotisme ne vaut rien, même quand c'est le bien qu'il ordonne, parce qu'il ne l'ordonne presque jamais de la manière dont chacun peut et doit l'exécuter. Un philosophe doit s'appliquer à convaincre l'esprit des hommes, et non prétendre à régler leur conduite; il veut leur apprendre à bien user de leur liberté, et non les asservir; il sait qu'une fois convaincu, l'esprit commande à la volonté et règle les actions : il prouve plus qu'il ne prescrit; il agit comme il veut que le précepteur agisse avec son élève; il s'adresse à la raison, la forme, la dirige, et ne croit pas devoir exercer sur la conduite de tous les instans cette influence immédiate et absolue qu'il ne sauroit se flatter de rendre toujours sage et salutaire.

Peut-être est-il impossible de commencer par là;

peut-être les hommes ont-ils besoin d'abord que le despotisme de l'éloquence et du caractère de l'écrivain les force à recevoir, à pratiquer des vérités qu'ils ne connoissent pas bien encore, et qu'ils écouteroient peu si on ne les leur disoit pas d'un ton de maître. Telle a, du moins, été presque toujours la marche des choses; un grand bien nouveau est ordinairement accompagné d'un mal; ainsi le veut notre propre nature : mais quand ce premier effet a été produit, quand le mouvement se calme, on doit tâcher de signaler et de repousser le mal, afin que le bien reste seul à l'usage du monde. Nous en sommes, si je ne me trompe, à cette époque où la raison seule a le droit d'exercer un grand pouvoir.

Bannissons donc toute exagération, toute domination philosophique et littéraire: que les hommes qui veulent s'éclairer s'éclairent et agissent ensuite librement : ce qui importe, c'est de leur montrer nettement quel est le but où ils doivent tendre, et quelles sont les routes qu'ils ne peuvent prendre sans s'en écarter. Quand ce qui est mal sera bien reconnu, quand ce qui est bien sera bien prouvé, ils choisiront d'eux-mêmes les moyens d'application qui s'accorderont le mieux avec leur situation, leurs fonctions, leurs devoirs, leurs affaires. Sans avoir le génie ou la science de l'écrivain, ils feront ce choix mieux qu'il n'auroit pu le leur prescrire d'avance, parce qu'ils connoîtront toutes ces circonstances particulières qu'il ignore et qu'il ne peut prévoir; ils ne diront plus alors *qu'on ne fait pas tout ce qu'on veut*; parce que, voulant fermement un bien de la réalité duquel ils seront convaincus, ils se régleront d'après leur propre volonté guidée par leur raison, et non d'après la raison et la volonté d'un autre.

Mais qu'ils fassent en même temps tout ce qu'ils peuvent; ces mots, *on ne fait pas tout ce qu'on veut*, ne sont bien souvent que l'excuse de la paresse, qui rejette sur le défaut de pouvoir ce qu'elle rougiroit d'attribuer au défaut de volonté. Il y a, comme je l'ai dit, très peu d'hommes de bonne foi qui, en revenant sur les diverses actions de leur vie, ne se disent : J'aurois pu mieux faire si j'avois voulu. Rien n'est sincère comme le repentir : voilà pourquoi il faut, avant l'action, tâcher de prévoir ce que le repentir nous pourra dire après. Je dis *il faut*, parce que c'est là le mot magique dans cette vie. On se dit : *il faut* faire mes affaires, et on les fait ; *il faut* me tirer d'embarras, et on s'en tire. Si l'on se pénétroit également d'avance de cette idée, *il faut* faire, pour bien élever mes enfans, tout ce que je puis, on le feroit. On n'imagine pas tout ce qu'ajoute de puissance, à la volonté de l'homme, le sentiment de la nécessité. « C'est un des grands moyens de la raison, que de faire croire à l'impossibilité des choses déraisonnables; et ce qui fait la force de la vertu, c'est qu'elle met les actions illégitimes au rang des actions impossibles. » Je voudrois que les parens apportassent, dans l'éducation de leurs enfans, cette vertu qui fait regarder comme impossible de ne pas faire tout ce qu'on peut; ils verroient alors qu'il leur reste bien peu de choses à regretter, et que le père, comme l'homme de bien, qui fait tout ce qu'il peut, est bien près de faire tout ce qu'il veut.

F. G.

JOURNAL

ADRESSÉ PAR UNE FEMME A SON MARI, SUR L'ÉDUCATION DE SES DEUX FILLES.

Numéro XXIII.

HIER, mon ami, j'ai, pour la première fois, mené mes filles au spectacle; je m'en souciois peu, mais votre tante est venue me persécuter: elle avoit une loge; elle m'en a parlé devant Louise, qui, sans savoir ce que c'étoit que le spectacle, a été ravie de l'idée d'aller, avec beaucoup de monde, voir *Athalie*, qui, tous les jours, l'ennuie mortellement à apprendre, et de ne se coucher qu'à onze heures. Dès qu'elle a vu que je ne répondois pas un non positif, elle est sortie en courant pour aller le dire à sa sœur, qui est venue aussitôt me demander, d'un air tout étonné, si c'étoit bien vrai. Je m'étois décidée à accepter; elles ont sauté de joie, et, comme je m'y attendois bien, nous n'avons rien fait jusqu'au soir. Je n'ai pas gêné leurs transports; je n'ai point exigé qu'elles travaillassent aussi assidûment qu'à l'ordinaire; je n'aime pas à faire payer d'avance un plaisir par une plus grande contrainte; j'ai répondu à toutes leurs questions, et ce n'a pas été, je vous assure, une petite affaire. Louise vouloit savoir si l'on diroit tout ce qu'elle a lu dans son livre; si le petit Joas viendroit réellement sur la scène; si Athalie seroit habillée comme une reine; si l'on verroit le temple, etc. Sophie me demandoit les noms de tous les acteurs; Louise, ne sachant pas si Racine avoit vu jouer sa pièce, a été charmée d'apprendre qu'elle verroit non-seulement ce que Racine avoit fait, mais ce que Racine avoit vu, et quand je lui ai dit qu'*Athalie* avoit été d'abord assez mal accueillie du public, elle a été fort surprise que des gens assez heureux pour aller au spectacle, s'avisassent de ne pas être contens de tout ce qu'on y voyoit. Enfin, nous nous sommes habillées, nous sommes parties, et, quand je n'aurois pas cru que pour une fois en passant, la chose n'avoit à peu près aucun inconvénient, j'aurois eu, je vous l'avoue, bien de la peine à me défendre de leur plaisir.

Comme elles avoient tremblé qu'il ne fût trop tard, nous sommes arrivées de très bonne heure; cependant il y avoit déjà assez de monde dans la salle : ce monde, l'éclat des lumières, le mouvement du parterre, les ont d'abord un peu étourdies: Sophie observoit sans mot dire; Louise, moins réservée parce qu'elle réfléchit moins, regardoit partout, me questionnoit sur tout; et lorsqu'elle a aperçu, dans une loge vis-à-vis de la nôtre, madame de Saint-Sauveur, avec sa fille Ernestine, elle s'est écriée : « Maman, voilà Ernestine ! » et j'ai eu beaucoup de peine à l'empêcher de crier d'une loge à l'autre : « Ernestine, nous voici ! » Elle ne concevoit pas qu'on fût obligé de retenir sa voix et ses gestes dans un lieu où l'on venoit pour s'amuser. Le sentiment, l'idée, le plaisir du moment l'emportent toujours ; et quand la représentation a commencé, ses observations, ses questions se sont succédées si rapidement, qu'il a fallu, à plusieurs reprises, lui imposer un silence absolu, pour ne pas exciter les réclamations de nos voisins. Sophie, absorbée par le spectacle, écoutoit sans remuer, sans parler, et reprenoit haleine à la fin de chaque acte, comme pour se reposer d'une fatigue. Louise, je vous assure, n'étoit point fatiguée ; son mouvement la repose, et elle ne connoît d'autre lassitude que celle de l'ennui. Cependant, en sortant du spectacle, elle s'est endormie sur mes genoux : ses plaisirs mêmes, qui sont si vifs, ne l'occupent plus dès qu'ils sont passés ; elle les oublie comme elle oublieroit une punition. Sophie, au contraire, étoit toute agitée de ce qu'elle venoit de voir ; elle avoit pris à la représentation un véritable intérêt ; la suite de l'histoire de Joas, devenu roi, revenoit dans sa tête ; elle plaignoit Zacharie ; elle se figuroit la douleur que devoit avoir sentie Joad en voyant son élève si mal tourner. Enfin, elle n'a rien eu de plus pressé en arrivant que de tout conter à sa bonne, et j'ai su ce matin que son sommeil avoit été fort agité, tandis que Louise, qui s'étoit couchée en grognant, parce qu'on l'avoit réveillée pour descendre de voiture, a dormi tout comme à l'ordinaire.

Vous pensez bien, mon ami, que je ne les mènerai pas souvent au spectacle, et que je tâcherai de ne pas leur laisser le temps d'en avoir envie. Louise est trop foible pour que beaucoup de plaisir n'amène pas nécessairement pour elle beaucoup d'ennui; Sophie est trop active pour qu'un plaisir très vif ne s'empare pas de son imagination, et ne détourne pas ses facultés des objets auxquels je désire qu'elle les applique. Je crains également pour mes enfans les plaisirs très vifs et l'ennui: les plaisirs très vifs ne laissent pas assez de place aux pensées et aux occupations sérieuses; l'ennui en laisse trop aux pensées vagues et aux occupations insignifiantes; les plaisirs très vifs, quand ils reviennent souvent, donnent un besoin de mouvement et d'émotions qui fait paroître les journées ordinaires froides et vides, qui ôte aux petits travaux, aux petits événemens de chaque jour, l'intérêt qu'il faut y prendre pour s'en bien acquitter et s'en contenter sans peine: l'ennui, quand il est fréquent et prolongé, amène des habitudes de paresse et de nonchalance qui rendent toute tâche, toute application pénible, et augmentent ainsi la difficulté des efforts, en diminuant les forces qui devroient s'y employer. Et qu'on ne croie pas que la paresse et la nonchalance suffisent à remplir la vie, parce qu'elles engourdissent l'activité qui donneroit le besoin de la remplir autrement : regardez cette femme ennuyée; elle ne sait pas puiser dans ses affaires, dans ses devoirs, de quoi sortir de sa langueur; il lui en coûteroit trop de chercher à se désennuyer elle-même, et cependant il faut qu'elle se désennuie, car son ennui la fatigue presque autant que la fatigueroit son activité; il lui faut des impressions extérieures qui l'occupent, sans qu'elle ait la peine de s'occuper; l'impossibilité de trouver en elle-même un principe de mouvement, n'empêche pas qu'elle n'ait besoin de mouvement; elle le cherche hors d'elle, le prend d'où il lui vient, et demeure ainsi constamment accessible à cette influence du dehors, toujours dangereuse pour une femme dont elle peut seule animer l'existence.

Je veux que mes filles trouvent, dans le cours ordinaire de leur vie, de quoi s'occuper et s'amuser assez pour ne pas sentir ce besoin d'être occupées et amusées d'ailleurs, qui naît d'un trop grand ébranlement donné à l'ame ou du vide de l'esprit. Leur situation est douce; je ne néglige rien pour la leur rendre agréable; je veux qu'elles se trouvent heureuses; les plaisirs sont peu nécessaires quand on a du bonheur, car, dans le bonheur, tout devient plaisir : une promenade, une fleur des champs à sécher, une fleur en papier à faire, sont pour elles des objets d'intérêt et d'amusement, dont je relève à leurs yeux le prix et l'importance, parce qu'il n'y a rien là qui les sorte d'elles-mêmes, de leurs habitudes, parce que ce sont là des plaisirs parfaitement d'accord avec leur situation, qui en naissent et qui s'y rapportent. Elles iront un jour au spectacle, au bal, dans le monde; elles s'y amuseront, j'espère; mais jusque là leur vie aura été si bien remplie, elles se seront si bien accoutumées à trouver dans leurs occupations de tous les jours, dans leurs amusemens ordinaires, une source féconde d'activité et d'intérêt, qu'elles ne penseront pas que le monde, le bal et le spectacle puissent les occuper et les amuser uniquement. Je sais qu'à leur âge la nouveauté, la mobilité de l'imagination donnent aux plaisirs rares, et qui viennent du dehors, une vivacité qui trompe et les fait croire infiniment supérieurs aux autres; mais j'éprouve déjà qu'on peut lutter avec avantage contre cette disposition. Sophie, dont la raison et le caractère sont assez développés, ne se trompe déjà plus sur ce qui l'amuse ou doit l'amuser : elle ne se fait point une fête de la seule idée de dîner en ville; elle sait qu'elle y sera moins libre, qu'elle pourra moins y faire ce qui lui plaît, que je m'occuperai moins d'elle, et qu'elle sera moins occupée; aussi aime-t-elle mieux souvent que nous restions chez nous : elle s'y trouve assez bien pour n'être pas agitée de ce besoin de changement, de mouvement qui trompe et égare tant de femmes, et j'espère qu'elle ne saura jamais ce que c'est que de *ne pouvoir se passer des choses dont on n'a pas besoin.*

Je prends, il est vrai, mille moyens pour employer l'activité de Sophie; mais je l'accoutume ainsi elle-même à les chercher et à les prendre. Elle ne peut rester un moment oisive. Ce n'est pas qu'elle travaille toujours de bon cœur à sa tâche et à ses leçons ; mais elle a besoin d'être constamment occupée, et tout mon art consistera à lui faire voir peu à peu que ce dont je l'occupe est digne de l'occuper : aussi ne s'ennuie-t-elle jamais ; elle n'a point d'activité dont elle ne sache que faire ; dans ses heures de récréation, elle l'emploie comme elle le veut, mais elle l'emploie. C'est en fournissant ainsi à l'activité des enfans un aliment égal et continuel, en leur faisant contracter l'habitude de trouver cet aliment autour d'eux, qu'on leur ôte le désir d'aller le chercher ailleurs ; que ce qu'ils sont et ce qu'ils font leur suffise, ils souhaiteront peu d'être et de faire autre chose. Sophie est si contente de sa situation, qu'elle n'a point envie de devenir grande. Je sais bien qu'avec l'âge naîtront d'autres sentimens, d'autres idées ; que ce qui l'ennuieroit beaucoup aujourd'hui, l'amusera beaucoup un jour ; mais comme elle ne se sera jamais ennuyée, elle aura moins besoin de s'amuser, et j'espère que, quand elle pourra jouir des plaisirs du monde, ils ne trouveront pas en elle assez de place vide pour s'y établir de manière à l'occuper bientôt toute entière.

Je crains plus l'ennui pour Louise ; elle y est plus disposée, et le supporte plus volontiers : c'est un état d'inaction ; et comme elle a un peu de foiblesse et d'indolence, elle s'y laisse aller facilement. Ce matin, par exemple, elle a mis une demi-heure de plus à faire son ourlet et une heure de plus à apprendre ses leçons. Vous savez que le plaisir qui a trop amusé la veille, ennuie souvent le lendemain; c'est l'histoire de Louise: alors je soutiens sa foiblesse, je l'oblige à travailler; mon exigeance devient plus rigoureuse. Sophie a été seulement un peu plus distraite; elle a interrompu plusieurs fois sa leçon de musique pour me faire des questions sur la représentation d'hier; en récitant les vers d'*Esther*, elle y a mêlé des vers d'*Athalie*. J'ai répondu à toutes ses questions; j'ai cherché à la satisfaire pleinement sur ce qui l'occupoit si vivement encore; et quand elle a eu épuisé tout ce qu'elle avoit à dire sur *Athalie* et sur le spectacle, elle a repris ses travaux et ses fleurs avec son activité accoutumée. Mais vous voyez bien, mon ami, que si le spectacle revenoit souvent, l'ennui de Louise et les distractions de Sophie pourroient bien se répéter aussi, et rompre le cours des occupations et des plaisirs que je veux qu'elles retrouvent toujours sans peine et avec intérêt, parce qu'ils doivent faire le fond de leur vie.

Ce sont ces interruptions que je veux éviter; je ne puis être soupçonnée de rigueur et de pédanterie; après la vertu et la raison de mes enfans, je ne désire rien tant que leur bonheur présent et à venir; mais je crois, avec Franklin, que *le bonheur, comme les corps, se compose d'élémens insensibles*, et que ce n'est pas dans les émotions vives, dans les plaisirs extraordinaires qu'il faut s'accoutumer à le chercher: ces émotions et ces plaisirs ont l'inconvénient que La Bruyère attribue à la cour: *ils ne rendent pas content; ils empêchent qu'on ne le soit ailleurs.* C'est que là tout vient du dehors: les hommes y vivent comme à un spectacle, où ils n'ont rien à faire qu'à attendre des impressions qui les amusent; ces impressions perdent bientôt leur effet; mais la faculté d'y suppléer par un mouvement dont le principe, le point d'appui soit au dedans de l'ame, est aussi perdue : les ressorts se sont rouillés au point qu'on n'a pas le courage de se donner la peine nécessaire pour les remettre en jeu; l'homme n'est plus qu'un être passif, trop foible pour agir par lui-même, trop usé pour que ce qui agissoit autrefois sur lui agisse encore : il n'a plus ni énergie ni sensibilité; il ne se sent plus, il ne vit plus : pour vivre encore, il se jette de divertissement en divertissement, d'extravagance en extravagance; sinon il s'ennuie.

P. M. G.

VIIe LETTRE AU RÉDACTEUR.

DE L'EXERCICE DE LA PAROLE.

(*Continuation.*)

m. m est la consonne la plus facile. Les organes sont disposés de manière que l'air ne puisse passer que par le tuyau nasal; la langue est en repos, les lèvres fermées. Ceux qui ont le nez bouché par le rhume, ou parce qu'ils ont la bouche pleine, transforment souvent le *m* en *b*.

n. Le son doit aussi passer en partie par le nez; la langue ferme entièrement le canal de la langue, qui s'appuye contre les incisives supérieures ou contre le palais; les dents ne participant pas nécessairement à sa formation; la bouche est ouverte à volonté. Dans les nasales, le *m* et le *n* n'indiquent en français aucune différence de son; et l'on prononce de la même manière la première syllabe de *cham*bre et celle de *chan*tre. L'*a* et l'*e*, avec l'*i* nasal, sont aussi généralement regardés comme nuls, et les mots *pain*, *peint* et *pin*, sont réputés homonymes, quoique les habitans des contrées méridionales de la France y fassent sentir quelques nuances.

Le *n* mouillé, qui s'écrit *gn*, et se trouve, par exemple, dans le mot monta*gne*, est produit à ce qu'on prétend ordinairement par le milieu de la langue qui arrête aussi le passage de l'air, et touche au palais. Les personnes qui auroient la bouche et le palais secs ne pourroient faire entendre ni *l* ni *gn* mouillés. On peut cependant regarder le *n* mouillé, comme nous avons envisagé le *l* mouillé.

Dans les langues étrangères le *n* se détache communément de la voyelle précédente; et l'habitude fait que les Italiens et les Allemands prononcent *bonneté* au lieu de *bonté*; les Français feront le contraire en parlant l'italien ou l'allemand. Ceux qui se trouvent avoir le nez bouché transforment *n* en *le*; on en concevra facilement la cause.

Le défaut qu'on appelle parler du nez, peut n'être que la suite d'une longue négligence; mais il est aussi quelquefois l'effet de l'état des organes. Si le conduit nasal ne peut pas se fermer, ou que l'air soit porté trop haut en sortant par la glotte, chaque son vocal prend naturellement une teinte plus ou moins nasale.

p. Nous avons parlé de cette lettre en traitant du *b*.

r. Pour former le son *r*, le voile du palais est tendu, la pointe de la langue, placée derrière les incisives supérieures, est mise en vibration par l'impulsion de l'air sortant ; les dents n'y ont point de part, et les lèvres sont entr'ouvertes. Cette vibration manque si la langue s'approche ou s'éloigne trop du palais, ou que l'impulsion devienne trop forte ou trop foible. M. de Kempeln compte à peu près trois vibrations pour le *r* simple, et six au moins pour son redoublement.

Le *r*, surtout lorsqu'il est précédé de *b*, *p*, ou *v*, est la lettre de l'alphabet la plus difficile pour les enfants, comme pour les vieillards ; il leur faudroit dans la langue une élasticité qui leur manque ; les vibrations dépendent d'une volonté qui reste sans effet chez les personnes ivres, dont la langue se paralyse. Les enfans n'apprennent ce son qu'avec peine, et presque jamais, si on les néglige dans leur jeunesse. Le grasseyement a lieu lorsque la vibration est produite par la racine de la langue contre l'extrémité inférieure du palais, la langue prenant la forme du *h* ; il est surtout sensible lorsque *r* se trouve après *b* ou *g*. Quelques personnes savent si bien le masquer en l'adoucissant, qu'il n'offre plus rien de désagréable. Ce son est inconnu aux naturels de la Cafrerie orientale.

s. N'exige ni son de voix, ni ouverture du nez. La langue est portée contre le palais de manière que la pointe touche aux incisives inférieures. Les dents n'y sont pas nécessaires, mais elles fortifient le son. Les lèvres sont ouvertes à volonté et les mâchoires peu distantes. *C*, placé devant *e*, *i*, ou affecté de la cédille, se prononce exactement comme *s* initial ; mais entre deux voyelles, cette dernière s'adoucit en *z*, comme dans *misère*. Il est des personnes qui font entendre en ce cas un *j*, parce qu'elles font toucher le palais par le milieu de la langue. Celles qui en placent la pointe vers la partie tranchante des incisives inférieures, produisent le sifflement du *th* anglais. On entend quelquefois prononcer *z* pour *s*.

Les langues slavonnes ont une infinité de sons sifflans et chuintans, qui sont difficiles pour les enfans. C'est à cette difficulté vaincue qu'il faut attribuer en partie la facilité qu'ont les Polonais et les Russes à prononcer les langues étrangères. Les langues d'Amérique n'ont pas de sons de cette espèce.

ch. Pour produire le son du *ch*, la pointe de la langue est tournée vers le palais, y touche, et forme une espèce de repli comme pour le *s*, mais moins près du milieu. La voix y arrive par un passage que resserre le milieu de la langue, et trouve une ouverture des deux côtés du pli. C'est ce qu'on appelle un son chuintant, tel qu'il se fait entendre au commencement du mot *chose*.

Il n'est pas très rare de trouver des personnes qui ont le défaut de substituer *s* à *ch* ; elles disent *saux* pour *chaux*, *sant* pour *chant*. C'est à quoi les Italiens sont très sujets ; et cet indice est assez sûr pour les reconnoître, leur *s* n'étant pas même bien exact, surtout dans la partie supérieure de l'Italie.

j. Si l'on veut produire le son du *j*, comme il se trouve dans *jamais*, on n'a qu'à former le *ch* en donnant moins de tension au muscle de la langue, d'où il résulte que l'air est aussi moins comprimé à son passage dans la bouche. C'est un *ch* doux, avec son de voix. Les Allemands et les Anglais sont portés à préférer le son *ch*, et ils prononcent, par exemple, *décha* pour *déjà*. Les chanteurs changent souvent *g* en *z*, comme tous ceux qui font habituellement entendre *s* au lieu de *ch*.

t. Le son du *t* n'est que celui du *d*, sans être, comme lui, précédé d'un son de voix immédiatement avant sa formation. Si l'on se rappelle comment sont formés le *b* et le *g* dur, on saura pourquoi ces deux lettres ne suivent jamais le *t* dans aucune langue, sans qu'il y ait une voyelle entre deux. Le *th* des Anglais n'a rien du *t* ni de *h* ; il approche plus du *s* ; mais il peut être prononcé la pointe de la langue étant entre les dents ; et les mâchoires se trouvant plus ou moins éloignées. On en reconnoît le son dans ses deux nuances, avant l'émission complète de la voix. Le *t* est une lettre bien facile à prononcer pour les enfans.

v. *v* ne se distingue de *f* qu'en ce qu'il est non-seulement sifflant, mais sonnant. La faute que l'on commet quelquefois, c'est de le changer en sifflante.

Ces deux lettres se trouvent souvent mêlées dans une même famille de mots : c'est ainsi que, du latin *ovum*, on a formé *œuf*, quoiqu'on ait conservé le *v* dans *ovaire*, *ovale*. Dans les dérivés de *bos*, *bovis*, nous avons *bœuf* et *bouvier*. *Opus*, *operis* nous a fourni *œuvre*, *ouvrage* et *opérer*, etc.

x. *x* est une lettre double au commencement du mot; et après l'*e* initial, elle équivaut à *g-z*; ailleurs elle se prononce comme *ks*.

y. *y* a naturellement le son de l'*i*; mais entre deux voyelles, après *a, o, u*, il a la valeur de deux *i*, dont l'un fait diphthongue avec la voyelle précédente, et l'autre avec la suivante. Ainsi, *payé*, *ployé*, *essuyé*, doivent se prononcer *pai-ié*, *ploi-ié*, *essui-ié*; et c'est une faute assez commune que de prononcer les deux derniers *plo-ié*, *essu-ié*.

z. Le *z* se prononce toujours comme dans le mot *gaze*, sans autre variation que d'être nul à la fin du petit nombre de mots où il se trouve après *e, i*. C'est un son sifflant, moins fort que le *s* dur, et l'équivalent du *s* doux. Nous avons vu, à l'article du *j*, que cette lettre et le *g* doux sont moins faciles pour quelques personnes que le *z*, qu'elles leur substituent mal à propos.

Le nombre des consonnes est porté à 13 par Lambert; d'autres en ont compté jusqu'à 22. On les a diversement classées, d'après les parties de la bouche qui contribuent particulièrement à leur formation, ou d'après la nature de leur son. Amman, dans son ouvrage *Surdus loquens*, a divisé l'alphabet en voyelles simples ou mixtes, en semi-voyelles, orales et consonnes; les semi-voyelles ont été subdivisées en nasales, labio-nasales, gutturo-nasales, dento-nasales, etc., etc. Court de Gébelin distingue les intonations fortes et les foibles; il nomme *labiales*, p-b; *labio-dentales*, f-v; *dentales* t-d; *sifflantes*, s-z; *linguales*, r-l; *mouillées*, il-gn; *nasales*, n-m; *chuintantes* ch-j; et *gutturales*, k, gu. Stephani, l'un des Allemands modernes qui ont le plus travaillé sur la formation des sons, mais dont je n'ai pu me procurer les ouvrages, place dans les labiales *m p b f v*; dans les linguales *t d l, n r*; les dentales *s ch z*; le son dû aux poumons *h*; et dans les palatales *k g*. Kempeln divise les consonnes en *muettes*, *sifflantes*, *sonnantes*, et *sifflans-sonnantes*. Lambert voit des *semi-voyelles* dans *s, ch, f* et *r*, parce que l'on peut en prolonger le son comme celui des voyelles; il appelle *fluides l, m, n*; *demi-muettes, d, g*; et *muettes b, v*, qui exigent la fermeture des lèvres. Ces divisions, en partie fondées sur des points de vue vrais, peuvent bien aussi être variées sous d'autres rapports; et c'est ce qui nous a engagé à suivre l'ordre reçu de l'alphabet, sans disconvenir qu'on a eu raison de former dans ces derniers temps un certain ordre plus naturel et des séries à suivre dans l'enseignement des lettres, afin de faire remarquer aux enfans, soit la différence du son dans celles qui se ressemblent le plus, comme *b-p*, soit sa ressemblance dans celles qui paroissent avoir le moins de rapport pour la forme, telles que *ch* et *j*, *f* et *v*, etc.; ou enfin, les signes identiques, peignant le même son avec des caractères différens, par exemple, *o*, *ho*, *au*, *eau*, *eaux*, *f*, *ph*, etc.

La dénomination même des consonnes n'a point paru indifférente, et MM. de Port-Royal ont indiqué celle que l'on a généralement jugée la plus convenable, en faisant nommer la lettre par le son qu'elle peint quand elle est suivie d'*e* muet: un *be*, un *de*, un *le*, etc. C'est en effet ainsi que, dans toutes les langues, se prononce chaque consonne sonore; en sorte que la lecture ne consiste qu'à reproduire ensemble, dans chaque syllabe, les mêmes sons qu'on a appris à donner aux lettres isolées. Le mot *péri*, par exemple, offre évidemment les sons *pe-re-i* réunis dans la même impulsion de voix, mais non pas les sons *pe erre i*, qu'y supposeroit l'épellation vulgaire, aujourd'hui abandonnée par ceux qui ont réfléchi sur cette matière.

La voyelle, ou seule ou accompagnée de consonnes, forme une syllabe quand on lui consacre une émission d'air particulière; elle prend le nom de diphtongue lorsqu'elle sonne deux voyelles, comme dans *puits*, *Dieu*, *ciel*, *moi*, etc. Les mots peuvent avoir une ou plusieurs syllabes, soit simples, soit diphtongues. Leibnitz a calculé que les lettres de l'alphabet donneroient lieu à un quatrillon de combinaisons ; il est cependant des consonnes qui se lient plus facilement entre elles ou avec les voyelles; en y réfléchissant, on en trouve la cause dans le mécanisme de la formation des sons articulés, qui facilitent plus ou moins le passage. Il en est qui ne se lient bien qu'au commencement ou à la fin; d'autres qui se combinent de préférence dans certaines langues, et en forment pour ainsi dire le génie, de manière qu'on reconnoit l'origine d'un mot au simple son. Plusieurs combinaisons de consonnes sont totalement étrangères aux langues de l'Europe ; mais de tant de variations possibles, il résulte, dans le passage d'une langue à l'autre, une foule de difficultés que l'on ne peut vaincre qu'à force d'exercice, et qui deviennent quelquefois insurmontables. Ne tiendroient-elles pas en partie à une organisation particulière des nations? M. de *Lichtenstein*, qui a voyagé en Afrique, prétend que le son claquant, semblable à un coup de fouet, et que l'on entend continuellement dans la bouche des Hottentots, provient de ce que leur langue trop courte et leur palais moins bombé que celui des Européens, se touchent à chaque instant. Chez les Anglais, le son, communément si confus de leurs voyelles, ne seroit-il point l'effet de la proéminence naturelle ou habituelle de leur mâchoire inférieure? Les observations de ce genre sont, à coup sûr, très difficiles à constater, et cet examen peut faire naître des rêveries semblables à celles qu'a produites l'étude de l'étymologie; mais il peut s'y trouver un grand fond de vérité. Il ne sera pas toujours inutile de favoriser ces sortes de recherches.

Dans la transmission des mots, il s'établit des différences par la facilité de passer d'un son à un autre, surtout dans certaines combinaisons, lorsqu'il s'agit de prononcer rapidement. Telle est l'origine des variations que l'on remarque dans le français, l'italien, l'espagnol et le portugais, presque entièrement dérivés de la langue latine. Les étymologistes ont formé des tableaux de ces passages, et de la manière dont les lettres se changent, s'ajoutent, se transposent ou se suppriment. En voici quelques exemples pour notre idiome: De *panis* on a formé pain; de *mare*, mer; de *supor*, saveur; de *altus*, haut; de *canis*, chien; de *hodiernus*, moderne; de *diurnus*, jour; de *sigillare*, sceller, etc. De ces changemens, il en est dont on peut se rendre compte; d'autres ne sont pas basés sur des données assez certaines pour nous en faire examiner la cause physique, faute de sons intermédiaires capables d'expliquer le passage. Les voyelles se changent ou se transposent plus aisément. Certains peuples les adoptent plutôt au commencement ou à la fin des mots, comme les Orientaux et les habitans des contrées méridionales; d'autres y préfèrent les consonnes et même certaines consonnes. Une considération plus étendue peut faire entrer toutes ces modifications dans les causes qui ajoutent aux difficultés dans le mécanisme de la parole.

FRIEDLANDER.

*Suite de l'*Essai

SUR L'ÉDUCATION NATIONALE

DANS LES ÉTATS-UNIS D'AMÉRIQUE.

TROISIÈME PARTIE.

DE L'UNIVERSITÉ, OU DES GRANDES ÉCOLES SPÉCIALES POUR LES HAUTES SCIENCES.

Nous avons jusqu'à présent employé le mot d'*Université* en parlant de l'établissement d'instruction publique où l'on enseignera d'une manière plus approfondie quelques-unes des sciences dont l'étude aura été commencée et même assez avancée dans nos colléges, et en outre d'autres sciences qui ne demandent pas à être si généralement répandues.

Et nous l'avons employé, parce que c'est sur l'établissement d'une *Université* qu'on a bien voulu nous demander ce mémoire.

Cependant l'homme respectable et profondément instruit, qui a eu cette bonté, n'a en cette occasion entendu par *Université* que l'institution nécessaire à l'enseignement des plus hautes sciences. Il a formellement exclu de son projet celles que l'on peut et doit apprendre sans le secours d'une fondation publique.

La dénomination d'*Université* vient de l'Europe, et dérive de la prétention qu'avoient nos grands établissemens d'éducation, d'initier leurs élèves à l'université, ou à l'*universalité* des connoissances humaines.

Ces *Universités* de l'ancien monde étaient ou sont divisées en quatre *Facultés*.

1°. La Faculté de *théologie*, qui n'étoit jamais la *théologie universelle*, ou la morale basée sur la connoissance d'un DIEU, sur l'évidence de sa sagesse et de sa bonté, sur les devoirs qu'il impose aux hommes par la constitution physique qu'il leur a donnée, et par la position où il les a mis vis-à-vis de leurs semblables et des autres animaux, mais seulement la *théologie* de la religion dominante dans le pays.

L'*Université* de Salamanque, celle de Paris, celle d'Oxford présentent de grandes diversités dans leurs *Facultés de théologie*.

2°. La *Faculté de droit*. Elle enseignoit en France le *droit canon* ou canonique des papes, et le *droit civil* des Romains sous leurs derniers empereurs.

Très peu ou point de droit français (1).

Je ne sais pas si l'on fait mieux en Angleterre; mais, à la multitude de chicanes auxquelles le *droit civil anglais* donne lieu, et qui étendent leurs cent mille griffes sur les Etats-Unis, je crois qu'il y faut mettre les forces de la philosophie, de la morale et de la justice à simplifier ce droit, non pas celles de la jeunesse à l'apprendre. D'autant plus que la complication et les obscurités des lois et de leurs explications, ayant fait naître *un très bon métier*, tous ceux qui ont une fois appris ce *métier*, qui en vivent, et qui par lui sont assez naturellement portés aux législatures, deviennent presque malgré eux ennemis décidés de la réforme.

3°. La *Faculté de médecine*. Celle-là embrasse un grand nombre de belles *sciences* qui, lorsqu'elles sont saisies par des têtes propres à l'étude de la nature, disposées à res-

---

(1) A ce dernier égard, depuis treize ans que cet ouvrage est écrit, cette partie de l'enseignement en France a été beaucoup perfectionnée.

pecter ses lois, forment prodigieusement l'esprit, et deviennent très utiles au genre humain par l'art de connoître les maladies, et par celui de soulager, de consoler, d'encourager, d'aider les malades. — Celui de les guérir est encore entre les mains de DIEU. — Les médecins anglais, maîtres et modèles des médecins américains, quoique d'ailleurs très instruits et profondément savans, paroissent encore dans l'ignorance de ce fait important. Ils *agissent* beaucoup, et l'on en meurt un peu davantage.

4°. Enfin, la *Faculté des arts*, où l'on n'enseignoit ni la mécanique, ni le dessin, ni la peinture, ni la sculpture, ni l'architecture, ni la musique.

Mais *le latin*, aussi bien que l'on puisse enseigner une langue morte.

Le grec, assez médiocrement, excepté, dit-on, dans les universités d'Ecosse.

La *poésie latine*, c'est-à-dire les règles de la versification : la poésie ne s'enseigne point, *nascuntur poetæ*.

La *rhétorique*, si plaisamment définie par MONTAIGNE, *l'art de faire de grands souliers pour de petits pieds* : de tous les arts, le plus propre à gâter le style.

On y ajoutoit, pour *fausser* l'esprit, *l'argumentation*, sous le nom de *logique*, avec ce principe bête et barbare, que toute proposition peut être également combattue ou défendue : *quidquid dixeris argumentabor*.

Cependant tous nos grands hommes ont résisté au malheur d'avoir fait de telles études, comme quelques tempéramens très robustes survivent à l'abus de la saignée, de l'opium, du kermès, de l'émétique, et du calomélas.

Par-dessus ces deux éteignoirs du bon sens, on en

mettoit un troisième, c'étoit un inintelligible galimatias théologique qu'on appeloit *métaphysique*.

Et sur la fin du cours, dans les derniers mois de la dernière année on parloit un peu de *géométrie*, de *physique*, tellement quellement, et d'astronomie : de manière qu'il n'en restoit aux élèves que des notions beaucoup plus foibles que celles que nous donnerons dans nos écoles primaires.

Après avoir pris ce qu'on nommoit des *licences* dans ces quatre *Facultés*, on croyoit avoir la science *universelle*; et il a été un temps où l'on soutenoit fièrement des thèses *de omne scibili*.

Ce ne sera point là notre UNIVERSITÉ.

Elle comprendra réellement nos *petites écoles*, nos *collèges* et nos *grandes écoles spéciales*. Car toutes ces institutions seront des branches de notre enseignement public. — Et les grandes écoles spéciales n'en seront que le faîte ou le complément.

Ce ne seroit donc point à elles que je voudrois appliquer le titre d'*Université*, qui peut avoir un côté utile, celui de se raccorder aux idées reçues, et de persuader, tant aux Européens qu'aux Américains, qu'on peut être aussi bien élevé aux Etats-Unis qu'en Europe.

Je voudrois que la loi relative à l'instruction déclarât que le *conseil général* et les *comités particuliers d'instruction publique*, pour administrer ce qui est relatif à l'enseignement; les *grandes écoles spéciales* destinées à l'étude des sciences les plus relevées; les *collèges* qui ont pour objet de former en général les gens de lettres et les savans; et les *écoles primaires* pour répandre les lumières les plus essentielles sur la totalité des citoyens, constitueront l'*Université de l'Amérique septentrionale*.

Un jeune homme qui aura suivi l'école primaire, le

collége et les grandes écoles, sera un *élève de notre Université*.

Ainsi nous parlerons clairement et avec exactitude : ce qu'il faut toujours faire en législation, et autant qu'on le peut en tout. Rien n'est plus choquant, mais surtout lorsqu'il s'agit de l'éducation de la jeunesse, qu'il faut rendre délicate sur la justesse des expressions, que les mots insignifians, ou signifiant des choses qui ne sont pas.

Occupons nous donc à présent des grandes écoles spéciales qu'il me paroît suffisant d'établir à *Washington-City*.

Il me semble que ces grandes écoles doivent être au nombre de quatre.

Une de médecine ;

Une des mines ;

Une de science sociale et de législation ;

Une de géométrie transcendante et des sciences qu'elle doit éclairer.

Je ne vois point de nécessité d'établir entre elles aucune dépendance, ni d'autre rapport que celui d'être logées dans le même palais, où l'on placeroit aussi la bibliothèque publique, le muséum, le jardin de botanique, le conseil général de l'instruction, et la société philosophique.

Ce palais des sciences me paroît devoir être un des monumens dont les dix-sept Etats voudront embellir leur capitale.

Nous avons vu que les élèves de l'Etat, nommés pour être envoyés aux écoles spéciales, auront choisi leur carrière, et s'y seront préparés par un stage plus ou moins long de vétérance au *collége*.

Ceux qui auront préféré l'école de médecine, auront redoublé la classe de chimie, de physique et d'histoire naturelle, et celles des langues anciennes. Cela leur aura demandé trois ans.

Ceux qui se destineront aux mines auront porté leur travail sur la classe de géométrie et celles d'histoire naturelle, et de chimie. Deux ans leur auront suffi.

La géométrie et l'algèbre auront occupé ceux dont les vues se seront tournées vers l'astronomie, la navigation, la construction des vaisseaux, ou les hautes mathématiques ; et il est possible qu'ils n'aient eu besoin que d'une année de stage. Il est possible aussi que deux ans leur aient été nécessaires.

Enfin, ceux qui voudront exercer la profession du barreau, ou se livrer à la science du gouvernement, se seront appliqués à la classe de droit naturel, de droit national, d'histoire, d'économie politique, et aux langues tant anciennes que modernes. Il leur aura fallu trois années.

Tous arriveront aux écoles spéciales, non entièrement novices, mais déjà dignes d'en recevoir les leçons, et capables de les entendre.

Les quatre écoles étant sous l'administration directe du conseil général de l'instruction, n'ont pas besoin d'un autre *principal* général ; mais chacune d'elles en doit avoir un *particulier*, chargé de présenter ses co-opérateurs, et d'indiquer aux élèves par quelle classe spéciale ils doivent commencer, dans quel ordre et dans quel esprit ils doivent les suivre, quelles sont celles qu'ils feront bien de redoubler, et quand.

Voyons le nombre de classes qu'elles exigent.

ÉCOLE DE MÉDECINE.

Elle aura cinq classes.

La première, d'anatomie ;

La seconde, d'économie animale et de pathologie : ce sera celle-là dont le professeur aura le titre, le rang, et les droits de *principal* ;

La troisième, de chirurgie et de l'art des accouchemens ;

La quatrième, de matière médicale et de chimie pharmaceutique ;

La cinquième, de botanique.

Les classes de botanique et d'anatomie pourront être suivies par des jeunes gens qui ne se destineroient point à la profession de médecin, et voudroient seulement approfondir les sciences naturelles. Mais personne ne sera reçu docteur en médecine sans avoir obtenu, dans toutes les cinq, des succès constatés par plusieurs examens publics.

Le professeur de *botanique* aura la direction du jardin, et fera faire à ses élèves des courses dans la campagne.

Celui d'*anatomie* donnera quelques leçons sur l'anatomie comparée, qui ne laisse pas d'éclairer beaucoup celle de l'homme. Indépendamment des travaux de son amphithéâtre, il dirigera et surveillera ceux que chacun de ses élèves pourra et devra faire hors de la classe ; et à mesure qu'ils feront des progrès, il les chargera successivement de démontrer, sous ses yeux, dans l'amphithéâtre, à leurs compagnons.

Le *principal*, et le professeur de chirurgie sous lui, auront la direction des hôpitaux, et y conduiront leurs élèves, en les prévenant des variétés dangereuses que le rapprochement des malades peut occasionner dans un hôpital ; mais on aura soin de rendre ces complications, ces variétés, plus rares et moins redoutables par les courans d'air qu'on établira dans les salles, et par la distance à laquelle on placera les lits l'un de l'autre. Quand on bâtit dans un pays où le terrain est à-peu-près à discrétion, on a une donnée bien avantageuse pour les maisons destinées à secourir les malades. Il doit même être assez facile à *Washington-City* et dans les autres grandes villes de l'Amérique, de n'avoir besoin d'hôpitaux que pour les matelots dénués d'amis et de connoissances, en secourant les autres indigens à leur domicile.

Les médecins professeurs, seront de même autorisés à mener avec eux dans leurs visites, chez les malades qui les appelleront, un de leurs élèves, mais jamais deux à la fois, et toujours le même chez le même malade. Car un malade ne trouve point mauvais de voir son docteur avec un consultant; mais le changement de visage pourroit l'inquiéter et l'affecter. Par cette même raison, si le médecin n'a point été assisté de son élève à la première visite, il ne pourra plus s'en faire accompagner.

Tous nos élèves auront fait au collége au moins deux bons cours de chimie théorique et pratique. Il leur deviendra très-facile d'en appliquer les principes et les manipulations à la matière médicale et à la pharmacie, avec le secours d'une classe de chimie pharmaceutique.

Ces élèves en médecine seront des hommes faits, qui, en qualité de vétérans, auront redoublé au collége leurs classes de grec, de latin, de chimie et d'histoire naturelle. Ils ne seront point assujettis dans l'école de médecine aux classes de retour, qui ont été indispensables au collége pour des enfans distraits et d'une mémoire aussi fugitive que vive; mais nous avons déjà indiqué que d'eux-mêmes, et suivant les conseils du principal ou des professeurs, ils redoubleront les cours sur lesquels il leur sera le plus important d'avoir une forte instruction. L'anatomie, la pathologie, la chirurgie demandent chacune une étude de plus d'une année pour des gens qui ne veulent pas se borner à en savoir parler ; et il faut que nos élèves puissent en appliquer les lumières au soulagement de l'humanité souffrante. Le temps ne leur manque pas : un homme qui veut être médecin y doit employer sa jeunesse entière ; car avant trente ans il n'inspireroit point de confiance. Il faut donc qu'il s'occupe jusqu'à cet âge à la mériter : la confiance du malade est un des plus puissans remèdes du médecin.

Nous avons placé la classe de botanique à la fin des sciences médicales, comme une récréation et une consolation ; nous avons craint qu'au commencement elle ne fût une séduction et une distraction dangereuse.

L'étude de la botanique est si gaie et si salubre ; celle de l'anatomie au contraire, quoique très curieuse, est si triste, si sale, si mal saine ; il y faut vaincre une telle horreur ; et la chirurgie qui demande qu'on surmonte la compassion qu'inspirent les cris, et la répugnance à tremper ses mains dans le sang, exige un si pénible courage, que les amans de Flore ont une peine extrême à revenir de ses rians vallons et de ses bosquets délicieux aux autels de la douleur et dans le temple de la mort.

Aussi est-ce une observation assez générale que la plupart des botanistes ne veulent plus être médecins, s'ils ne le sont d'avance. Cependant il ne faut pas dans une société un très grand nombre de botanistes de profession. Ils sont comme les géomètres transcendans ; deux ou trois du premier rang, cinq ou six du second suffisent. Il n'en est pas de même des médecins : quand ils ont l'esprit philosophique, quand ils ne prétendent pas tout guérir, quand ils ne s'obstinent point à droguer, quand ils possèdent l'histoire naturelle, quand ils savent, comme *Hippocrate*, employer, corriger l'air et les eaux, ils peuvent rendre les plus grands services à l'Etat, et sont dans les campagnes les meilleurs maîtres de philosophie pratique, de bienfaisance éclairée. — Ne nous exposons donc point à sacrifier l'utilité des fruits au charme et à la beauté des fleurs. N'élevons pas notre jeunesse pour son seul plaisir : *non sibi, sed patriæ*.

(*La suite au prochain Numéro.*)

D. P. de N.

LETTRES D'UN PÈRE A SA FILLE,

SUR L'ÉTUDE DE L'HISTOIRE NATURELLE.

Septième Lettre.

Comment donc, Amélie, voilà Edouard en guerre ouverte contre les ichneumons : parce qu'un d'eux lui a tué, en quelque sorte avant sa naissance, un beau papillon qu'il attendoit impatiemment, il en veut à toute la race, et l'extermineroit entièrement s'il pouvoit! Au portrait que j'en avois esquissé, il en a reconnu un entre les doubles vitrages de la fenêtre au midi de votre cabinet; et c'en étoit fait du pauvre insecte, si le petit garçon avoit pu l'y poursuivre; mais vous aviez prudemment retiré la clef de ce châssis, afin qu'on ne pût toucher aux fleurs que vous conservez dans cette espèce de petite serre, où vivent, comme en plein été, des plantes charmantes qui vous donnent ainsi le printemps au milieu des hivers. Je crois que vous y aurez de bonne heure quelques papillons, car j'ai remarqué dans les angles de la muraille quelques chrysalides que la chaleur de cette retraite avancera probablement, à moins qu'elles n'aient aussi servi de pâture à quelques larves d'ichneumon, comme la chrysalide dont la perte a tant excité la colère d'Edouard. Ces asiles sont bien précieux pour les insectes; ils les cherchent à la fin de l'automne; ils se retirent dans les fentes des boiseries, des charpentes, sous les écorces des arbres, et plusieurs couples trouvent ainsi moyen de passer l'hiver, d'échapper à la rigueur du froid, et servent en partie à perpétuer l'espèce. Quand Edouard aura appris à mieux raisonner ses affections et ses aversions, quand la passion lui laissera assez de calme pour sentir combien sa haine est déplacée, il traitera les ichneumons en amis, et les regardera comme des auxiliaires fort intéressans pour nous. En effet, ne sait-il pas que les chenilles sont nos ennemis naturels, et que l'intérêt de la conservation de nos fruits et de nos fleurs qu'elles dévastent, nous obligent à une guerre réglée contre elles? N'a-t-il pas pris quelquefois plaisir à aider le jardinier dans ses expéditions, lorsqu'il va détacher des extrémités des branches ces paquets de soie qui ne sont que des nids de chenilles, que la nudité des arbres pendant l'hiver, permet de découvrir facilement? Ne s'est-il pas amusé à réunir en un monceau et à brûler impitoyablement ces innocentes familles engourdies par le froid? On pourroit penser qu'il suffit d'abandonner à la gelée ces petites chenilles, trop foibles sans doute pour y résister. Mais point du tout, elles y résisteroient; l'hiver le plus rigoureux de notre climat détruit beaucoup d'insectes, et ne peut rien contre les chenilles de cette espèce. Réaumur en a exposé à un froid artificiel de 15 à 20 dégrés, sans que le passage subit à une température de 8 dégrés au-dessus de zéro parût seulement les rendre malades. Heureusement pour nous, la nature leur a suscité une foule d'ennemis: les moineaux, les rossignols, les pinsons, les fauvettes, etc., en dévorent un grand nombre et en régalent leurs petits. Elles sont aussi sujettes à plusieurs sortes de maladies. Je me souviens d'avoir vu, dans le magnifique cabinet d'insectes de M. Gigot-d'Orcy, à côté d'une superbe chenille embaumée, et précieusement conservée, le cadavre du mortel ennemi qui avoit abrégé ses jours, c'étoit un *gordius*, dragonneau ou filaria, espèce de ver solitaire des insectes, gros comme un crin et long de quatorze à quinze pouces.

Au reste, si Edouard savoit tous les méfaits des ichneumons, il seroit bien autrement courroucé contre cette race dévorante. Les insectes destinés à leur servir de proie n'ont aucun moyen de leur échapper. Il n'y a pas d'asile si secret, si fortifié qu'il soit, qui puisse garantir de leurs atteintes. Une espèce d'abeille ou de guêpe maçonne, renferme sa lignée dans des loges de pierre, bien mastiquées, bien murées; la mère doit y croire son enfant en sûreté; elle a mis à côté de lui la provision de pâtée nécessaire à son éducation, et scellé sa porte; la prévoyance maternelle ne peut aller plus loin. Mais il a fallu bien des allées et des venues pour tous ces arrangemens, pour achever la construction, en chercher les matériaux, etc. Pendant une des courtes absences de sa mère, un ichneumon passe, cherchant fortune: un mauvais coup est bientôt fait; il glisse dans un coin de l'alvéole un œuf inaperçu. La mère continue ses soins sans aucune méfiance; elle enfonce l'ennemi dans le berceau même de son cher enfant: celui-ci n'est pas plus tôt né que l'autre s'attache à lui pour sa perte; il le perce: ils vivent ensemble, l'un pour servir de pâture à l'autre; et c'est le dernier venu, le plus petit des deux qui finit par rester maître de la maison; il s'y transforme, et on voit sortir un ichneumon d'une alvéole d'abeille.

Il n'y a guère de genre aussi nombreux en espèces que les ichneumons. Geoffroi en a décrit une centaine, observés dans les environs de Paris; et Olivier, plus de trois cents dans l'Encyclopédie. Il y en a de toutes tailles, depuis celle d'une puce jusqu'à un pouce de longueur. Les très petites espèces vont jusqu'à se loger dans les œufs même des chenilles et d'autres insectes. L'araignée, si redoutable aux petits habitans de l'air, est quelquefois victime d'un ichneumon, qui, attaché sur son dos, y vit à ses dépens jusqu'à sa transformation, et on peut voir la grande araignée des jardins, à la fois dévorant un ichneumon pris dans ses filets, et dévorée par un enfant ichneumon attaché à son dos, dont il lui sera impossible de se débarrasser, et qui finira par la faire périr.

Mais ce qu'Edouard pourroit appeler une malice d'enfer, c'est la sagacité qui fait découvrir aux ichneumons une proie tellement cachée, qu'on ne la pourroit jamais soupçonner dans la retraite qui la recèle.

Vous avez pu remarquer sur les feuilles des arbres, particulièrement des chênes, aux extrémités de leurs jeunes rameaux de petites excroissances de formes diverses, des espèces de petites verrues qui, souvent, ressemblent à de petits fruits, depuis la grosseur d'un grain de groseille jusqu'à celle d'une noisette; on a nommé ces petites tumeurs *galles*, *noix de galles*. Celle qui sert à faire de l'encre se trouve sur un chêne de l'Asie-Mineure. L'origine de ces tubérosités et leurs nombreuses variétés ont long-temps embarrassé les naturalistes. On les a d'abord regardées comme des maladies de l'arbre; mais quand on a vu que toujours chacune de ces petites boules, de toutes parts bien closes, renfermoit une sorte de petit ver, et quelquefois un insecte ailé, l'embarras a augmenté. Rédi, naturaliste justement célèbre, mais encore trop attaché aux idées des anciens, après avoir combattu victorieusement leurs systèmes sur les générations spontanées, et n'osant pas faire naître de cette manière les insectes des galles, avoit imaginé, pour expliquer leur production, un moyen qui ne valoit pas mieux; il donnoit aux arbres une ame végétative capable de produire ces larves; et si on ne s'en contentoit pas, il en faisoit une ame sensitive. Malpighi, excellent observateur, esprit plein de justesse, révolté de ces imaginations ridicules capables de faire reculer la science, se mit à épier la nature avec une constance et une obstination telles, qu'il la prit sur le fait; il vit un petit insecte à tarière en spirale, la dérouler, faire une blessure au végétal sur la nervure d'une feuille, ou dans l'écorce d'un jeune rameau, et y glisser un œuf. Ce corps étranger empêche la plaie de se fermer; les sucs viennent s'extravaser à l'entour; il en résulte une sorte de tumeur qui s'accroît autour de l'œuf et lui forme une enveloppe bien close, dans laquelle des sucs abondans viennent baigner l'œuf, qui augmente de volume; fait bien extraordinaire, mais constaté! La larve naît; elle vit de ces sucs dont elle-même entretient la reproduction en les suçant et en rongeant la fibre végétale; elle arrive ainsi au terme de son accroissement, et subit sa métamorphose dans cette case hermétiquement fermée, puis se fait jour avec les dents à travers son écorce. Qui ne croiroit sa vie bien assurée dans cet asile si mystérieux? Il n'en est rien du tout. Les insectes qui font naître les galles des végétaux s'appellent cynips, diplolèpes. On attribue la différence des galles aux différentes espèces de cynips qui les habitent. Les unes sont ligneuses, les autres parenchimateuses ou fongueuses; celles-ci ressemblent à un clou, celles-là à un cupule : d'autres sont barbues ou mousseuses comme le bédéguard du rosier des haies. Ces insectes ont beaucoup de rapports avec les ichneumons, sans en être plus amis; car l'instinct de ceux-ci leur a appris que ces galles sont habitées, et que ces habitations ne sont pas impénétrables. La tarière redoutable est mise en jeu ; l'œuf est glissé jusqu'au centre, l'ouverture subtile se referme presqu'aussitôt ; l'habitant naturel est obligé de recevoir l'intrus : ils vivent ensemble ; mais l'habitant naturel de la case n'achèvera pas sa carrière ; et souvent à l'ouverture d'une galle extérieurement bien intacte, on trouve l'insecte prêt à sortir, qui n'est pas un cynips, mais un ichneumon; et quand on connoît les mœurs de sa race, on sait comment la chose s'est passée.

Au reste, ils ne s'épargnent pas plus entre eux ; et une seule feuille d'un de vos rosiers pourra vous le montrer d'une manière assez curieuse. D'abord, je suppose que votre rosier est attaqué par les pucerons, ce qui n'est malheureusement que trop commun ; voilà donc une légion de pucerons, grands et petits, à peu près immobiles, ayant leurs trompes enfoncées dans les nervures de la feuille et pompant sa sève. Au milieu d'eux est couché un gros ver ; je dis gros relativement aux pucerons : c'est la larve d'une coccinelle, ce joli insecte que les enfans appellent bête à Dieu, vache à Dieu; il est hémisphérique, très lisse et comme vernissé, ordinairement d'un beau rouge orné de points noirs. Cette larve, appelée lion des pucerons, reste étendue nonchalamment, ne se donnant autre peine que de tourner de temps en temps la tête ; le gibier est si abondant, que ce mouvement lui suffit pour attraper un puceron qui se trouve à sa portée, le saisir entre ses mâchoires et le dévorer. Parmi les pucerons, cherchez-en quelqu'un de belle taille, mais dont la couleur ait changé; il n'est plus verd clair ou jaunâtre comme les autres; il est plus foncé, d'une teinte feuille morte; sa peau est tendue et lisse. Si vous la touchez avec la pointe d'un curedent, vous sentirez qu'elle n'est plus flexible. Ce puceron ne vit plus; une larve d'ichneumon a vécu à ses dépens; mais il a été vengé par une autre qui est venue faire curée de la première. C'est un fait dont se sont assurés d'habiles observateurs en ouvrant à différentes époques ces pucerons attaqués, et qu'un peu d'habitude apprend à distinguer. Vous trouverez souvent de ces dépouilles de pucerons qui paroissent vivans; ils restent fixés à la feuille par leur trompe; mais avec quelqu'attention, on voit à leur peau desséchée et tendue, le petit trou par lequel est sorti l'ennemi qui les a mis dans cet état. Les lions des pucerons sont aussi souvent dévorés par des larves de cynips ou d'ichneumons. Ainsi, vous voyez que les pucerons ne manquent pas de vengeurs. Au reste, nous ne pouvons pas plus nous apitoyer sur le sort des pucerons que sur celui des chenilles, races d'insectes presque également nuisibles à la végétation.

Parmi toutes les merveilles qui pourroient nous arrêter dans les manœuvres des ichneumons et des cynips, je me bornerai à deux remarques bien curieuses à mon gré : d'abord, c'est l'instinct de ces espèces de chasseurs dans le choix de leur proie, qui fait que, parmi ces ichneumons de toute taille, chacun s'adresse si bien au gibier qui lui convient. Un grand ichneumon n'ira pas placer ses œufs dans une petite chenille qui ne suffiroit pas au développement de sa larve; ou s'il en choisit une de de moyenne taille, il n'y placera qu'un petit nombre d'œufs. Tel autre saura qu'une chenille peut nourrir quinze à vingt hôtes, il les lui donnera. Rarement s'adressera-t-il à un individu déjà assez avancé dans la vie, pour qu'elle soit finie avant l'éducation de ses nourrissons. Ce choix des circonstances favorables a quelque chose d'une intelligence et d'une prévoyance vraiment admirables. Ensuite, comment se fait-il qu'une chenille, incessamment dévorée par une compagnie de larves, continue de vivre et de réparer ses pertes? Pour le concevoir, il faut, en quelque sorte, regarder une chenille comme un animal double. En effet, la manière d'être et de vivre de la chenille nécessite une quantité d'organes qui ne serviront pas au papillon, et disparoîtront dans la transformation; pareillement le papillon aura des organes dont les rudimens seulement sont contenus dans la chenille, et existent presque sans consistance; il paroît qu'ils sont répandus dans le corps graisseux si abondant chez la chenille. D'après cela, on est fondé à croire que la larve vit en partie de ce corps graisseux, ménageant tous les organes essentiels à la vie de la chenille, dont la sienne dépend, mais que les organes particuliers au papillon se trouvent détruits, si bien qu'il ne peut arriver à ce second état de vie. On pourroit en conclure encore le peu de sensibilité des insectes, et particulièrement des chenilles, et les comparer à ces pourceaux ladres chez lesquels la peau et la graisse sont devenues si insensibles, que des souris se logent quelquefois, dit-on, dans leur lard, sans qu'ils paroissent s'en apercevoir.

Voici un dernier trait de la sagacité et de la voracité de nos ichneumons. Plusieurs cigales à l'état de larve passent leur vie à peu près comme les pucerons, la trompe enfoncée dans la nervure d'une feuille, et vivant de sa sève, qu'elles pompent sans cesse. Il y en a une petite espèce dont la peau est fort délicate, et seroit bientôt desséchée par le soleil et même par le grand air, si la nature ne lui avoit donné un moyen de la tenir sans cesse humectée. La sève dont elle se nourrit transsude à travers sa peau sous la forme de petites bulles remplies d'air; il en résulte une écume blanche, abondante, sous laquelle la larve est complétement cachée. Quelquefois, dans les temps les plus secs, on voit, avec étonnement, des gouttes d'eau tomber assez abondamment des feuilles du saule, comme s'il avoit été, peu de temps auparavant, arrosé par la pluie: c'est que ce saule est habité par nos petites cigales, appelées de là, cicadelles écumeuses (*cicada spumaria*). Une feuille couverte en grande partie de cette écume végéto-animale, recèle ainsi plusieurs larves très bien cachées à tous les regards, excepté ceux d'un ennemi inquiet qui ne se laisse pas prendre à cette apparence trompeuse. L'avide ichneumon, dans son vol rapide, écarte brusquement l'écume mensongère, et emporte entre ses dents une petite larve qui est bientôt dévorée.

Nos enfans me demandent encore quelque trait amusant tiré de Mouffet, comme l'histoire de la Mante religieuse qui les a bien divertis. Mais je n'ai plus là ce vieux compilateur sous la main; et je ne sais, d'ailleurs, si j'aurois le courage de remuer son fumier pour découvrir quelques paillettes. Je remarquerai seulement sur la Mante, que ce nom témoigne l'ancienneté de la croyance populaire qui donnoit à cet insecte la faculté de deviner: car, en grec, il signifie devin. Ensuite ces insectes prouvent combien un extérieur composé peut, dans l'opinion du vulgaire, contribuer à une bonne réputation; voilà de petites bêtes, d'ailleurs bien méchantes, vénérées par le peuple comme des êtres religieux et obligeans; uniquement à cause de l'attitude de leurs pattes antérieures, qu'elles ne tiennent pourtant ainsi tendues en avant que pour être plus en état de saisir le gibier qui passera à leur portée. Du reste, elles déchirent et dévorent tous les insectes qui ne sont pas assez forts pour leur résister, et s'entre-dévorent même entre elles. Mais il faut qu'on n'ait pas toujours été dupe de ces apparences hypocrites, car il y en a une espèce qui est appelée payenne (*Mantis pagana*, Fabr.), sans doute parce que, malgré son air dévot, on l'aura surprise se livrant à son naturel malfaisant, ou peut-être que l'attitude d'oraison qui a fait la réputation des autres, n'est pas dans ses habitudes.

Tout ce que je me rappelle de Mouffet est une division de vers assez curieuse, et qui peut me donner occasion de vous établir en passant quelques principes bons à connoître. Mouffet divise les vers en vers des minéraux, vers des végétaux, vers des animaux. On voit qu'il entend par là aussi les larves qui vivroient de minéraux, ou de végétaux, ou d'animaux. Cette division a dû le flatter, parce qu'elle s'accorde bien avec la grande distribution admise autrefois des substances naturelles en minérales, végétales, animales; ce qui formoit ce qu'on appeloit les trois règnes : mais cette division n'en est pas plus juste; car nous ne connoissons pas d'animaux qui puissent vivre de minéraux. Les substances élémentaires qui servent à la formation des minéraux ne peuvent servir à la nourriture des animaux qu'après que les végétaux les ont assimilées à leur propre substance, et qu'elles ont été employées à leur développement. Ainsi, les animaux se nourrissent de végétaux qui contiennent de la potasse, du carbone, du quartz, etc...... Mais la potasse, le carbonne, le quartz, ne pourroient jamais, seuls, entretenir la vie d'un animal; ils aideroient plutôt à sa destruction. On a bien cité des peuples qui vivent d'argile. M. de Humboldt les a visités et les appelle, je crois, Otomaques; mais il a reconnu que la terre que mangent ces peuples, ils la mêlent de graisse; qu'ils n'ont recours à cette expédient que dans des momens de disette, et pour ménager leurs subsistances. La terre qu'ils avalent ainsi ne sert pas proprement à leur nourriture (1); c'est une sorte de lest pour l'estomac, qui fait d'ailleurs que la substance alimentaire, mêlée à cette terre, occupe plus long-temps l'estomac, et les empêche de souffrir autant de la faim. Ainsi, on trouve, dans certain temps, de la terre et des pierres dans l'estomac des loups, lorsque ces animaux voraces, tourmentés par la faim, manquent de proie; leur instinct les fait recourir à ce moyen pour amuser en quelque sorte leur estomac. On trouve aussi de petites pierres dans le gézier des gallinacées; mais on pense que ces oiseaux les avalent pour qu'elles aident à la trituration des grains dont ils vivent, et en facilitent ainsi la digestion.

Dans les Mémoires de l'Academie des Sciences, j'en trouve un où M. Auzout, pour répondre aux gens qui croyoient que la lune rongeoit les pierres des vieux murs au midi, fait l'histoire d'un insecte qu'il a découvert, et qui ronge la pierre. Auzout n'étoit pas naturaliste. Son insecte, qu'il décrit d'ailleurs assez bien pour le faire reconnoître, a été décrit aussi par Debur et d'autres entomologistes, et il s'est trouvé que c'étoit une espèce de teigne qui vit du lichen dont se revêtent les vieux murs.

_____

(1) Pas plus que l'argile que l'on mêle au charbon de terre dans la composition des briquettes ne sert à alimenter le feu; elle ne sert qu'à ralentir la combustion, et faire ainsi durer plus longtemps le combustible.

Cette teigne, à l'état de larve, se compose, comme les autres, un fourreau, avec les substances sur lesquelles elle vit; elle y fait donc entrer des fragmens de lichen et des petits grains de pierre qui se détachent facilement. On l'aura vu tenir quelques-uns de ces grains de pierre entre ses dents pour les placer et les fixer dans le tissu de son tuyau, et on aura conclu qu'elle les mangeoit. C'est l'action répétée du soleil et de la pluie qui cause la dégradation des pierres de taille au midi, quand elles ne sont pas d'une consistance assez solide pour résister à ces causes de dissolution. On trouve quelquefois des carreaux de verre blanc ternis et criblés de petits trous, et on a prétendu qu'ils étoient l'ouvrage de petits insectes qui attaquent le verre. Cela n'est pas plus fondé. La dégradation du verre dans ce cas, est due à la même cause qui dégrade les pierres des vieux murs au midi. Le verre étoit mal fait, mal cuit; les sels qui entrent dans sa composition n'étoient pas suffisamment vitrifiés; ils attirent l'humidité et se dissolvent : c'est à peu près ainsi que se font les alkarazas ou rafraîchissoirs, vases de terre qui sont fort employés en Espagne pour faire rafraîchir l'eau. On fait entrer dans la composition de cette poterie du sel, de sorte qu'il ne soit combiné qu'à demi avec la terre, ce qui la rend très poreuse; l'eau transsude de toutes parts; et son évaporation ne pouvant se faire que par l'absorption d'une grande quantité de calorique, l'eau du vase perd une partie du sien, et se trouve ainsi rafraîchie.

A.

LE CHAPEAU,
CONTE.

Rosine à douze ans auroit été tout ce qu'on peut être de bon et d'aimable à son âge, si elle eût su contraindre son humeur; mais les accès de cette humeur qui lui venoient on ne sait d'où, lui prenoient on ne sait pourquoi, lui ôtoient, tant qu'ils duroient, ses bonnes qualités naturelles, et lui donnoient tous les défauts qu'elle savoit éviter quand elle étoit dans son bon sens : car Rosine, dans ses accès d'humeur, n'avoit réellement pas son bon sens, c'étoit une véritable folie. Ce qu'elle avoit su de raisonnable, elle l'oublioit; tous ses bons sentimens s'effaçoient comme si elle ne les avoit jamais eus. Si dans ces momens on vouloit lui rappeler un raisonnement qui l'avoit convaincue la veille, un principe dont elle étoit convenue, et qui l'avoit aidée à s'affermir dans son devoir, elle trouvoit alors pour le contredire mille raisons plus ridicules les unes que les autres, nioit les choses auxquelles elle ne trouvoit pas de réponse, nioit ce qu'elle avoit dit elle-même, enfin sembloit avoir perdu toute raison, toute mémoire, toute bonne foi. Et ce qu'on eût dit surtout, c'est qu'elle perdoit alors toute affection pour sa mère et pour sa sœur, tant elle sembloit prendre plaisir à les désoler.

Elle les aimoit pourtant véritablement ; elle étoit véritablement pénétrée de reconnoissance pour sa mère, dont elle avoit tant de fois éprouvé la patience et l'angélique bonté ; elle sentoit une joie réelle à donner quelque plaisir à sa petite sœur qui n'avoit que six ans. Elle étoit bonne, elle étoit généreuse ; mais ce qu'il y a de singulier, c'est qu'on ne pouvoit compter avec certitude sur l'effet de ces bonnes dispositions qu'en présence des étrangers. Le désir d'en être estimée la rappeloit tellement au sentiment de ses devoirs, qu'elle les remplissoit tous alors de la meilleure foi et du meilleur cœur du monde, sans qu'il restât aucune place à cette humeur qui la dominoit si puissamment quand elle étoit plus à son aise : en sorte que Rosine étoit citée comme un modèle parmi les jeunes personnes de son âge, et que les louanges qu'on lui donnoit faisoient quelquefois rougir sa mère, qui, espérant gagner par la douceur cet esprit intraitable, évitoit de dire ce qui auroit pu nuire à la réputation de sa fille, mais ne cessoit de lui faire honte d'un défaut de probité tout-à-fait en contradiction avec le reste de son caractère naturellement honnête et droit.

« Je voudrois, lui disoit madame de Sainsenne, lorsqu'elle la voyoit dans ses accès, que les personnes qui ont loué hier votre douceur et votre raison vous vissent dans ce moment, et jugeassent ce qu'elles doivent penser de vous. » Ce contraste redoubloit l'humeur de Rosine, parce qu'il lui faisoit sentir le tort de sa conduite sans lui donner la force et la volonté d'en changer, en résistant à l'impression du moment. « Rosine, lui disoit encore quelquefois madame de Sainsenne, vous êtes la maîtresse de recevoir tranquillement et sans confusion des éloges que vous méritez si peu; mais tâchez d'éviter qu'on ne vous loue devant moi, car je ne réponds pas de le supporter, il m'est impossible d'autoriser par mon silence une pareille tromperie. » Rosine faisoit quelquefois de bonnes résolutions, mais elles ne tenoient jamais contre le besoin de suivre le sentiment qui la dominoit dans le moment, et de mettre sa fantaisie à l'aise, sans s'embarrasser du reste.

Une des personnes dont elle désiroit le plus l'estime et l'affection, étoit son oncle Henri de Sainsenne, l'un des frères de son père, qu'elle ne connoissoit que depuis peu de temps, parce qu'il habitoit ordinairement la province, et n'étoit venu que récemment à Paris pour ses affaires. Il avoit pris Rosine en grande amitié, parce qu'elle ressembloit à son frère qu'il avoit perdu, et qu'il regrettoit beaucoup; il trouvoit aussi qu'elle ressembloit à sa fille, la petite Olympe, qu'il avoit laissée en province avec sa mère. Il se plaisoit à leur chercher des ressemblances de caractère. « J'espère, disoit-il souvent à Rosine, qu'Olympe sera douce et raisonnable comme toi. » Car elle avoit quatre ou cinq ans de moins que sa cousine. Il leur rapportoit souvent des traits de la raison d'Olympe, étonnans pour son âge ; il leur parloit surtout avec une joie profonde de sa bonté de cœur, de sa disposition à s'oublier pour les autres, de sa complaisance pour son petit frère âgé de trois ans ; et il finissoit toujours par dire en embrassant sa nièce : « Ce sera une petite Rosine. »

Si M. de Sainsenne n'eût pas été un homme très vif dans ses manières et un peu préoccupé de ses idées, il auroit certainement remarqué l'embarras de Mad. de Sainsenne et le soin de Rosine à éviter alors les regards de sa mère ; mais, comme il n'aimoit pas à s'arrêter long-temps sur les mêmes objets, ni surtout à se laisser aller à l'attendrissement qui s'emparoit toujours de lui quand il parloit de sa petite Olympe, il changeoit brusquement de sujet de conversation, ou bien se levoit et se promenoit dans la chambre en rêvant : quelquefois il sortoit sur-le-champ. Alors Mad. de Sainsenne disoit à sa fille : « Il ne tiendroit qu'à toi que ton oncle Henri eût bien de l'amitié pour toi. »

« Mais il m'aime beaucoup, » s'écrioit Rosine.

« Pas du tout, reprenoit tranquillement sa mère, il aime Olympe, à qui il croit que tu ressembles. Ce qu'il aime, comme il te le répète souvent, c'est une petite fille douce et raisonnable. Quant à moi, il me semble que c'est positivement comme s'il te disoit qu'il ne t'aime pas ; car il est certain que le caractère que tu as n'est pas celui qu'il aime, et je t'avoue, qu'à ta place, un pareil compliment me perceroit le cœur. »

Rosine n'avoit pas grand'chose à répondre; de plus, son oncle, qui étoit extrêmement franc, exprimoit en toute occasion une grande aversion pour les gens qui déguisent leur caractère; et madame de Sainsenne, en ces momens-là, ne manquoit pas de regarder Rosine. Toutes ces choses commençoient à lui faire impression; elle ne se corrigeoit pas encore; mais lorsqu'au milieu de son humeur, sa mère lui disoit : « Croyez-vous être dans ce moment-ci la personne qu'aime votre oncle Henri ? » ces paroles la forçoient au moins à se contenir pendant un moment; et le jour où elle avoit été plus violente et plus déraisonnable qu'à l'ordinaire, les louanges et les caresses de son oncle lui faisoient éprouver un petit sentiment de peine.

Rosine avoit un chapeau neuf qu'elle n'avoit encore mis que deux fois. Sa mère venoit de lui promettre de la mener le lendemain se promener aux Champs-Elysées pour voir passer les voitures de Longchamps, et elle comptoit bien mettre son chapeau, lorsqu'elle reçut un billet d'une de ses petites amies, qui la prioit en grâce de le lui prêter, pour que la femme de chambre de sa mère lui en fît un sur ce modèle. Simplicie, c'étoit le nom de cette amie, passoit le surlendemain la journée à la campagne. Elle avoit tant persécuté sa mère pour qu'elle lui permît d'avoir un chapeau pareil à celui de Rosine, que celle-ci y avoit enfin consenti; mais il restoit à peine le temps de le faire ; Simplicie vouloit donc avoir *tout de suite*, *tout de suite* le modèle : elle tenoit à ses fantaisies avec une vivacité que sa mère lui avoit souvent reprochée, en lui citant pour exemple la raison et la complaisance de Rosine ; en sorte que Simplicie ne manquoit pas d'ajouter : « Toi qui es si complaisante, je suis bien sûre que tu me le prêteras. » Elle disoit encore : « Si je n'ai pas mon chapeau, j'aimerois mieux ne pas aller à la campagne. »

Rosine se récria sur cette dernière phrase qui lui paroissoit absurde. Ce billet lui donnoit d'ailleurs un peu d'humeur, parce qu'elle étoit fort embarrassée entre le désir d'obliger Simplicie qui comptoit tant sur elle, et la crainte de ne pas ravoir son chapeau pour la promenade du lendemain. Cependant, comme M. de Sainsenne étoit là, elle se contint, et consulta seulement sa mère avec un peu d'inquiétude sur ce qu'il falloit faire.

« Ce que tu voudras, » lui disoit madame de Sainsenne, qui ne vouloit pas la décider.

« Mande à Simplicie, lui disoit sa sœur, que tu es comme elle, et que tu aimerois mieux ne pas aller sur le chemin de Longchamps, que d'y aller sans ton chapeau. »

« Non, en vérité, s'écria Rosine, je ne suis pas si déraisonnable ; » et cette idée augmentoit encore le désir qu'elle avoit de se montrer plus complaisante envers Simplicie. Son oncle ne disoit rien, et la regardoit en souriant ; enfin elle dit à sa mère : « Ne pourrois-je pas l'envoyer, en la priant de me le renvoyer demain de bonne heure ? »

« Cela se peut, dit mad. de Sainsenne, et il est possible qu'elle le fasse, mais il est possible aussi qu'elle y manque, et alors..... » « Alors, dit Rosine dans un moment de courage, je mettrois mon chapeau de perkale ordinaire, qui est tout blanc. » et elle envoya le chapeau. M. de Sainsenne se leva sans rien dire, et sortit.

Mad. de Sainsenne s'étoit bien attendue à ce qui devoit résulter de ce beau dévouement : toute la journée, Rosine fut agitée de la crainte de ne pas ravoir son chapeau, et par conséquent assez maussade. Le lendemain, dès huit heures, elle s'impatientoit de ne pas le voir revenir ; à neuf, c'étoit bien pis ; enfin, à dix heures, elle obtint de sa mère d'envoyer chez Simplicie. Celle-ci demeuroit fort loin ; le domestique fut long-temps à revenir. Pendant ce temps l'agitation de Rosine s'étoit accrue jusqu'à devenir un accès d'humeur insupportable ; enfin, il arriva à onze heures et demie, et sans le chapeau ; la femme de chambre l'avoit enfermé dans une armoire, et elle étoit sortie, emportant la clé. Simplicie promettoit de le renvoyer dans une heure : à cette réponse, Rosine frappa du pied et s'emporta, disant qu'elle étoit sûre qu'elle ne l'auroit pas dans une heure, et qu'il étoit bien ridicule de ne pas lui renvoyer son chapeau quand elle en avoit besoin.

« Pourquoi l'as-tu prêté? lui dit sa sœur : maman te l'avoit bien dit; moi, je n'aurois pas prêté le mien. »

« Il est beau ton chapeau, » dit Rosine avec un ton de mépris que lui donnoit la colère; et le prenant sur le lit, elle le jeta à terre : elle alloit peut-être le gâter davantage, quand, aux cris de la petite, Mad. de Sainsenne accourant à la chambre voisine, regarde sévèrement Rosine, et lui dit : « Votre chapeau peut arriver quand il voudra, vous ne le mettrez pas. » Alors la violence de Rosine redouble, et se manifeste tantôt par les propos les plus déraisonnables, tantôt par des impertinences telles que sa mère est prête à lui déclarer qu'elle ne la menera pas se promener, lorsqu'on vient lui dire qu'une jeune fille avec un carton, demande Mlle. Rosine : alors Rosine s'arrête; l'idée que c'est son chapeau, et qu'elle s'est privée par sa faute du plaisir de le mettre, la jette dans la consternation. Mad. de Sainsenne ordonne qu'on fasse entrer. Cette jeune fille dit qu'elle vient de chez une lingère qu'elle nomme, et remet un billet à Rosine; il étoit de M. de Sainsenne, et conçu en ces termes :

« Comme j'ai pensé, ma bonne Rosine, que le
» chapeau pourroit ne pas arriver à temps pour
» la promenade, je vous en envoie un autre que je

» désire que vous portiez comme marque de
» votre raison et de votre complaisance : j'en
» envoie un pareil à Olympe, afin que lorsqu'elle
» le mettra, elle se souvienne d'être aussi bonne
» que vous.

» J'irai dans une heure voir s'il va bien, et
» vous prendre pour aller aux Champs-Ely-
» sées. »

Pendant que Rosine lisoit ce billet, la fille de boutique sortoit du carton un charmant chapeau de perkale orné et garni d'une quantité de tulle et dans la forme la plus nouvelle. Elle vouloit le faire essayer à Rosine ; mais Mad. de Sainsenne se hâta de lui donner pour les aiguilles et de la renvoyer, afin qu'elle ne vît pas le trouble de sa fille, qui, pâle et tremblante, incapable de savoir ce qu'elle faisoit, avoit laissé tomber le billet, et regardoit le chapeau sans le voir. Mad. de Sainsenne ramasse le billet, le lit, et dit à Rosine d'un ton froid et sévère :

« Rosine, je ne vous prescris rien, vous êtes maîtresse de faire ce que vous voudrez ; mais je verrai si vous avez le cœur d'accepter ce chapeau : je saurai aujourd'hui quel prix vous mettez à mon estime. »

Alors Rosine éclate en pleurs, et, se couvrant le visage de ses deux mains, s'écrie : « Ah, mon Dieu ! que dira mon oncle Henri ? »

« Vous deviez aussi, reprend Mad. de Sainsenne,

songer à ce que devoit dire votre conscience quand vous avez consenti à vous attirer des éloges et des présens que vous méritiez si peu. »

« Savois-je, répondoit Rosine, toujours pleurant que mon oncle Henri me donneroit ce chapeau ? » Malheureux chapeau ! ajoutoit-t-elle avec la violence qui se mêloit toujours à ses chagrins.

« Vous auriez cru, dit Mad. de Sainsenne, pouvoir accepter plus facilement son estime et ses louanges ; vous les jugiez apparemment moins précieuses. »

Tout augmentoit le désespoir de Rosine, et aucune considération ne s'offrit pour l'adoucir : sa mère la laissoit à elle-même, bien déterminée à n'influer en rien sur sa conduite ; et Rosine, toujours emportée par la passion du moment, ne conservoit de force que pour se désoler. Sa petite sœur, qui étoit bonne enfant, et qui l'aimoit malgré sa violence, étoit aux écoutes dans la crainte que M. de Sainsenne n'arrivât : tout d'un coup, elle accourt en disant : « Sauve-toi, voilà mon oncle Henri. »

Il entroit en effet dans l'antichambre. Rosine se sauve dans la chambre voisine ; sa mère l'y suit en lui demandant : « Que dois-je dire à votre oncle ? »

Rosine ne sait répondre autre chose que : « Ah,

mon Dieu! ah, mon Dieu! » et M. de Sainsenne entre dans le salon. Il demande sa belle-sœur et sa nièce. « Que dois-je dire? » répète Mad. de Sainsenne; et Rosine, qui entend approcher son oncle, et voudroit pouvoir se cacher sous le lit, s'écrie: « Dites tout ce que vous voudrez, maman; mais que je ne voie pas mon oncle Henri. »

« Il n'est pas question de ce que je veux, dit Mad. de Sainsenne en fermant la porte, mais de ce que vous voulez : c'est de votre probité, de votre honnêteté qu'il s'agit, et non pas de la mienne. Que dois-je dire ? »

« Oh! dites tout ce qu'il faudra ; mais que je ne voie pas mon oncle Henri. »

« Dois-je dire la vérité ? »

« Dites-la, dites-la; mais que je ne voie pas mon oncle Henri. »

Mad. de Sainsenne sort en laissant la porte ouverte; elle va à la rencontre de M. de Sainsenne qui lui demande Rosine.

« Rosine, dit tristement Mad. de Sainsenne; elle a un grand chagrin, elle n'est pas digne du présent que vous lui avez fait : la contrariété de ne pas voir arriver son chapeau, lui a donné un tel accès d'humeur et de colère, que je n'oserois jamais vous dire tout ce qu'il lui a fait faire et dire de choses répréhensibles; mais si je vous les disois, vous verriez qu'elle ne peut porter le chapeau ni comme bonne, ni comme douce, ni comme raisonnable. »

M. de Sainsenne demeuroit consterné; il s'étoit fait la plus grande joie du plaisir qu'il alloit procurer à Rosine, et ne se consoloit pas de ce qu'elle trompoit son espérance. Enfin, il dit à sa belle-sœur : « C'est donc comme punition que vous la privez du chapeau ? »

« Non, répond Mad. de Sainsenne; je lui dois cette justice que c'est elle-même qui a jugé qu'elle ne le méritoit pas, et qui m'a chargée de vous le dire. »

Rosine qui entendoit sa mère, sentit une bien grande reconnoissance de ce qu'elle lui laissoit tout l'honneur d'une action pour laquelle elle l'avoit au moins bien soutenue.

« Pauvre Rosine, dit M. de Sainsenne, et en même temps il entra dans la chambre où il l'entendoit pleurer, et où elle se cachoit de toute sa force le visage de ses deux mains. Il l'embrassa en lui disant : « Toi qui es ordinairement si bonne, comment as-tu pu t'oublier à ce point-là ? » Et comme elle redoubloit ses sanglots : « Cela n'arrivera plus, n'est-ce pas ? Je suis sûr que cela n'arrivera plus », répétoit-il à madame de Sainsenne qui étoit venue s'asseoir près de sa fille. « Je ne loue pas Rosine, continuoit-il, de m'avoir avoué la vérité, cela n'étoit pas possible autrement; mais au moins sa sincérité me prouve bien qu'elle n'est pas accoutumée à de pareilles fautes. »

A ces mots, la pauvre Rosine cache sa tête

dans les genoux de sa mère avec un redoublement de désespoir qui étonne son oncle et attendrit sa mère. « Acceptes-tu cet éloge? » lui dit-elle; et Rosine ne peut répondre que par ses sanglots. « Allons, mon enfant, du courage, » lui disoit tout bas madame de Sainsenne; et Rosine, d'une voix étouffée, lui répondoit : « Parlez, maman, parlez vous-même; moi, je ne le peux pas. »

« Mon frère, dit madame de Sainsenne, il nous reste un aveu bien pénible à vous faire, et c'est encore Rosine qui s'y détermine. Sa raison, sa douceur sont bien loin d'être ce que vous avez cru. Le désir d'obtenir votre affection et votre estime l'ont engagée à se contenir devant vous; mais souvent, beaucoup trop souvent, elle se livre à une humeur, à une violence de caractère qui lui font commettre bien des fautes, et qui lui ont donné de plus le tort très grand d'accepter une estime qu'elle ne méritoit pas. Je suis témoin qu'elle en a eu plusieurs fois des remords; mais ils n'ont pas suffi pour la corriger, et depuis long-temps je m'afflige et je m'étonne de ce qu'avec de la raison, elle sait si peu faire usage de ses bonnes qualités, et de ce qu'avec une droiture naturelle, elle consent à tromper ceux qui l'aiment et l'estiment. »

Rosine, pénétrée de confusion, serroit son visage contre les genoux de sa mère. M. de Sainsenne la regardoit d'un air triste. Enfin, il la soulève, l'assied sur ses genoux, et l'embrasse en lui disant :

« Rosine, mon enfant, ce que j'apprends-là me fait bien de la peine ; mais ne pourrois-tu pas te corriger ? »

« Oh ! j'y ferai ce que je pourrai, » disoit Rosine en sanglottant, et le cœur pénétré de la bonté de son oncle.

« Tu le peux, j'en suis sûr, et tu prendras le chapeau comme un engagement à te bien conduire à l'avenir ; n'est-ce pas, ma sœur ? » Madame de Sainsenne sourit : « Allons, poursuit M. de Sainsenne, essuie tes yeux, et partons pour la promenade » ; et avec sa vivacité ordinaire, il embrasse Rosine, se lève, et va jouer dans le salon avec la petite.

Rosine, restée vis-à-vis de sa mère, levoit lentement les yeux sur elle comme pour lui demander ce qu'elle avoit à faire.

« Rosine, lui dit madame de Sainsenne, il faut accepter le chapeau, si tu es déterminée à tenir absolument l'engagement que te demande ton oncle. »

« Maman, j'y ferai tout ce que je pourrai. »

« Il faut être sûre de le pouvoir, mon enfant, ou refuser. »

« Mais, maman, comment en être sûre ? Vous savez bien que j'ai quelquefois tant de peine à me retenir. »

« Cependant tu t'es toujours retenue devant ton oncle ; qu'est-ce qui t'en donne la force ? »

« C'est que j'ai si peur qu'il ne prenne mauvaise opinion de moi. »

« Si au moment où tu t'emportes, tu avois la certitude qu'il va le savoir, et te voir dans cet état-là, cela ne te retiendroit-il pas un peu ? »

« Maman, je le crois. »

« Eh bien, il faut te donner ta parole d'honneur qu'au premier emportement, il le saura avec tous les détails. »

« Oh, maman ! »

« Il faut cela, ma fille, ou lui dire que tu ne te sens ni la force ni la volonté d'accepter l'engagement qu'il te demande. »

« Eh bien, maman, ce sera vous qui vous chargerez de dire mes fautes, car je n'en aurois pas le courage. »

« Et si ton oncle est ici, je l'enverrai chercher pour qu'il en soit témoin. »

« Ah ! grand Dieu ! »

« Mon enfant, il faut te décider à accepter ou à refuser. »

« Maman », dit Rosine, en se jetant dans les bras de sa mère, « vous ferez tout ce qu'il faudra faire. »

Madame de Sainsenne embrassa sa fille, et alla rejoindre M. de Sainsenne ; on mit le chapeau qui étoit bien joli, mais que Rosine n'osa pas trop regarder. On alla à la promenade, où elle eut les yeux un peu battus, le cœur un peu gros et la parole un peu basse. Elle fut quelque temps honteuse et embarrassée avec son oncle; mais cet embarras lui fut salutaire. Une fois pourtant elle commença à s'emporter; sa mère lui rappela ce qui devoit s'ensuivre, et elle se contint. Une autre fois, cet avertissement ne suffisant pas, Mad. de Sainsenne envoya chercher son beau-frère. Rosine courut se cacher, et de trois jours n'osa lever les yeux. Cette humiliation fut la dernière à laquelle elle s'exposa; et le compte que Mad. de Sainsenne put enfin rendre à son beau-frère des progrès de sa nièce, lui valut un redoublement d'affection qui la confirma dans ses bonnes habitudes. Elle s'accoutuma à toujours agir comme si elle étoit en présence des personnes dont elle désiroit être estimée; à se dire toujours: « Que penseroient-elles de moi dans ce moment-ci? » et ainsi à ne jamais rien faire, même étant seule, à ne jamais rien penser qui pût lui mériter le blâme.

II.e ANNÉE. — ERRATA DANS LE N.° IX.

Pag. 135, lig. 10, au lieu de endurer, lisez: modérer.
152, lig. 15, au dehors, ajoutez: et qu'on ne peut arrêter.

DANS LE N.° X.

247, lig. 6 d'en bas, à, lisez: au.

DANS LE N.° XI.

300, lig. 19, 112.°, lisez: 12.°

FIN DU TOME QUATRIÈME.

Ce Journal, composé de quatre feuilles *in-8.°*, paroît le 15 de chaque mois.

Le prix de l'Abonnement est de 18 fr. pour l'année, et de 10 fr. pour six mois.

On s'abonne chez LE NORMANT, Imprimeur-Libraire, rue de Seine, n.° 8, près le pont des Arts.

Les lettres et les envois doivent être adressés francs de port.

TABLE DES MATIÈRES
CONTENUES DANS LE TOME QUATRIÈME.

Revue de quelques ouvrages nouveaux relatifs à l'éducation. (F. G.) *Pag.* 3.

Journal adressé par une Femme à son Mari sur l'Education de ses deux Filles. (P. M. G.) Numéros XIX, XX, XXI, XXII et XXIII. 14, 80, 140, 264 et 330.

VIe et VIIe Lettres au Rédacteur sur l'Education physique. (Friedlander.) 28, 89, 149, 217, 275, 338.

Suite de l'Essai sur l'Education nationale dans les Etats-Unis d'Amérique. (D. P. de N.) 36, 98, 158, 228, 283, 348.

Lettres d'un Père à sa Fille, sur l'Etude de l'Histoire naturelle. (A) Ve, VIe et VIIe Lettres. 43, 163, 357.

Les Voyages d'Adolphe. [Continuation.] (F. G.) (P.M.G.) 53, 245.

Nouvelles concernant l'Education. 63.

Sur l'Education, par Emmanuel Kant. (F. G.) 65.

Lettres sur la Physique et la Chimie, adressées au Rédacteur. (C.) IVe et Ve Lettres. 109, 294.

La petite Fille pressée, conte. (P. M. G.) 118.

Sur un dialogue du Tasse, intitulé : *Il padre di famiglia.* Ier et IIe articles. (F. G.) 129, 195.

Les Enfans, contes à l'usage de la jeunesse; par madame Pauline Guizot, née Meulan. [Extrait.] (F. G.) 175.

Langage. — Du verbe *passer.* (P. M. G.) 190.

Lettre d'un Mari à sa Femme sur un ouvrage allemand, intitulé : Education et Instruction des Femmes, par madame Betty Gleim. [Extrait.] (F. G.) 204.

Histoires de la Bible, ou Récits tirés des Saintes Ecri-

TABLE DES MATIÈRES.

-tures, à l'usage de la jeunesse chrétienne; par G. D. F. Boissard. [Extrait.] (P. M. G.) 242.

De l'autorité des Parens, traduit de l'anglais, de lord Kaims. (F. G.) 257.

Questions de Morale proposées par un Père à ses Enfans. (F. G.) 306.

La Nuit du Jour de l'An, traduit de l'allemand de Jean Paul, 318.

On ne fait ni tout ce qu'on veut ni tout ce qu'on peut. (F. G.) 322.

Le Chapeau, conte. (P. M. G.) 368.

FIN DE LA TABLE DU TOME QUATRIÈME.

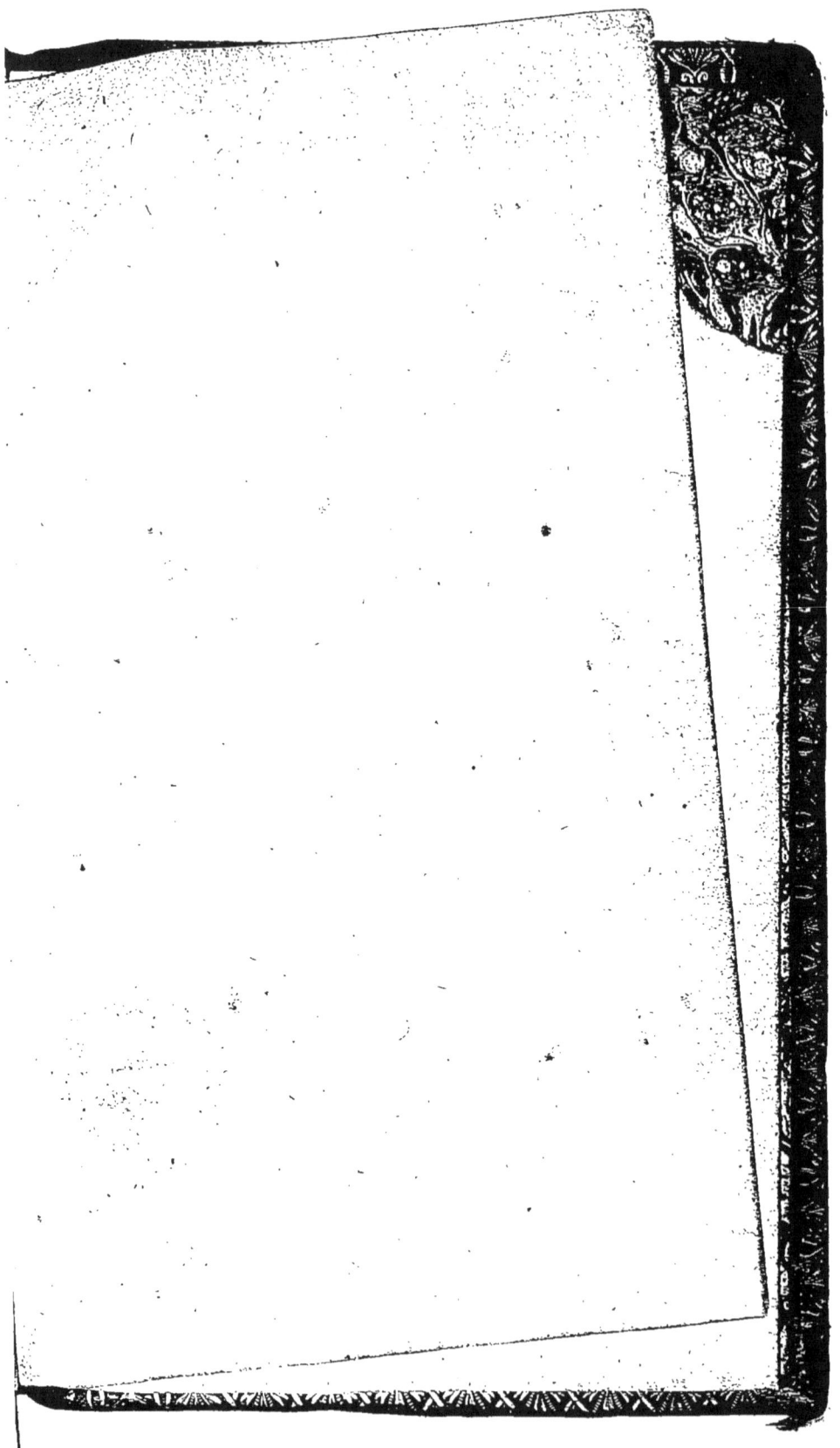

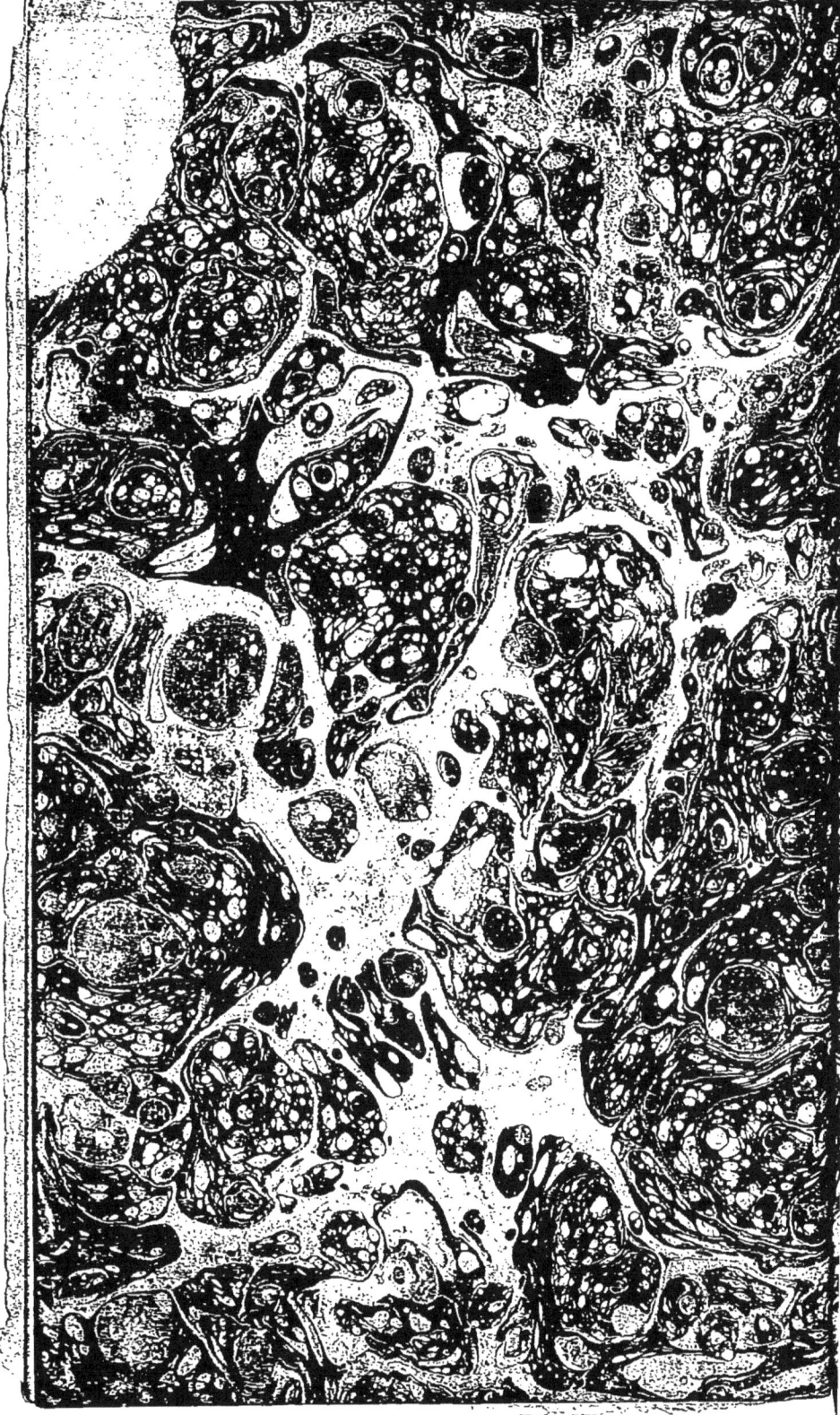

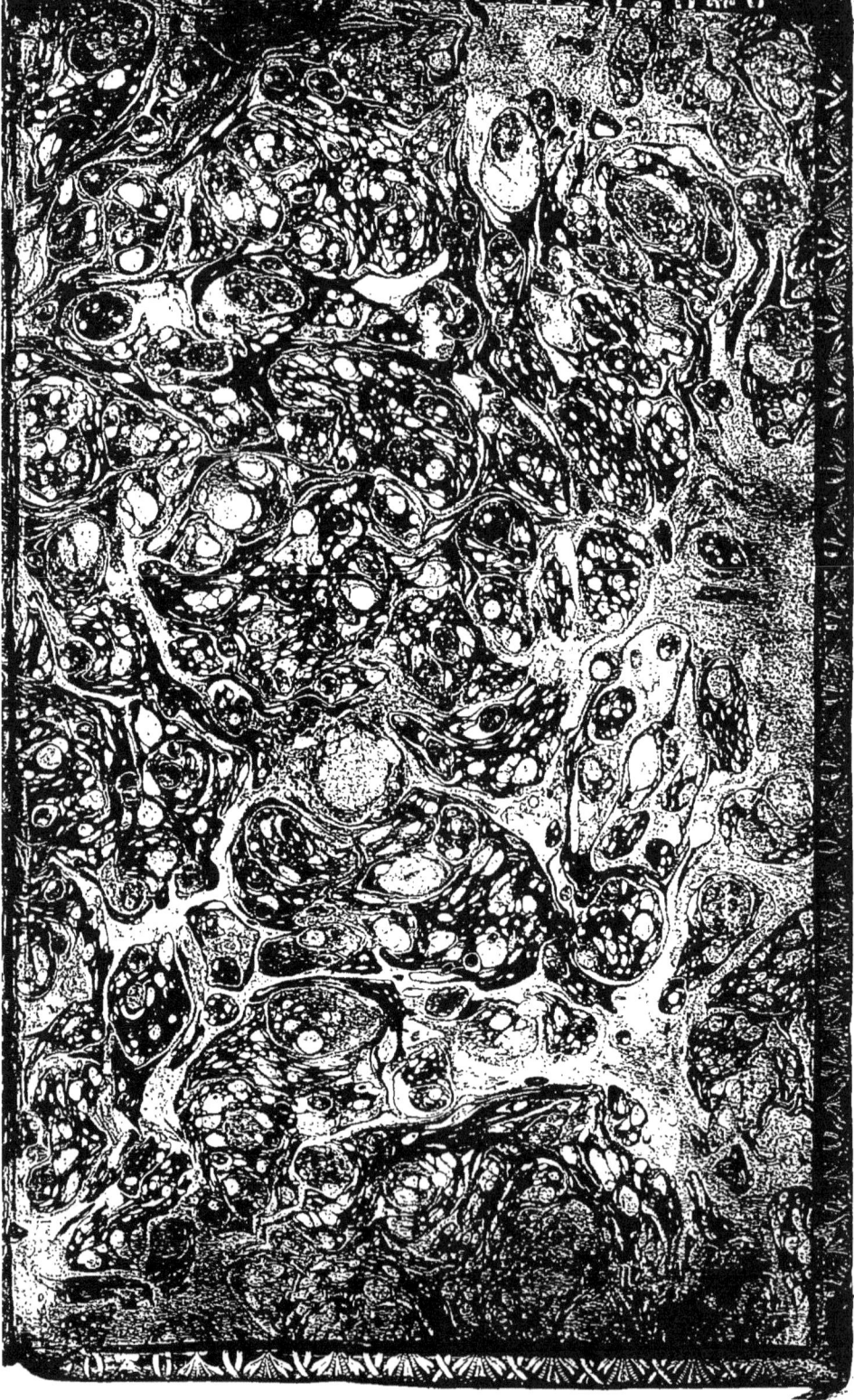

www.ingramcontent.com/pod-product-compliance
Lightning Source LLC
Chambersburg PA
CBHW050418170426
43201CB00008B/452